Das Recht auf private Vervielfältigung von Tonträgern

Europäische Hochschulschriften
Publications Universitaires Européennes
European University Studies

Reihe II
Rechtswissenschaft

Série II Series II
Droit
Law

Bd./Vol. 4165

PETER LANG
Frankfurt am Main · Berlin · Bern · Bruxelles · New York · Oxford · Wien

Oliver Schäfer

Das Recht auf private Vervielfältigung von Tonträgern

Modell einer rechtlichen Lösung und ihrer technischen Umsetzung

PETER LANG
Europäischer Verlag der Wissenschaften

Bibliografische Information Der Deutschen Bibliothek
Die Deutsche Bibliothek verzeichnet diese Publikation in der Deutschen Nationalbibliografie; detaillierte bibliografische Daten sind im Internet über <http://dnb.ddb.de> abrufbar.

Zugl.: Berlin, Humboldt-Univ., Diss., 2005

ISSN 0531-7312
ISBN 3-631-53827-8

www.peterlang.de

Für meine Eltern

Vorwort

Diese Arbeit wurde im September 2004 abgeschlossen und im Wintersemester 2004/2005 von der Juristischen Fakultät der Humboldt-Universität zu Berlin als Dissertation angenommen. Sie ist auf dem Stand Oktober 2004. Die zitierten Internetseiten wurden im Januar 2005 zuletzt aufgerufen.

Mein Dank gilt meinem Doktorvater Herrn Prof. Dr. Dr. Christian Kirchner, LL.M. (Harvard), der die Arbeit mit großem Engagement betreut hat, sowie Herrn Prof. Dr. Theo Bodewig für die Erstellung des Zweitgutachtens. Besonders dankbar bin ich für die äußerst schnelle Begutachtung der Arbeit, die es ermöglicht hat, die Ergebnisse des vorliegend entwickelten Lösungsmodells noch in die Diskussion um den „Zweiten Korb" der Urheberrechtsnovelle einzubringen. Herrn Prof. Dr. Artur Wandtke danke ich dafür, mich zum wissenschaftlichen Arbeiten ermutigt zu haben.

Ganz besonders danke ich meinen Eltern Klaus und Brigitte Schäfer, die mir das Studium ermöglicht haben und mich auch während der Promotion mit Rat und Tat unterstützt haben. Dank gebührt auch meiner Schwester Katharina Schäfer sowie Herrn Dr. Christoph Hurek für die gründliche Durchsicht des Manuskripts. Für die wertvollen Anregungen danke ich außerdem Herrn Dr. Henning Zimmermann und Herrn Dr. Nils Bortloff von der Universal Entertainment GmbH, ebenso dem Syndikus der Deutschen Landesgruppe der IFPI e.V. und des Bundesverbandes der Phonographischen Wirtschaft e.V., Herrn Dr. Thorsten Braun, für die Erlaubnis, die Marktforschungsdaten der IFPI für diese Arbeit nutzen zu dürfen. Ein besonderer Dank geht an Frau Fabienne Sauvant, die mich in den Jahren während Examen und Promotion unermüdlich motiviert hat. Vor allem aber danke ich Frau Julika Zimmermann, die den Fortgang der Arbeit mit viel Geduld unterstützt und in dieser Zeit viel mit mir und an mir gelitten hat.

Berlin, im Januar 2005
Oliver Schäfer

INHALTSÜBERSICHT

INHALTSVERZEICHNIS

ABKÜRZUNGSVERZEICHNIS

a.A.	anderer Ansicht
Abs.	Absatz
a.F.	alte Fassung
AfP	Archiv für Presserecht
Alt.	Alternative
ABl. EG	Amtsblatt der Europäischen Gemeinschaft
Az.	Aktenzeichen
BGB	Bürgerliches Gesetzbuch
BGBl.	Bundesgesetzblatt
BGH	Bundesgerichtshof
BGHZ	Amtliche Sammlung der Entscheidungen des Bundesgerichtshofs in Zivilsachen
BMJ	Bundesministerium der Justiz
BR	Bundesrat
BT	Bundestag
BR-Drucks.	Bundesrats-Drucksache
BT-Drucks.	Bundestags-Drucksache
BVerfG	Bundesverfassungsgericht
BVerfGE	Entscheidungen des Bundesverfassungsgerichts
CA 1976	Copyright Act 1976, USA
CD	Compact Disc
CD-R/RW	Compact Disc Recordable/Rewritable
CD-ROM	Compact Disc-Read Only Memory
CR	Computer und Recht
CRi	Computer und Recht International
c't	Magazin für Computertechnik
DAT	Digital Audio Tape
DCC	Digital Compact Cassette
ders.	derselbe
dies.	dieselbe
Diss.	Dissertation
DMCA	Digital Millennium Copyright Act der USA vom Dezember 1998
DRM	Digital Rights Management, Digitales Rechtemanagement
DRMS	Digital Rights Management System
DuD	Zeitschrift Datenschutz und Datensicherheit

DVD	Digital Versatile Disc
DVD-Audio	Digital Versatile Disc Audio
EG	Europäische Gemeinschaft
E.I.P.R.	European Intellectual Property Review
engl.	Englisch
ErgBd.	Ergänzungsband
EWR	Europäischer Wirtschaftsraum
EU	Europäische Union
EuGH	Europäischer Gerichtshof
FAZ	Frankfurter Allgemeine Zeitung
FTD	Financial Times Deutschland
GB	Gigabyte (1073741824 Byte)
GEMA	Gesellschaft für musikalische Aufführungs- und mechanische Vervielfältigungsrechte
GfK	Gesellschaft für Konsumforschung
GG	Grundgesetz für die Bundesrepublik Deutschland
GRUR	Zeitschrift Gewerblicher Rechtsschutz und Urheberrecht
GRUR Int.	Zeitschrift Gewerblicher Rechtsschutz und Urheberrecht Internationaler Teil
GTA	Übereinkommen zum Schutz der Hersteller von Tonträgern gegen die unerlaubte Vervielfältigung ihrer Tonträger vom 29. Oktober 1971 (Genfer Tonträgerabkommen)
GÜFA	Gesellschaft zur Übernahme und Wahrnehmung von Filmaufführungsrechten mbH
GVL	Gesellschaft zur Verwertung von Leistungsschutzrechten mbH
GWFF	Gesellschaft zur Wahrnehmung von Film- und Fernsehrechten mbH
HauptBd.	Hauptband
h.M.	herrschende Meinung
Hrsg.	Herausgeber
IFPI	International Federation of the Phonographic Industry
IIC	International Review of Intellectual Property and Competition Law
InfoSoc-RL	Richtlinie zur Harmonisierung bestimmter Aspekte des Urheberrechts und der verwandten Schutzrechte in der Informationsgesellschaft (2001/29/EG)
i.S.d.	im Sinne des/der
K&R	Zeitschrift Kommunikation & Recht

KG	Kammergericht Berlin
KOM	Europäische Kommission
KUG	Gesetz vom 9. Januar 1907 betreffend das Urheberrecht an Werken der bildenden Künste und der Fotografie
lit.	littera
LP	Langspielplatte
LUG	Gesetz vom 19. Juni 1901 betreffend das Urheberrecht an Werken der Literatur und der Tonkunst
MB	Megabyte
MC	MusiCassette, Compact Cassette
MD	MiniDisc
MHz	Megahertz
MMR	Zeitschrift Multimedia und Recht
MP3	MPEG (Moving Pictures Expert Group) Audio Layer III
m.w.N.	mit weiteren Nachweisen
NJW	Neue Juristische Wochenschrift
Nr.	Nummer
OLG	Oberlandesgericht
P2P	Peer-To-Peer
PC	Personal Computer
PDA	Personal Digital Assistant
RA	Internationales Abkommen über den Schutz ausübender Künstler, der Hersteller von Tonträgern und der Sendeunternehmen (Rom-Abkommen) vom 26. Oktober 1961
RAM	Random Access Memory (Arbeitsspeicher)
RegE	Regierungsentwurf
RIAA	Recording Industry Association of America
RBÜ	Revidierte Berner Übereinkunft zum Schutz von Werken der Literatur und Kunst
RIAA	Recording Industry Association of America
Rn.	Randnummer(n)
S.	Seite
SACD	Super Audio Compact Disc
SCMS	Serial Copy Management System
SDMI	Secure Digital Music Initiative
s.o.	siehe oben

s.u.	siehe unter/unten
SZ	Süddeutsche Zeitung
taz	die tageszeitung
TRIPS	Abkommen über handelsbezogene Aspekte des geistigen Eigentums (Agreement on Trade-Related Aspects of Intellectual Property Rights, including Trade in Counterfeit Goods)
u.ä.	und ähnliche(s)
UrhG	Urheberrechtsgesetz
u.U.	unter Umständen
VCD	Video CD
VFF	Verwertungsgesellschaft der Film- und Fernsehproduzenten mbH
VG	Verwertungsgesellschaft
VGF	Verwertungsgesellschaft für Nutzungsrechte an Filmwerken mbH
vgl.	vergleiche
VG Wort	Verwertungsgesellschaft der Wortautoren
VHS	Video Home System
VO	Verordnung
WahrnG	Gesetz über die Wahrnehmung von Urheberrechten und verwandten Schutzrechten
WCT	WIPO Copyright Treaty vom 20. Dezember 1996
WIPO	World Intellectual Property Organisation
WPPT	WIPO Performances and Phonograms Treaty vom 20. Dezember 1996
WTO	World Trade Organization
WUA	Welturheberrechtsabkommen
www	World Wide Web
z.B.	zum Beispiel
ZUM	Zeitschrift für Urheber- und Medienrecht

1. Teil: Einführung

Kaum eine Rechtsfrage hat im Musik- und Filmbereich in den letzten Jahren so polarisiert wie die Diskussion um die Beibehaltung der urheberrechtlichen Schrankenregelungen im digitalen Kontext und deren Ausgestaltung, um das „Recht" auf Privatkopie, um Kopierschutzmaßnahmen und Systeme zum digitalen Rechtemanagement. Dabei verlaufen die Fronten nicht, wie man zunächst denken möchte, klar zwischen den Nutzern einerseits und den Urhebern andererseits, sondern spalten die Gruppe der Nutzer ebenso wie die der Inhaber von Urheberrechten und sonstigen Schutzrechten[1].

Die Problematik ist dabei nicht gänzlich neu. Zu jeder Zeit sind technischer Fortschritt und neue Geschäftsmodelle auch als Gefahr für den bestehenden Markt betrachtet worden: im England des 17. Jahrhunderts galten die Leihbüchereien als Tod des Buchhandels, im letzten Jahrhundert fürchteten Druckereien und Verlage die Fotokopiermaschinen und mit dem Siegeszug der Videokassette sah die Filmindustrie ihr Ende eingeläutet.

Die digitale Speicherung von Tonaufnahmen hat nicht nur zu neuen Trägerformaten und Absatzmärkten geführt, die technische Entwicklung hat auch nicht davor halt gemacht, diese Speichertechniken jedem Einzelnen zugänglich zu machen. Sie ermöglicht dem Endverbraucher auch, beliebig viele qualitativ gleichwertige Vervielfältigungsexemplare eines digitalisierten Werkes herzustellen.[2] Im Privatbereich entziehen sich diese Vorgänge weitgehend der Kontrolle der Rechtsinhaber.

Nachdem verschiedenen Aspekten der technischen Entwicklung durch internationale Verträge und daraus resultierenden gesetzgeberischen Akten Rechnung getragen worden ist, so geschehen durch die Einführung des neuen Verwertungsrechtes der öffentlichen Zugänglichmachung, so bleibt doch eine Reihe von Fragen offen.

Gerade der für jedermann bedeutende Aspekt der Ausgestaltung der Privatkopieschranke ist von der gesetzlichen Neufassung des UrhG bisher bewußt ausgelassen worden.[3]

Diese Arbeit untersucht daher, ob und ggf. in welchem Rahmen und mit welchen Mitteln Maßnahmen zu treffen sind, die einerseits den Markt für kommerzielle Musikverwertung schützen und damit die Innovationsanreize zur Schaf-

---

[1] Im folgenden „Rechtsinhaber" bzw. „Rechteinhaber" genannt.

[2] Siehe dazu „Die digitale Vervielfältigung", unten Seite 68.

[3] Siehe auch die Pressemitteilung Nr. 74/03 des BMJ vom 16. September 2003.

fung von Kulturgütern erhalten, und andererseits, ob die Durchsetzung der Privatkopieschranke sichergestellt werden soll und kann. Dazu wird die derzeitige Rechtslage nach Änderung durch das Gesetz zur Regelung des Urheberrechts in der Informationsgesellschaft vom 10. September 2003 unter Berücksichtigung ihrer historischen Entwicklung dargelegt. Dabei sind insbesondere die Vorgaben der Richtlinie 2001/29/EG des Europäischen Parlaments und des Rates vom 22. Mai 2001 zur Harmonisierung bestimmter Aspekte des Urheberrechts und der verwandten Schutzrechte in der Informationsgesellschaft (im folgenden „InfoSoc-Richtlinie“ oder kurz „InfoSoc-RL“ genannt)[4] zu berücksichtigen.

Zum besseren Verständnis werden auch in die technischen Eigenheiten der betroffenen Tonträger sowie der bereits eingesetzten und derzeit entwickelten technischen Schutzmaßnahmen und Informationen zur Rechtewahrnehmung vorgestellt.

Eng verwoben mit einer derartigen Untersuchung ist auch eine Auseinandersetzung mit der Institution der Pauschalvergütung, deren Ablösung durch eine individuelle Lizenzierung gefordert wird. Im Fokus einer urheberrechtlichen Untersuchung muß dabei der Schutz des Urhebers stehen, und es muß gewährleistet sein, daß er an der Verwertung seiner schöpferischen Leistung angemessen partizipiert. Dabei ist zu beachten, daß im Musikbereich ein maßgeblicher Teil urheberrechtlicher Vergütung durch die kommerzielle Verwertung von Werken durch Dritte erzielt wird, die gegenüber Urheber und Leistungsschutzberechtigten wiederum in Vorleistung treten. Nur wenn auch deren Investitionen ausreichenden Schutz finden, kann Urhebern und Interpreten weiter Anreiz für Innovationen gegeben werden.[5]

Von verschiedenen Interessenverbänden ist zu dieser Problematik Stellung genommen worden, und allzu oft erschienen die Positionen unvereinbar.[6] Die gestiegene und weiter steigende Bedeutung des Urheberrechts in einem Zeitalter, in dem Information die wichtigste Ware geworden ist und die technische Entwicklung ständig neue Fakten schafft, erfordert aber eine rasche und umfassende Anpassung der gesetzlichen Voraussetzungen. Diese müssen einerseits pragmatisch Sach- und Interessenlage berücksichtigen, andererseits aber auch dogma-

---

[4] Für die Richtlinie 2001/29/EG hat sich noch keine einheitliche Abkürzung durchgesetzt. Die vielfach verwendeten Bezeichnungen „Harmonisierungsrichtlinie“, „Informationsrichtlinie“ (z.B. Loewenheim, Handbuch) oder „Multimedia-Richtlinie“ (z.B. Wandtke/Bullinger, ErgBd.) sind nach Ansicht des Verfassers nicht recht passend. Es soll daher in Anlehnung an die englische Bezeichnung der Richtlinie „European Parliament and Council Directive on the harmonization of certain aspects of copyright and related rights in the information society“ die Abkürzung InfoSoc-Richtlinie verwendet werden.

[5] Vgl. Kirchner, GRUR Int. 2004, S. 603f.

[6] Siehe zum Streitstand das Sonderheft der ZUM 2003 sowie den 2. Vergütungsbericht der Bundesregierung, UFITA 2000 III, S. 691, 719ff.

tisch so sauber und darüber hinaus so flexibel sein, daß sie nicht alsbald vom technischen Fortschritt überholt werden.

Darum soll der Versuch unternommen werden, eine Lösung zu finden, die dem bestehenden Spannungsverhältnis Rechnung trägt und unter Optimierung der Rahmenbedingungen sowohl den berechtigten Interessen der Urheber und Leistungsschutzberechtigten als auch denen der Allgemeinheit und des Einzelnen gerecht wird. In Abgrenzung zu anderen Lösungsvorschlägen soll dabei stets die technische Umsetzbarkeit berücksichtigt und den rechtlichen und rechtspolitischen Überlegungen dieser Untersuchung sollen technische Lösungsmodelle zur Seite gestellt werden.

2. Teil: Der technische und rechtliche Stand

Die juristische Bewertung entscheidet sich auch bei technischen Sachverhalten oft anhand von Details, die dem technischen Laien bisweilen nicht geläufig sind. Dieses technische Verständnis kann nicht immer ohne weiteres vorausgesetzt werden. Sachgerechte Entscheidungsfindung bedarf gleichwohl einer gewissen Grundkenntnis der zugrundeliegenden technischen Eigenheiten.

Vor der Darstellung der derzeitigen Rechtslage erfolgt daher zunächst ein Überblick über die heute gebräuchlichen Bild- und Tonträger. Im folgenden wird im Kapitel Technische Maßnahmen zum Schutz des Urheberrechtes ab Seite 86 auch auf die technischen Kopierschutzmaßnahmen sowie die Technologien zum digitalen Rechtemanagement eingegangen.

1. Kapitel: Technische Einführung

1. Abschnitt: Übersicht

Der Endverbrauchermarkt für urheberrechtlich geschützte Tonaufzeichnungen wird nach wie vor vom Verkauf körperlicher Tonträger bestimmt. Daran haben bisher weder die populären Filesharing-Netzwerke, noch die späten und sich erst langsam etablierenden kommerziellen Music-On-Demand-Angebote[7] der Musikindustrie etwas geändert. Im Jahr 2003 erwirtschaftete die Musikindustrie in Deutschland 92,3 % ihres Gesamtumsatzes im Tonträgerbereich allein mit dem Verkauf von CDs.[8] Die legalen Download-Angebote gewinnen allerdings zunehmend an Popularität: Im Juli 2004 in den USA auch 3,4 Mio. Musiktitel über legale Online-Angebote erworben.[9]

Die Digitalisierung von Musikaufnahmen führt zur Verwischung der einst klaren Grenzen zwischen den verwendeten Trägern. Trotz dieser Entwicklung sind im Handel derzeit noch formatspezifische Träger erhältlich. Dabei ist hinsichtlich der Art der Speicherung in analoge und digitale Träger zu differenzieren. Dieser Unterschied ist insbesondere für den Einsatz und die Bedeutung der hier ebenfalls zu untersuchenden technischen Maßnahmen von Bedeutung.

Eine weitere Aufteilung nach der Art der apparativen Reproduktion in mechanische, elektromagnetische und optische Daten- bzw. Schallspeicherung und -abtastung ist urheberrechtlich nicht von vergleichbarer Bedeutung und kann daher unterbleiben.

---

[7] Vgl. auch dazu Wandtke/Schäfer, GRUR Int. 2000, S. 187ff. = IIC 2001, S. 285ff.

[8] GfK Consumer Tracking, Tonträgerjahrespräsentation 2003.

[9] Die Zeit vom 9. September 2004, S. 39.

2. Abschnitt: Tonträger

A. Juristische Definition

Die Begriffe Bild- und Tonträger sind in § 16 Abs. 2 UrhG legaldefiniert: Es handelt sich demnach um Vorrichtungen zur wiederholten Wiedergabe von Bild- und Tonfolgen. Unter Vorrichtungen sind körperliche Gegenstände zu verstehen,[10] dazu zählen außer den herkömmlichen Trägermedien wie CD oder LP auch Festplatten, CD-ROMs, Speicherchips u. a.[11]. Soweit Speichermedien das Hören oder Sehen der auf ihnen gespeicherten Werke mittels technischer Einrichtungen ermöglichen, spielt es keine Rolle, in welcher Weise die Festlegung erfolgte,[12] ebensowenig kommt es auf den Gebrauchszweck an.[13]

In Art. 3 lit. b RA wird die Definition des Tonträgers als „jede ausschließlich auf den Ton beschränkte Festlegung der Töne einer Darbietung oder anderer Töne" konkretisiert. Daraus ergibt sich der Schluß, daß die Tonspur eines Films kein Tonträger im Sinne der § 85 f. UrhG ist.[14] Solange sie mit dem Film verbunden ist, gilt für sie das speziellere Leistungsschutzrecht des Filmherstellers aus § 94 UrhG.[15]

Der dem UrhG zugrundeliegende Tonträgerbegriff geht über den Mindestschutz des Art. 3 lit. b RA hinaus und umfaßt nicht nur die Festlegung von hörbaren Tönen, sondern auch solche festgelegten Töne, die „unabhängig von der Art ihrer Erzeugung ohne vorherige akustische Wahrnehmbarkeit, etwa durch ein Keyboard, in einen elektronischen Speicher eingegeben und dort wiederholbar gespeichert werden".[16] Damit sind auch die ersten Festlegungen rein elektronisch programmierter Musikwerke als Tonträger geschützt. Nicht von Bedeutung dagegen ist die Schutzfähigkeit der Tonaufnahmen selbst.[17]

Als Tonträger im Sinne des § 85 UrhG gilt die erste Festlegung der fertig abgemischten Tonaufnahme, das sog. Master, die heute in der Regel auf einer beschreibbaren CD-R, einer Festplatte oder einer DAT-Kassette erfolgt.[18]

---

[10] Schricker-*Loewenheim*, § 16 Rn. 25.

[11] Schricker-*Loewenheim*, § 16 Rn. 17, 26; Wandtke/Bullinger-*Ehrhardt*, HauptBd., § 22 Rn. 2; Fromm/Nordemann-*Nordemann*, §§ 22, 23 Rn. 2.

[12] Fromm/Nordemann-*Nordemann*, § 21 Rn. 2, Schricker-*Loewenheim*, § 16 Rn. 26.

[13] Schricker-*Loewenheim*, § 16 Rn. 27.

[14] Dierkes, S. 17; Schack, Rn. 625; Fromm/Nordemann-*Hertin*, §§ 85/86 Rn. 2. Ausdrücklich formuliert ist diese Trennung beispielsweise im Copyright Act der USA von 1976 (§ 101 CA 1976).

[15] Wandtke/Bullinger-*Schaefer*, HauptBd., § 85 Rn. 5; Schricker-*Vogel*, § 85 Rn. 16, 24.

[16] Schricker-*Vogel*, § 85 Rn. 16.

[17] Schricker-*Vogel*, § 85 Rn. 16.

[18] Wandtke/Bullinger-*Schaefer*, HauptBd., § 85 Rn. 4.

Das UrhG unterscheidet in anderen Vorschriften aber nicht zwischen der ersten Festlegung und deren Vervielfältigungsstücken. Es spricht sowohl in § 15 Abs. 2 Nr. 3 UrhG als auch in § 16 Abs. 2 UrhG von Tonträgern, wenn offensichtlich auch Vervielfältigungsstücke gemeint sind. Daher wird auch in dieser Arbeit von Tonträgern gesprochen, und gesondert hervorgehoben, wenn es sich dabei um die erste Festlegung handelt.

B. Technische Definitionen

In der Musikwissenschaft wird „jedes Speichermedium von Schwingungen und/oder Dateninformationen, die apparativ über Schallwandler (wie z.B. Lautsprecher) als Schallereignis wiedergegeben werden können", als Tonträger bezeichnet.[19]

Die typologische Darstellung der Tonträgerformate erfolgt getrennt nach der Art der Speicherung in analog und digital.

I. Analoge Tonträger

„Analoge" Signale sind, entsprechend der Wortbedeutung, kontinuierliche, fließende, stufenlose Darstellungen durch Werte beliebiger Größe. Auf einem Schaubild dargestellt, besteht ein analoges Signal aus einer Kurve mit unendlich vielen aneinanderliegenden Werten. Unter „digital" (von lat. digitus, dem Finger, der zum Abzählen benutzt wird) dagegen wird die Darstellung von Größen in Schritten durch ganze Zahlen verstanden, dabei existieren keine Zwischenwerte.

Auch wenn die Diskussionen um ein angeblich „digitales Zeitalter"[20] es anders vermuten lassen, so spielen analoge Bild- und Tonträger derzeit durchaus noch eine Rolle. So wurden bspw. im Jahre 2003 in Deutschland noch 16,7 Mio. analoge Tonträger verkauft,[21] weltweit waren es 443,9 Mio.[22]

---

19 Elster/Schüller, in: Blume/Finscher (Hrsg.), Die Musik in Geschichte und Gegenwart, S. 646. Inhaltlich unterscheidet sich diese Definition von der juristischen nur insofern, als sie sog. Tonsteuerungsträger (oder Toninformationsträger) wie eine Klavierrolle, eine Walze und wohl auch den Träger einer Midi-Datei nicht als Tonträger ansieht. Dazu siehe unten S. 18.

20 Zum falschen Gebrauch dieses und ähnlicher Begriffe treffend Pietzcker, GRUR 2000, S. 212. Ähnlich inflationär wurde juristischen Aufsätzen lange Zeit die kaum aussagekräftigere Feststellung vorangestellt, das Internet sei „kein rechtsfreier Raum".

21 Laut Jahreswirtschaftsbericht 2003 des Bundesverbandes Phono e.V. und der Deutschen Landesgruppe der IFPI (International Federation of the Phonographic Industry) e.V.: 14,1 Mio. MCs, 1 Mio. LPs und 0,6 Mio. Vinyl-Maxis. Der Absatz von MCs ist im Vergleich zum Vorjahr (13,3 Mio.) damit sogar gestiegen, Jahreswirtschaftsbericht 2003, abrufbar unter http://www.ifpi.de.

1. Vinyl

Die Schallplatte ist Träger einer analogen Tonaufzeichnung, bei der ursprünglich die Schallwellen in einer Rille auf einer sich drehenden Walze aus Wachs, später einer Platte aus Schellack oder Vinyl[23] rein akustisch aufgezeichnet wurden. Diese Rille ist ein *physisches*, ein *analoges* Abbild der ursprünglichen Luftdruckwelle. Bei einem veränderten Aufnahmeverfahren liegt dieses Funktionsprinzip der Schallplatte noch heute zugrunde.

Die seitliche Rillenauslenkung kann mit Hilfe des Tonabnehmers eines Plattenspielers mechanisch abgetastet werden, wobei eine Diamantnadel in Schwingungen gerät. Diese Schwingungen werden in elektrische Spannung und nach Verstärkung über einen Lautsprecher wieder in Schallwellen transformiert. Das Tonsignal wird also originalgetreu wiedergegeben. Es ergeben sich allerdings Qualitätseinbußen durch dem Medium inhärente Limitierungen[24] sowie durch die Abnutzung der Tonrille.

Obwohl die Verwendung des bereits 1948 eingeführten Mediums[25] noch vor wenigen Jahren als Anachronismus angesehen wurde, haben DJ-Kultur und audiophile Sammler die Schallplatte vor dem Aussterben bewahrt. Vor allem im Dance-, Techno-, House- und Hip Hop-Bereich war Vinyl immer der einzige relevante Tonträger. Heute werden viele Neuerscheinungen unterschiedlichster Musikstile wieder auf Vinyl veröffentlicht, mehr als die Hälfte davon als Vinyl-Maxi. Auch wird vermehrt Katalogrepertoire in hochwertigen Vinylausgaben neuveröffentlicht.

---

[22] IFPI, The Recording Industry World Sales 2003 vom 7. April 2004.

[23] Vinyl-Schallplatten bestehen aus Polyvinylchlorid, PVC.

[24] Die Frequenzen sind durch die mechanische Abtastung und das Trägermedium bedingt auf 9 kHz am Ende der Rille und 18 kHz am Anfang der Rille begrenzt, die maximal erreichbare Dynamik liegt bei 40 dB und der Klirrfaktor liegt zwischen 1 und 20 Prozent. Siehe dazu und zu einer Vielzahl anderer HiFi-Mythen: http://www.hifiaktiv.at/diverses/realistische_betrachtungen.htm; siehe auch Elster/Schüller, Tonträger und Tondokumente, S. 656.

[25] Die Schellackplatte wurde bereits im Jahre 1887 von Emile Berliner zum Patent angemeldet. Ende der 1940er Jahre löste die Vinylschallplatte die Schellackplatte ab, Rudorf, in: Moser/Scheuermann (Hrsg.), Handbuch der Musikwirtschaft, S. 167, 170ff, auch http://www.riaa.org/Audio-History-2.cfm.

2. *MC*

Die 1963 von Philips eingeführte Musikkassette (MusiCassette oder Audio Compact Cassette) zählt ebenfalls zu den analogen Tonträgen. Ihre Bedeutung schwindet zumindest auf dem deutschen Markt mehr und mehr.[26]

Das bei Musikkassetten zur Anwendung kommende Magnettonverfahren[27] speichert die Schallwelle nicht als physisches Abbild ihrer Form, sondern als Magnetisierung. Die Schwingungen in der Membran des Mikrophons werden in ein elektrisches Signal umgewandelt. Zur Aufnahme des Signals wird ein metallisch beschichtetes Kunststoffband an einem Aufnahmekopf vorbeigeführt, der eine als Elektromagnet fungierende Spule enthält. Damit werden die sich aus dem elektrischen Schwingungsverlauf ergebenden Magnetisierungsschwankungen auf dem Magnettonband aufgezeichnet.

Dieses magnetisch gespeicherte Muster induziert wiederum Spannungen in einem Lesetonkopf und kann somit in ein elektrisches Tonsignal zurückverwandelt werden. Durch dieses werden dann wie bei der Schallplatte nach Verstärkung in einem Lautsprecher wieder Schallwellen erzeugt.

Die Aufnahme auf Magnetband wurde bereits 1935 von AEG und BASF vorgestellt. Ende der 1940er Jahre wurde das Tonband als Originaltonträger eingeführt.[28] Das Magnettonverfahren veränderte nicht nur die Speichermedien, sondern auch die Art der Musikproduktion tiefgreifend, da es erstmals Mehrspuraufnahmen ermöglichte. Philips entwickelte mit der Audio Compact Cassette (oder MC) das Format, mit dem diese Technik weitaus billiger, einfach handhabbar und damit massenkompatibel wurde.

Die MC kann selbst bespielt werden und erlaubt Sprach- und Musikaufnahmen bis zu 120 Minuten (60 Minuten pro Seite). Die Aufnahmen können nicht mit technischen Schutzmaßnahmen versehen werden, die eine Vervielfältigung verhindern.[29] Allerdings ist die Kopie auf und von Kassette mit einem deutlichen Qualitätsverlust verbunden, der Vervielfältigungen nur für wenige Generationen qualitativ interessant macht. Der direkte Kontakt des Magnetbandes mit dem Tonkopf führt darüber hinaus auch beim bloßen Abspielen durch Abrieb zu ei-

---

[26] Der Absatz von MCs hat sich seit 1998 um mehr als die Hälfte auf 14,1 Mio. Stück verringert. (Jahreswirtschaftbericht 2003 des Bundesverbandes Phono e.V. und der Deutschen Landesgruppe der IFPI e.V., abrufbar unter http://www.ifpi.de).

[27] Das Magnettonverfahren wurde bereits im Jahre 1898 von dem dänischen Physiker Valdemar Poulsen zum Patent angemeldet.

[28] Elster/Schüller, in: Blume/Finscher (Hrsg.), Die Musik in Geschichte und Gegenwart, S. 648.

[29] Die Kassette kann durch die Entfernung einer kleinen Lasche gegen unbeabsichtigtes Überspielen geschützt werden. Dadurch wird aber nicht die Vervielfältigung, sondern lediglich die Löschung verhindert.

nem Verschleiß des Mediums und damit zu einer kontinuierlichen Minderung der Klangqualität.

II. Digitale Tonträger

1. Einführung: Das digitale Tonsignal

Eine Schallwelle besteht in einem beliebig kleinen Abschnitt aus unendlich vielen Werten, sie ist eine durchgehende „Kurve". Um ein Tonsignal zu digitalisieren, wird die Schallwelle *bzw. das Audiosignal* in festgelegten Abständen abgetastet („Samplingfrequenz"/„Samplingrate") und die Ergebnisse („Samples") werden als Werte einer vorgegeben Skala gespeichert. Die Genauigkeit dieser Zuordnung wird von der Auflösung der Skala („Sampling Accuracy") bestimmt, ausgedrückt in der Anzahl der Bits[30] pro Sample, also dem Wertebereich, den die Amplitude annehmen kann. Aus der analogen Tonkurve entsteht durch die Umwandlung in die digitale Aufnahme eine Treppenstruktur, deren Ähnlichkeit mit der Schallwelle sowohl von der Samplingrate (also der Frequenz der Klangabtastung) als auch von der Auflösung abhängt. Nach dieser Wandlung des analogen Tonsignals erhält man ein digitales Bitmuster in Binärcode, also bestehend aus den Ziffern 1 und 0.[31]

Je nachdem, welchen Zustand diese binären Werte einnehmen, wird ein Bit gesetzt oder gelöscht. Damit lassen sich größere Zahlen im Binärsystem als Summe von Zweierpotenzen darstellen.[32] So steht für die dezimale Zahl 53 beispielsweise der Binärcode 110101 ($1*2^5+1*2^4+0*2^3 +1*2^2+0*2^1+1*2^0$). Prinzipiell können binäre Zahlenwerte aber jede beliebige Information enthalten. Die ASCII-Spezifikation ordnet jedem binären Wert zwischen 0 und 127 ein Zeichen zu und ermöglicht so die Darstellung von Text.

In der Informatik werden 8 Bit zu einem Byte zusammengefaßt, das dann mit acht Stellen $2^8 = 256$ verschiedene Werte zwischen 0 und 255 darstellen kann.

Diese digitalisierte Information läßt sich prinzipiell auf jedem beliebigen digitalen Datenträger speichern und verlustfrei wieder auslesen.

---

[30] Bit = binary digits.

[31] Diese beiden Ziffern stehen im binären System für die beiden logischen Zustände „Ja" (oder „Wahr") und „Nein" (oder „Falsch").

[32] Im Gegensatz zum Dezimalsystem, dem die zehn Ziffern 0 bis 9 zur Verfügung stehen und in dem größere Zahlen als Summe der Vielfachen von Zehnerpotenzen dargestellt werden.

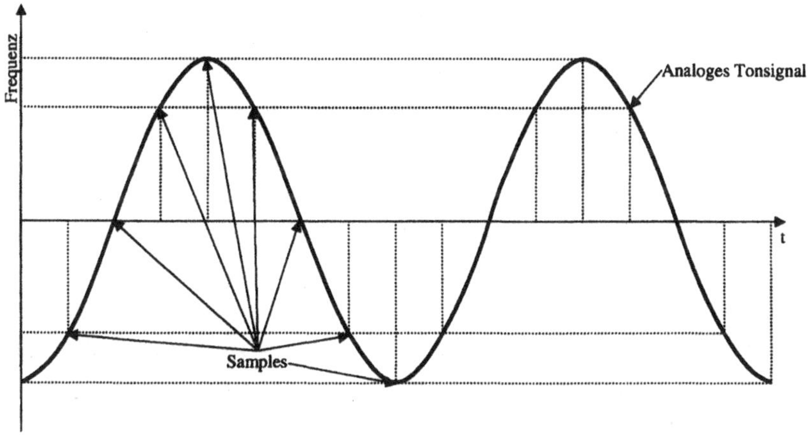

Das analoge Tonsignal wird in regelmäßigen Abständen gemessen und die erhaltenen Samples werden der Skala auf der y-Achse zugeordnet.

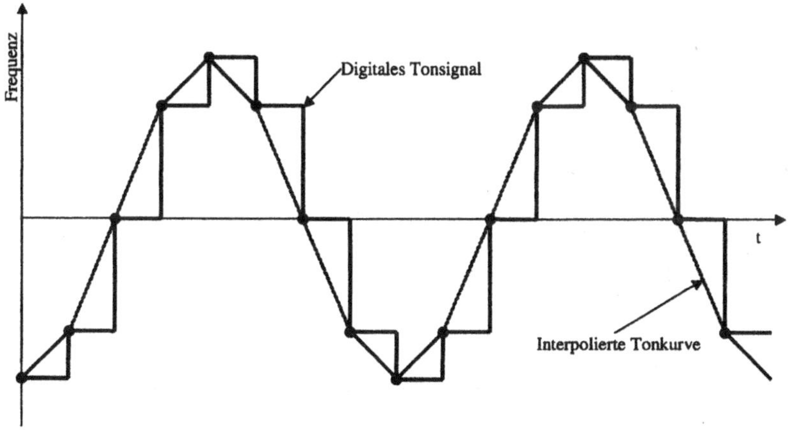

Bei geringer Auflösung und Samplingrate bildet die digitale Treppenstruktur das analoge Tonsignal nur sehr ungenau ab.

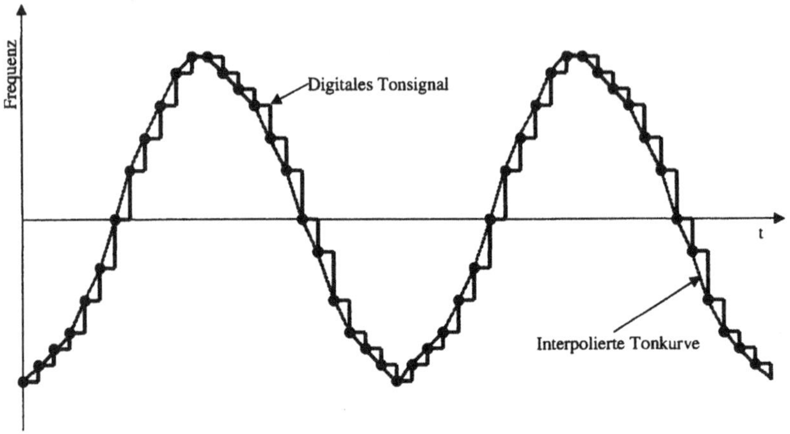

Durch höhere Auflösung und höhere Samplingrate nähert sich die digitale Treppenstruktur der analogen Tonkurve an.

Wenn diese digitalen Daten dann zur Wiedergabe wieder von ihrem Datenträger ausgelesen werden, werden die Samples von einem Digital/Analog-Wandler im Lesegerät oder einem Verstärker zu einer Tonkurve interpoliert, d.h. die fehlenden Toninformationen zwischen den Samples werden selbständig errechnet, um wieder ein analoges Signal zu erlangen. Je mehr Samples vorliegen, desto genauer kann die ursprüngliche Tonkurve nachgebildet werden. Über die Qualität des digitalen Tonsignals entscheiden also die Samplingrate ebenso wie die Anzahl der Bits pro Sample. Erhöht man diese Werte, so steigt mit der Signalqualität auch das zu speichernde Datenvolumen.

Das derart analogisierte Signal kann dann mittels Lautsprecher wieder als Schallwelle hörbar gemacht werden.

2. CD

Das heute am weitesten verbreitete Tonträgerformat ist die von Sony und Philips 1982 vorgestellte Compact Disc (CD).[33]

Das die Musikdaten darstellende digitale Bitmuster wird in Form von nichtreflektierenden Vertiefungen („Pits“) in eine transparente Kunststoffscheibe geprägt und anschließend metallisch beschichtet. Die Stellen zwischen den Pits werden „Lands“ genannt. Bei der Wiedergabe durchdringt ein Laserstrahl die Kunststoffscheibe und wird an der Metallschicht reflektiert, je nach Vertiefung

---

[33] Im Jahre 2003 wurden 92,3 % des Gesamtumsatzes im Tonträgerbereich mit der CD erwirtschaftet, GfK Consumer Tracking, Tonträgerjahrespräsentation 2003; vgl. Röttgers, heise online vom 1. Oktober 2002, abrufbar unter http://www.heise.de/newsticker/meldung/31123.

mehr oder weniger stark. Der reflektierte Strahl wird ausgewertet: der Übergang von einem Pit zu einem Land entspricht dem binären „1".[34] So kann der aufgezeichnete Binärcode verlustfrei zurückgewonnen werden.

Wie oben gezeigt, hängt das digitale Datenvolumen eines Tonsignals sowohl von der Samplingrate als auch von der Auflösung ab.

Zum Zeitpunkt der Einführung der Audio Compact Disc war der limitierende Faktor die Speicherkapazität des Mediums.[35] Der Kompromiß zwischen Spieldauer und Qualität war eine Samplingfrequenz von 44,1 kHz[36] bei einer Auflösung von 16 Bit.[37] Diese Auflösung von 16 Bit, oder 2 Byte, bedeutet also, die abgetasteten Werte auf einer Skala mit $2^{16} = 65.536$ Abstufungen einzuordnen. Damit kann die originale Wellenform des Tonsignals bereits recht präzise nachgebildet werden. Die technischen Spezifikationen der Audio Compact Disc wurden im sog. Red Book Standard[38] festgeschrieben. Die ebenfalls erhältlichen Formate CD-Maxi, CD-Single sowie das im Jahre 2003 eingeführte Format Pock-it-Disc unterscheiden sich von der CD-Audio nur durch Größe und Spielzeit.

Da die CD rein optisch gelesen wird, können die digitalen Daten ohne Abnutzung des Trägermaterials beliebig oft als Klone der Originaldaten ausgelesen und vervielfältigt werden. Eine CD läßt sich nicht nur durch Pressung sondern auch durch „Brennen" der Pits mit einem Laser herstellen.

Seit April 1997 sind Audio-CD-Rekorder auf dem Markt erhältlich, die äußerlich einem Audio-CD-Player für die HiFi-Anlage gleichen. Mit diesen Geräten ist das digitale Aufnehmen und Überspielen von Musik auf eine einfach beschreibbare, spezielle Audio-CD-R oder eine mehrfach beschreibbare Audio-CD-RW möglich, die in herkömmlichen CD-Playern abgespielt werden können.

Größere Verbreitung als diese Audio-CD-Rekorder haben CD-Brenner-Laufwerke für PCs gefunden. Diese Laufwerke schreiben Audio-CDs im Gegensatz zu Audio-CD-Rekordern auch auf die Speichermedien CD-R und CD-RW, die auch für andere Datenformate geeignet und zum Teil deutlich preisgünstiger als spezielle Audio-CD-R/-RWs sind.

Eine wiederbeschreibbare CD-RW ist aus den gleichen Schichten (engl. „Layer") wie eine CD-R aufgebaut, verwendet aber eine andere Schreibsub-

---

[34] http://www.ee.washington.edu/conselec/CE/kuhn/cdaudio/95x6.htm.

[35] Eigentlich für ca. 640 MB spezifiziert, konnte die Speichermenge durch eine engere Spurführung des Lasers auf bis zu 800 MB oder 99 Minuten erhöht werden.

[36] 44,1 kHz entsprechen 44.100 Abtastungen pro Sekunde.

[37] Angeblich wurde die Spieldauer so bemessen, weil der damalige Sony-Präsident Norio Ohga – ein ehemaliger Opernsänger – forderte, Beethovens 9. Symphonie in der Fassung von Karajan müsse auf eine CD passen. (Röttgers, heise online vom 1. Oktober 2002, abrufbar unter http://www.heise.de/newsticker/meldung/31123).

[38] Standard der International Electrotechnical Comission (IEC, http://www.iec.ch) IEC 908. Vgl. hierzu etwa http://searchstorage.techtarget.com/sDefinition/0,,sid5_gci503642,00.html.

stanz. Wo sich bei einer CD-R der organische Dye[39] befindet, wird bei der CD-RW eine Legierung aus Silber, Indium, Antimon und Tellur verwendet, eingebettet zwischen zwei Hilfsschichten. Sie wird magneto-optisch mittels des sog. „Phase-Change" beschrieben. Der Laserstrahl erzeugt dabei zwei unterschiedliche Reflektionseigenschaften im Material (kristallin = hohe Reflektivität, amorph = niedrige Reflektivität), die dann das herkömmliche Muster aus „Pits" und „Lands" bilden. Der Zustand (kristallin oder amorph) ist reversibel, allerdings nicht vollständig und damit nicht beliebig oft.

3. DAT, DCC

Die Formate Digital Audio Tape (DAT, seit 1986) und Digital Compact Cassette (DCC, sei 1962) speichern digitale Audiodaten elektromagnetisch auf einem Magnetband, das durch eine Kassette geschützt wird. Die Tonqualität ist aufgrund des digitalen Datenformats sehr viel höher als die der MC. Während DCC, das von Philips entwickelte digitale Nachfolgeformat der MC, sich nicht durchgesetzt hat, kam DAT aufgrund der hohen Klangqualität vor allem im professionellen Bereich zur Anwendung. Es ist aber auch dort von der beschreibbaren CD-R abgelöst worden. Unter anderem wegen der Schwierigkeit der Massenproduktion vorbespielter DAT-Bänder und des hohen Preises wurde auch DAT kein Verbraucherformat. DAT-Bänder sind mehrfach bespielbar, wobei sich Titel einzeln löschen lassen. Sowohl DAT als auch DCC arbeiten mit der Kopierschutztechnologie SCMS.[40]

4. MiniDisc

Das von Sony entwickelte Format MiniDisc (MD) ähnelt technisch der Compact Disc, der Datenträger befindet sich aber in einem diskettenähnlichen Gehäuse.[41] MiniDiscs sind in vorbespielter und in wiederbeschreibbarer Form erhältlich. Während vorbespielte Träger technisch der CD gleichen, werden wiederbeschreibbare MiniDiscs wie die wiederbeschreibbaren CD-RW mit einem magneto-optischen Verfahren beschrieben. Sie setzen das verlustbehaftete Datenreduktionsverfahren ATRAC 3 (Adaptive Transform Acoustic Coding) ein, um auf dem kleineren Datenträger eine der CD vergleichbare Spielzeit unterzubringen. Einzelne Titel können gelöscht und die Reihenfolge der Titel kann geändert werden. Zur Begrenzung digitaler Vervielfältigungen kommt das Serial Copy Management System (SCMS) zum Einsatz.[42] MDs können mehrfach beschrie-

---

[39] Dye ist die Bezeichnung für die Speicherschicht einer CD, CD-ROM etc., die das Licht des Lasers besonders gut absorbiert.

[40] Siehe unten „Serial Copy Management System (SCMS)", S. 88. Zu den weiteren Kopierschutztechniken für DAT siehe Wiechmann, ZUM 1989, S. 111ff.

[41] Eine gute Übersicht über das Format bietet http://www.minidisc.org.

[42] Zum SCMS siehe S. 88.

ben werden. Es gibt eine große Auswahl sehr kleiner portabler Geräte. Wenngleich sich MD nie in dem Maße wie die MC am Markt etabliert hat, so kann sie doch als digitaler Nachfolger der bespielbaren MC bezeichnet werden. Bereits vorbespielte MiniDisc-Tonträger haben den Marktanteil bespielter MCs jedoch nie erreicht und wurden nur kurze Zeit im Handel angeboten.

5. DVD-Audio

Prinzipiell ähnelt auch das Speicherverfahren der DVD dem der CD. Äußerlich kaum zu unterscheiden, bietet die DVD durch präzisere Technik je nach Typ ein Speichervolumen von bis zu 17 GB.[43] Die DVD kann, wie die CD auch, für verschiedene Formen der Datenspeicherung genutzt werden, so beispielsweise wie die DVD-Audio als Tonträger. Die enorme Datenkapazität der DVD nutzt die DVD-Audio für eine Abtastrate und Auflösung, die wesentlich über der der CD liegen. Zusätzlich zu der dadurch erreichten sehr hohen Klangqualität bietet die DVD-Audio Mehrkanalton, also eine räumliche Aufteilung des Klangsignals in bis zu sechs Kanäle, die bei guter Abmischung ein dem Stereoton deutlich überlegenes Klangerlebnis bieten kann.

Quantisierung (Bits)	**Samplerate (kHz)**	**Kanäle**	**Datenrate**	**Spielzeit (Minuten)**
16	44,1	2	1,41	422
16	48	6	4,62	129
20	96	4	7,68	78
24	192	2	9,22	65

Beispiele für Auflösungen und entsprechende Spielzeiten auf der DVD Audio

DVD-Audio-Tonträger sind kompatibel zu DVD-Video-Abspielgeräten, bieten dort jedoch nicht die volle Tonqualität.

Um die Schwierigkeiten, die die Musikindustrie derzeit durch die massenhafte Verbreitung von CD-Brennern erfährt, bezüglich der DVD-Audio zu vermeiden, lizenziert das DVD-Audio-Konsortium, das die Rechte an der DVD-Audio-Technik hält,[44] den Bau von Geräten zur Herstellung von DVD-Audios nur

---

[43] Die Abstände zwischen den Spuren sowie zwischen den Pits konnten deutlich verkleinert werden, so daß wesentlich mehr Daten untergebracht werden können. Außerdem kann eine DVD zwei Lagen (engl. „Layer“) besitzen, die übereinander geklebt werden und die vom Laser durch unterschiedliche Fokussierung gelesen werden können. Auch auf der Rückseite der DVD können diese Schichten angebracht werden, so daß eine DVD mit 4 Layern möglich wird, die bis zu 17 GB Daten speichern kann. Eine CD hat im Vergleich dazu nur eine Speicherkapazität von 0,64 GB.

[44] DVD Format/Logo Licensing Corporation (DVD FLLC), http://www.dvdfllc.co.jp.

dann, wenn durch einen hohen Verkaufspreis sichergestellt ist, daß diese Geräte sich nicht auf dem Endverbrauchermarkt etablieren können.

6. SACD

In Konkurrenz zur DVD-Audio steht die von Philips und Sony entwickelte Super Audio Compact Disc (SACD). Auch sie verwendet die DVD als Datenträger. Bei ihr liegt die Abtastfrequenz allerdings bei 2,8 MHz, also etwa 63 mal höher als bei der CD. Sie nutzt das Audioformat Direct Stream Digital (DSD), das mit 1 Bit auskommt, und bietet Stereo- oder 5.1-Mehrkanalton.[45] Nach Aussagen erfahrener Toningenieure unterscheiden sich DVD-Audio und SACD nicht in der Klangqualität.[46]

	Sampling-frequenz	**Samples pro Sekunde**	**Auflösung (Sampling Accuracy)**	**Anzahl möglicher Werte**
CD Audio	44.1 kHz	44.100	16-bit	65,536
DVD-Audio	bis zu 192 kHz	bis zu 192.000	bis zu 24-bit	16.777.216
SACD	2.8224 kHz	2.800.000	1-bit	

Vergleich der Frequenzen und Auflösungen

In der Herstellung der SACD besteht die überwiegend genutzte Möglichkeit, unter den SACD-Layer – also die Schicht, welche die SACD-Toninformationen speichert – einen CD-Audio-Layer zu kleben. Ein derart hybrider Tonträger kann dann sowohl mit Mehrkanalton und hoher Qualität in einem SACD-Player, als auch in gewohnter Stereoqualität in jedem CD-Player abgespielt werden.[47]

Diese hybriden SACDs sind damit auch abspielbar, wenn kein SACD-Player zur Verfügung steht und können daher bereits gekauft werden, wenn die Anschaffung eines solchen Gerätes nicht oder erst für die Zukunft geplant ist.

Der Markt für die Formate SACD und DVD-Audio ist noch im Aufbau befindlich. Sein Volumen hat sich im Jahr 2003 im Vergleich zum Vorjahr aber bereits mehr als vervierfacht.[48] Die große Beliebtheit der weitverbreiteten Mehrkanalton-Systeme (engl. „Surround-Sound“) im Heimkinobereich könnte das Interes-

[45] Ein umfassender technischer Überblick über das Format SACD ist unter http://www.daisy-laser.com/technology/techsacd/techsacd.htm zu finden.

[46] Laut Aussage eines Mitarbeiters des Emil Berliner Tonstudios in Berlin, in dem regelmäßig hochwertige SACD-Produktionen für die Tonträgerindustrie hergestellt werden.

[47] Um diesen Marktvorteil der SACD einzuholen wird inzwischen auch die DVD-Audio als hybrider Tonträger angeboten, heise online vom 25. August 2004, abrufbar unter http://www.heise.de/newsticker/meldung/50356.

[48] Dies betrifft sowohl Umsatz als auch Absatzzahl und Käufer (GfK Consumer Tracking, Tonträger-Jahrespräsentation 2003).

se an mehrkanaligen Tonformaten beim Konsumenten bereits geweckt haben. Sinkende Gerätepreise, Abspielgeräte, die beide Formate beherrschen sowie ggf. die Durchsetzung eines der beiden Formate werden ihr Übriges tun.[49]

7. Komprimierte digitale Musikformate

Datenformate wie MP3,[50] WMA,[51] Ogg Vorbis u. a. ermöglichen eine Komprimierung digitaler Musikdaten auf einen Bruchteil der Größe der für die Audio-CD verwendeten unkomprimierten Daten. Die dazu verwendeten psychoakustisch optimierten Algorithmen filtern gewisse Frequenzbereiche, von denen angenommen wird, daß sie vom menschlichen Gehör nicht wahrgenommen werden können, und Töne, die zum Beispiel durch vorangehende laute Töne überlagert werden, heraus. Dadurch können Tonaufnahmen in einer Dateigröße gespeichert werden, die die schnelle Übertragung über Datennetze und den Einsatz von tragbaren Geräten mit einer extrem hohen Speicherkapazität ermöglicht. Die gute Übertragbarkeit komprimierter Musikdateiformate hat neben rechtswidrigen Filesharing-Angeboten auch legale Music-On-Demand-Dienste ermöglicht.[52]

Es handelt sich bei diesen Formaten nicht um Tonträger, sondern um Datenformate, die zur Speicherung eines Speichermediums bedürfen. Allerdings sind sie nicht an bestimmtes Speichermedium gebunden. Sofern vom Abspielgerät unterstützt und nicht durch technische Schutzmaßnahmen behindert, können solche Dateien auf jedes beliebige digitale Medium gespeichert und mit der entsprechenden Software von dort abgespielt werden.

Die mit einer Komprimierung einhergehende Qualitätsminderung hat der Beliebtheit dieser Musikdateiformate keinen Abbruch getan. Die erweiterten Nutzungsmöglichkeiten stehen bei der Mehrzahl der Nutzer offensichtlich im Vordergrund.[53]

---

[49] Die beim SACD-Format zum Einsatz kommenden Kopierschutzmaßnahmen werden ab S. 90 dargestellt.

[50] Siehe Wandtke/Schäfer, GRUR Int. 2000, S. 187f. = IIC 2001, S. 285, 286.

[51] Windows Media Audio (WMA) ist ein verlustbehafteter Audiocodec, der bis zu acht Kanäle (7.1) und den Einsatz von Digital Rights Management unterstützt. Informationen zu WMA sind abrufbar unter http://www.microsoft.com/windows/windowsmedia/.

[52] Vgl. auch dazu Wandtke/Schäfer, GRUR Int. 2000, S. 187ff. = IIC 2001, S. 285ff.

[53] Biermann, Spiegel Online vom 2. August 2004, abrufbar unter http://www.spiegel.de/netzwelt/netzkultur/0,1518,310997,00.html

8. Festplatte, Memorysticks, MP3-Player mit eingebautem Speicher

Auf universell einsetzbaren digitalen Speichermedien wie Festplatten, Disketten, Flash-ROMs und verschiedenen Speicherkartenformaten werden Daten elektromagnetisch gespeichert. Hierbei handelt es sich nicht um klassische Tonträgerformate, die ausschließlich der Wiedergabe von Tonfolgen dienen, vielmehr können sie zur Speicherung beliebiger digitaler Daten genutzt werden. Sie finden jedoch vielfach, je nach Gerät sogar vorrangig oder ausschließlich, als Speichermedium für Tonaufnahmen Verwendung. Außer in multifunktionalen PCs sind sie auch in anderen Abspielgeräten eingebaut oder verwendbar. Sie gelten daher unstreitig auch als Tonträger.[54]

9. Tonsteuerungsträger

Tonträgereigenschaft im Sinne des § 85 UrhG kann auch „Festlegungen, bei denen keine Aufnahme einer außerhalb eines Gerätes stattfindenden Darbietung oder eines anderen Klangereignisses (...) erfolgt"[55], zugesprochen werden, „wenn ein Klang auf sonstige Weise wiederholbar gemacht wird".[56]

Dies trifft auf die aus Drehorgeln bekannten gelochten oder gestanzten Bänder oder Walzen zu, die musikwissenschaftlich keine Tonträger, sondern *Tonsteuerungsträger* sind.[57] Ähnlich verhält es sich mit dem digitalen Midi-Format,[58] einer international standardisierten digitalen Schnittstelle für elektronische Musikinstrumente, Zusatzgeräte und Computer.[59]

Technisch handelt es sich bei Tonsteuerungsträgern nicht um eine Speicherung des Tonsignals, sondern um eine notenähnliche Anweisung an das Abspielgerät, welche Tonfolgen in welcher Instrumentierung abzuspielen sind. In ihrer digitalen Variante können auch vielstimmige Musikwerke mit verschiedenen Instrumenten, deren Klang durch einen Synthesizer elektronisch simuliert werden kann, in relativ kleinen digitalen Dateien gespeichert werden. Zur Wahrnehmbarmachung ist ein Gerät bzw. eine Software erforderlich, die die Tonsteuerungsanweisung wieder in der vorgesehenen Weise umsetzt. Mit dieser Technik arbeiten beispielsweise Keyboards.

Auch Klingeltöne für Mobilfunkgeräte, für die bei Jugendlichen ein überraschend großer Markt besteht, funktionieren nach diesem Prinzip.[60] Diese Klin-

---

[54] Schricker-*Loewenheim*, § 16 Rn. 17 m.w.N., 26.
[55] Wandtke/Bullinger-*Schaefer*; HauptBd., § 85 Rn. 3.
[56] Wandtke/Bullinger-*Schaefer*; HauptBd., § 85 Rn. 3; vgl. Schricker-*Vogel*, § 85 Rn. 16.
[57] Elster/Schüller, in: Die Musik in Geschichte und Gegenwart, S. 647; siehe oben Fußnote 19.
[58] Musical Instrument Digital Interface.
[59] Wandtke/Bullinger-*Schaefer*, HauptBd., § 85 Rn. 3.
[60] Zur Lizenzierungspraxis von Klingeltönen Poll, MMR 2004, S. 67ff.

geltöne werden über das Mobilfunknetz entweder als Midi-Datei oder in einem ähnlichen Format versandt, in dem die Informationen, welche Tonfolgen das Mobiltelefon abspielen soll, enthalten sind. Neuere Mobilfunkgeräte ermöglichen auch die Verwendung komprimierter Musikaufnahmen, sogenannter „Realtones", als Klingeltöne.

III. Wesentliche Unterschiede

Die Digitalisierung von Musikwerken hat zu einer Verbesserung der Aufnahme- und Wiedergabequalität geführt, wenngleich sie nie den vollen Umfang des ursprünglichen Tonsignals wiederzugeben vermag. Der subjektiv empfunden wärmere Klang der Schallplattenaufnahme gegenüber dem der digitalen CD und die für DJs wesentlich bessere Handhabe sind wohl auch ausschlaggebend dafür, daß die Schallplatte trotz ihrer meßtechnisch schlechteren Tonwiedergabe nach wie vor eine treue Käuferschicht hat. Mit der Einführung der neuen hochauflösenden digitalen Formate SACD und DVD-Audio dürften die Grenzen menschlichen Hörvermögens aber erreicht sein. Bei diesen Formaten ist kaum noch ein Unterschied zum Original wahrzunehmen.

Die Digitalisierung von Tonaufnahmen hat aber vor allem deren Bindung an bestimmte Träger aufgehoben und damit nicht nur den Markt, sondern auch die Nutzung von Musik vollkommen verändert.[61] Die Verbreitung urheberrechtlich geschützter Werke in digitalisierter Form ermöglicht nicht nur die ständige Verfügbarkeit und Abrufbarkeit von Musik auf Wunsch, sondern auch die Erstellung qualitativ identischer Kopien der benutzten Medien. Verständlich ist daher, daß diese Entwicklung von den Rechtsinhabern zunächst auch als Bedrohung angesehen wurde.

3. Abschnitt: Marktübersicht

A. Entwicklung des Tonträgermarktes

Der Absatz von Tonträgern ist seit 1997 stark zurückgegangen. Allein für das Jahr 2003 verzeichnet die deutsche Tonträgerindustrie Einbußen in Höhe von 14,4 % im Vergleich zum Vorjahr.[62]

Der Gesamtumsatz im Tonträgerbereich in Deutschland betrug im Jahre 2003 1.664 Mio. Euro, während er im Vorjahr noch 1.944 Mio. Euro und im Jahre

[61] Zu den Wechselwirkungen von technischer Neuerung und Urheberrecht Kindermann, ZUM 1987, S. 219ff.

[62] GfK Consumer Tracking, Tonträger-Jahrespräsentation 2003; vgl. Klein, in: Moser/Scheuermann (Hrsg.), Handbuch der Musikwirtschaft, S. 84ff.

1997 gar noch 2.571 Mio. Euro betrug.[63] Von 1997 bis 2003 ist der Gesamtumsatz mit Tonträgern damit um 35,3 % eingebrochen. Positiv entwickelt sich lediglich der Markt für Musikvideos,[64] was auf die steigende Popularität der DVD und die entsprechenden Erst- und Wiederveröffentlichungen auf diesem Medium zurückzuführen ist.

Auch der Markt für sogenanntes „Mobile Entertainment“ (Klingeltöne etc.) entwickelt sich positiv. Bereits im Jahr 2003 wurde in diesem Bereich weltweit ein Umsatz von 2,4 Mrd. Euro erwirtschaftet.[65]

B. Einfluß der technischen Entwicklung

Die Umstellung auf digitale Bild- und Tonträgerformate hat ebenso wie die technische Entwicklung in der PC-Technik bedeutende Veränderungen des Marktes hervorgerufen. Anfang der neunziger Jahre erlebte die Tonträgerindustrie zunächst einen wahren Ansturm auf das neue Medium CD. Der Qualitätsvorsprung der CD war so überzeugend, daß auch Alben, die zuvor auf Vinyl oder MC gekauft worden waren, durch Neuanschaffungen auf CD ersetzt wurden.

Ob den mehrkanalfähigen und qualitativ nochmals deutlich hochwertigeren Formaten SACD/DVD-Audio-Format ein ähnlicher Erfolg beschert sein wird, bleibt abzuwarten. Bislang besteht auch hier ein Großteil des Angebots in überarbeiteten Wiederveröffentlichungen bekannter musikalischer Tonaufnahmen.

Die Bild- und Tonqualität und die Möglichkeit der schnellen Titelanwahl des DVD-Video-Formats haben auch das früher wirtschaftlich nahezu bedeutungslose Musikvideo zum attraktiven Format gemacht.[66]

---

[63] GfK Consumer Tracking, Tonträger-Jahrespräsentation 2003.

[64] Der mit Musikvideos getätigte Umsatz ist 2003 im Vergleich zum Vorjahr von 67 Mio. Euro auf 120 Mio. Euro gestiegen und hat damit seinen Anteil am Gesamtumsatz auf 6,7 % mehr als verdoppelt, GfK Consumer Tracking, Tonträger-Jahrespräsentation 2003.

[65] Ringtones mit enormem Potenzial, pressetext.austria vom 9. Juli 2004, abrufbar unter http://www.pressetext.at/pte.mc?pte=040709033, vgl. Lippitz, Spiegel Online vom 12. August 2004, abrufbar unter http://www.spiegel.de/kultur/musik/0,1518,312936,00.html.

[66] Klein, in: Moser/Scheuermann (Hrsg.), Handbuch der Musikwirtschaft, S. 84ff.

2. Kapitel: Rechte an Tonträgern

1. Abschnitt: Urheberrecht und technische Maßnahmen zum Schutze geistiger Schöpfungen

Der naheliegende Ansatz, eine Schöpfung, auch die eines geistigen Werkes, zu schützen, ist ein rein tatsächlicher, technischer. Dies kann beispielsweise dadurch erreicht werden, daß das Sacheigentum verteidigt und unerwünschte Dritte ferngehalten werden.

Bei geistigen Werken handelt es sich aber letztlich um Informationen. Der Wert von Texten, Kompositionen und Bauplänen liegt in der Regel nicht in dem sie verkörpernden Werkstück, sondern in ihrem abstrakten schöpferischen Gehalt. Daher sind sie leicht reproduzierbar, ohne dadurch ihren Gehalt oder ihre Besonderheit zu verlieren. Ist ein Werk erst in die Öffentlichkeit gelangt, so hat sein Urheber keinen tatsächlichen Einfluß mehr auf die Nutzung oder die Vervielfältigung seines Werkes. Ohne eine solche Kontrolle wird ihm aber die Möglichkeit genommen, an der Verwertung seines Werkes auch finanziell zu partizipieren und damit die in das Werk getätigte Investition an Zeit und Arbeitsleistung zu amortisieren. Dadurch wird dem Urheber der Anreiz genommen, in die Schaffung weiterer Werke zu investieren.

Der rein tatsächliche Schutz geistiger Werke ließ nicht bewerkstelligen. Daher wurden die geistigen Leistungen der Urheber und die wirtschaftlichen Leistungen der Verleger und Produzenten durch die Schaffung von Privilegien und schließlich des Urheberrechts mit Hilfe rechtlicher Regularien geschützt. Das Urheberrecht ersetzt damit die faktische Einwirkungsmöglichkeit der Rechtsinhaber durch die Einräumung von Verwertungsrechten, deren Kontrolle nun wieder durch die Berechtigten ausgeübt werden kann.

Auch der Schutz durch das Urheberrecht bedarf der Durchsetzung, die nicht immer zu gewährleisten ist. Seit die technische Entwicklung dies zuläßt, flankieren die Rechtsinhaber den ihnen eingeräumten rechtlichen Schutz mit technischen Schutzmaßnahmen, die die tatsächliche Zugangs- und Nutzungskontrolle ermöglichen sollen. Doch auch diese technischen Schutzmaßnahmen sind nicht unüberwindlich und wurden daher ihrerseits durch internationale Abkommen und daraus hervorgehende nationale Gesetzgebung unter rechtlichen Schutz gestellt.[67]

---

[67] Siehe unten „Internationale Konventionen“, S. 46, sowie „Schutz technischer Maßnahmen vor Umgehung, § 95a“, S. 94.

Das Urheberrecht ist nicht nur durch die Gewährung von Rechten an der Schaffung geistiger Werke, sondern auch durch deren Beschränkung zugunsten einer unter gewissen Voraussetzungen erlaubnisfreien Nutzung geprägt. Daher birgt das Konstrukt aus aufeinander aufbauendem rechtlichem und faktischem Schutz die Gefahr, daß die rechtliche Institution Urheberrecht durch eine umfassende, rechtlich geschützte technische Zugangskontrolle ersetzt wird, die auch die zulässige Nutzung letztlich zur Disposition der Rechtsinhaber stellt. Wenn man aber, wie oben geschehen, feststellt, daß der urheberrechtliche Schutz seinem Kern nach dazu dienen sollte, unzureichende faktische Ausschließungsmöglichkeiten zu ergänzen, so stellt sich beim Einsatz wirksamer technischer Schutzmaßnahmen auch die Frage, ob solcher Rechtsschutz in Zukunft noch erforderlich ist. Derzeit genügt die Wirksamkeit technischer Schutzmaßnahmen jedoch noch nicht einem Anspruch, der komplementären Rechtsschutz obsolet machte.

Das Urheberrecht hat sich aber auch zu einem Instrument entwickelt, mit dessen Hilfe die Interessen der Allgemeinheit gegenüber den Rechtsinhabern Durchsetzung finden können. Will man in diesem Zusammenhang an der Regelungskompetenz des Gesetzgebers festhalten, so sind auch an die Zulässigkeit technischer Schutzmaßnahmen gewisse Voraussetzungen zu knüpfen.

Zunächst gilt es jedoch, sich einen Überblick darüber zu verschaffen, wer als Rechtsinhaber an auf Tonträgern fixierten Darbietungen urheberrechtlich geschützter Werke in Betracht kommt und in welchem Umfang er dabei Schutz genießt.

2. Abschnitt: Verfassungsrechtliche Grundlagen des Urheberrechts

Neben den persönlichkeitsrechtlichen Aspekten des Urheberrechtsschutzes[68] werden durch das Urheberrechtsgesetz vor allem die eingeräumten Verwertungsrechte geschützt. Diese finden ihre Grundlage im grundrechtlichen Eigentumsschutz des Art. 14 Abs. 1 GG. In dieser Hinsicht gehört das Urheberrecht zu dem „durch Arbeit und Leistung erworbenen Bestand an vermögenswerten Gütern“[69]. Es wird daher oft als „geistiges Eigentum“ bezeichnet,[70] ein Begriff,

---

[68] Das Urheberpersönlichkeitsrecht steht ergänzend neben dem allgemeinen Persönlichkeitsrecht. Siehe Wandtke/Bullinger-*Bullinger*, HauptBd., Vor. §§ 12ff. Rn. 16; Schack, Rn. 81; Schricker-*Schricker*, Vor. § 12 Rn. 14; Fromm/Nordemann-*Hertin*, Vor. § 12 Rn. 9.

[69] BVerfGE 31, S. 229, 239; ständige Rechtsprechung.

[70] Verbreitet in der Literatur: u. a. Fromm/Nordemann-*Nordemann*, § 1 Rn. 4; Kirchhof in: Fürst/Herzog/Umbach (Hrsg.), Festschrift für Wolfgang Zeidler, S. 1639ff.; auch in höchstrichterlicher Rechtsprechung: BVerfGE 49, S. 382, 392; BGHZ 79, S. 29, 40; BGHZ 17, S. 266, 278 – Grundig-Reporter (auch „Magnettonbandurteil“); BGHZ 141, S. 13, 35 – Kopienversanddienst. Auch bezeichnet sich das französische Urheberrechtsgesetz von 1992 als

der allerdings auf die Naturrechtsdoktrin der Aufklärung im 17. und 18. Jahrhundert zurückgeht.[71] Er wird wegen der Ausblendung der persönlichkeitsrechtlichen Aspekte und der scheinbaren Unbegrenzbarkeit heftig kritisiert.[72] Unter den derart gefaßten Eigentumsbegriff fallen außer dem Urheberrecht auch die Leistungsschutzrechte z.B. der ausübenden Künstler[73] oder der Tonträgerhersteller[74].

Schon die Begründung des UrhG-Entwurfes vom 23. März 1962 spricht sich gegen eine Gleichstellung des sogenannten geistigen Eigentums mit dem Sacheigentum aus, da ein Geisteswerk nach Veröffentlichung gerade „in seinem Gedanken- oder Gefühlsgehalt möglichst vielen anderen Menschen zugänglich gemacht werden" soll. Zweck des Urheberrechts sei es daher, dem Urheber die Möglichkeit zu geben, Art und Umfang seines Werkes zu überwachen und aus dessen Verwertung Einnahmen zu erzielen.[75]

Die Kritik am Topos „geistiges Eigentum" ist durchaus berechtigt, umfaßt der Schutz des Urhebers doch weit mehr als die rein verwertungsrechtliche Facette. Doch wurde diese Analogie zum Sacheigentum bewußt auch deshalb gewählt, weil sie die Schutzwürdigkeit der Früchte geistigen Schaffens zum Ausdruck bringt, eine Überzeugung, die nicht zu jeder Zeit gesellschaftlich gefestigt war.[76] Insofern rechtfertigt die quasi deklaratorische Wirkung die prägnante Begrifflichkeit „geistiges Eigentum" durchaus, wenngleich man aus seiner Wahl keine unbeschränkte Analogie zum Sacheigentum ableiten sollte.

In Zeiten, in denen die Digitaltechnik Vervielfältigungen geschützter Werke derart einfach und selbstverständlich gemacht hat, ist eine solche Veranschauli-

---

Code de la Propriété Intellectuelle. Zur Entwicklung der Idee vom geistigen Eigentum Hubmann, ZUM 1988, S. 4ff.

[71] Gemäß der Arbeitstheorie von John Locke, nach der die Früchte der Arbeit dem zufallen sollen, der sie aus in der Natur jedermann zugänglichen Mitteln schafft, Two Treatises of Government, 1690, S. 303ff.; Schack, Rn. 99ff., m.w.N.

[72] Rehbinder meinte in der von ihm bearbeiteten 7. Auflage von Heinrich Hubmanns "Urheber- und Verlagsrecht", 1991, S. 45, der Begriff stamme aus der „Mottenkiste der Geschichte"; auch Rehbinder, Rn. 79. Kritisch auch de Boor, JZ 1955, S. 734, 747f., der den Begriff in Deutschland für überwunden hielt, allerdings das Urheberrecht als Naturrecht ansieht. Vgl. Samson, S. 65: „Das Verdienst dieser Lehre [vom geistigen Eigentum] liegt auf propagandistischem und nicht auf dogmatischem Gebiet, sie hat zweifellos ihre werbende Kraft in der Vergangenheit mit Erfolg entfaltet und im Volksbewußtsein die Überzeugung wachgerufen, daß die geistigen Leistungen ebenso zu bewerten sind wie die wirtschaftlichen."; Hirsch, S. 51; zur Diskussion um den Begriff ausführlich: Leinemann, S. 24ff. und Pohlmann, S. 61-100.

[73] BVerfGE 81, S. 208, 219 – Bob Dylan; Hubmann GRUR Int. 1973, S. 270, 273.

[74] BVerfGE 81, S. 12, 16 – Vermietungsvorbehalt.

[75] Amtliche Begründung des UrhG-Entwurfes vom 23. März 1962, in: Schulze, Materialien, S. 142.

[76] Vgl. Kirchhof, in: Fürst/Herzog/Umbach (Hrsg.), Festschrift für Wolfgang Zeidler, S. 1639,1640f.

chung der Schutzwürdigkeit trotz der ihr immanenten Verkürzung durchaus wieder angebracht.[77]

3. Abschnitt: Schutz der Berechtigten

A. Der Schutz der Urheber nach dem UrhG

Der Urheber wird nicht nur in der Nutzung seines Werkes, sondern auch in seiner geistigen und persönlichen Beziehung zum Werk geschützt (§ 11 S. 1 UrhG). Das UrhG von 1965 folgt darin der monistischen Theorie:[78] Neben die Verwertungsrechte tritt das Urheberpersönlichkeitsrecht. Gemeinsam bilden beide untrennbar das einheitliche Urheberrecht.[79]

Hier sollen nur die für die Werknutzung durch Tonträger maßgeblichen Rechte vorgestellt werden. Die Ausführungen dazu beschränken sich auf eine Übersicht und eventuelle Besonderheiten für Tonträger.[80]

I. Schutz des Urheberpersönlichkeitsrechts

Die maßgeblichen urheberpersönlichkeitsrechtlichen Befugnisse finden sich in den §§ 12-14 UrhG. Dazu zählen insbesondere das Veröffentlichungsrecht, das Recht auf Anerkennung der Urheberschaft und der Bestimmung der Urheberbezeichnung sowie der Integritätsschutz.

---

[77] Vgl. Erwägungsgrund (9) der InfoSoc-Richtlinie: „Das geistige Eigentum ist daher als Bestandteil des Eigentums anerkannt worden."; auch Schricker-*Melichar*, Vor. §§ 45ff. Rn. 7ff. Vgl. auch den Vertrag über eine Verfassung für Europa, Artikel II-17 Abs. 2: „Geistiges Eigentum wird geschützt.".

[78] Ulmer, S. 113. Die monistische steht im Gegensatz zur dualistischen Theorie, bei der die Abkoppelung der vermögensrechtlichen von den persönlichkeitsrechtlichen Befugnissen erlaubt ist (so z.B. in Frankreich, Belgien und der Schweiz).

[79] Ulmer, S. 116, veranschaulicht die Natur des Urheberrechts mit folgendem, vielzitiertem Bild: Die Persönlichkeits- und die Vermögensinteressen „erscheinen, wie bei einem Baum, als die Wurzeln des Urheberrechts, und dieses selbst als der einheitliche Stamm. Die urheberrechtlichen Befugnisse aber sind den Ästen und Zweigen vergleichbar, die aus dem Stamm erwachsen. Sie ziehen die Kraft bald aus beiden, bald ganz oder vorwiegend aus einer der Wurzeln.".

[80] Im übrigen wird auf die Lehrbuch- und Kommentarliteratur verwiesen.

II. Die Verwertungsrechte, § 15 UrhG

Um dem Urheber die wirtschaftliche Auswertung seines Werkes zu ermöglichen, werden ihm die ausschließlichen Verwertungsrechte eingeräumt. Er erhält die alleinige Kontrolle über sein Werk, nur er darf bestimmen, ob und wie es verwertet wird.

Das UrhG stellt der Aufzählung der häufigsten Nutzungsarten die Generalklausel des § 15 UrhG voran. Es gibt dem Urheber „das ausschließliche Recht, sein Werk in körperlicher Form zu verwerten" (§ 15 Abs. 1 UrhG) und es „in unkörperlicher Form öffentlich wiederzugeben" (§ 15 Abs. 2 UrhG). Die Aufzählung der einzelnen Verwertungsformen in § 15 Abs. 1 und Abs. 2 UrhG ist, wie sich aus der Formulierung „insbesondere" ergibt, exemplarisch. Es werden somit automatisch auch neue, derzeit unbekannte Verwertungsformen vom ausschließlichen Verwertungsrecht des Urhebers erfaßt.[81] Die erfahrungsgemäß schwerfällige Anpassung an die technischen Neuerungen durch den Gesetzgeber kann in den allermeisten Fällen unterbleiben.[82]

1. Das Vervielfältigungsrecht, § 17 UrhG

a) Regelung

Als wirtschaftlich bedeutendstes Recht darf das in § 15 Abs. 1 Nr. 1 UrhG genannte Vervielfältigungsrecht gelten. Ohne dabei einzuschränken, definiert es § 16 Abs. 1 UrhG als das Recht, Vervielfältigungsstücke des Werkes herzustellen. Auf das Verfahren oder die Anzahl der Vervielfältigungsstücke kommt es dabei ausdrücklich nicht an. Das Abschreiben eines Liedtextes zählt ebenso dazu wie die massenhafte Herstellung von CDs in einem Preßwerk.

Die Definition ist bewußt weit formuliert: Sie umfaßt jede körperliche Festlegung des Werkes, die geeignet ist, das Werk auf irgendeine Weise den menschlichen Sinnen unmittelbar oder mittelbar wahrnehmbar zu machen.[83] Bereits die erstmalige Festlegung eines bisher unkörperlichen Werkes gilt als Vervielfältigung desselben, wie in § 16 Abs. 2 UrhG für Bild- und Tonträger klargestellt wird.[84]

---

[81] Wandtke/Bullinger-*Heerma*, HauptBd., § 15 Rn. 2; Schack, Rn. 372; Wandtke/Schäfer, GRUR Int. 2000, S. 187ff.

[82] Schack, Rn. 371, schätzt den andernfalls entstehenden Rückstand auf 10-20 Jahre.

[83] Amtl. Begr., in: Schulze, Materialien, S. 106; vgl. BGHZ 17, S. 266, 270 – Grundig-Reporter.

[84] Wandtke/Bullinger-*Heerma*, HauptBd., § 16 Rn. 5. Dies gilt auch für die in § 16 Abs. 2 UrhG nicht genannten Vervielfältigungen, da § 16 Abs. 2 UrhG nur als Klarstellung gegenüber dem LUG eingefügt wurde, welches die Tonträgerherstellung als Bearbeitung qualifizierte. Die Übersicht über das Aufnahmeverfahren bei Schellackplatten bei Elster/Schüller

Das Vervielfältigungsrecht umfaßt nicht nur das Werk als Ganzes, sondern auch die Vervielfältigung von Werkteilen, sofern diese, einzeln betrachtet, urheberrechtlichen Schutz genießen.[85] Im Musikbereich ist dies insbesondere für das Sampling maßgeblich, welches nur dann ohne Lizenz erlaubt ist, wenn die gesampleten Werkteile nicht als solche gem. § 2 UrhG schutzfähig sind.

b) Vorübergehende Vervielfältigungen

Mit der Einführung des § 44a UrhG durch das „Gesetz zur Regelung des Urheberrechts in der Informationsgesellschaft" vom 15. September 2003 hat der Gesetzgeber klargestellt, daß auch flüchtige, sogenannte „ephemere" Kopien ausnahmslos dem Vervielfältigungsrecht unterliegen.[86] Solche Kopien wurden bisher nur dann als Vervielfältigungsexemplare betrachtet, wenn sie dauerhafte Kopien mit der Möglichkeit des mehrfachen Abrufs darstellten.[87] Sie entstehen aber auch beim Datentransfer in verschiedenen Zwischenspeichern und sind als solche nicht fungibel. Derartige Zwischenspeicherungen wurden daher bislang zu Recht nicht als Vervielfältigungen im Rechtssinne betrachtet.[88]

Der deutsche Gesetzgeber ist aus diesem Grund der Lösung der InfoSoc-Richtlinie gefolgt und hat die ephemeren Kopien zwar dem Vervielfältigungsrecht unterstellt, mit § 44a UrhG jedoch eine gesetzliche Ausnahme geschaffen. Danach sind solche vorübergehenden Vervielfältigungsmaßnahmen nicht zustimmungspflichtig, die „dem technischen Prozeß immanent sind"[89] und die bei der Datenübertragung oder der rechtmäßigen Nutzung entstehen, ohne eine eigenständige wirtschaftliche Bedeutung zu haben.

c) Musikwerke

Für Musikwerke gilt: Jedes Aufnehmen oder Überspielen eines Werkes auf einen beliebigen Träger ist eine Vervielfältigung im Sinne des § 16 Abs. 2 UrhG. Gleichgültig, ob es sich dabei um die Erstfixierung oder um die Kopie von Träger zu Träger handelt. Auch das Mitschneiden von Sendungen im Radio oder Fernsehen ist Vervielfältigen.[90]

---

macht diese Behandlung nachvollziehbar (Elster/Schüller, in: Blume/Finscher (Hrsg.), Die Musik in Geschichte und Gegenwart, S. 655ff.).

[85] OLG München ZUM 2000, S. 408, 409; Bortloff, ZUM 1993, S. 476, 478ff.

[86] Vgl. Art. 2 der InfoSoc-RL.

[87] Streitig war bisher die Qualifikation von Kopien im Arbeitsspeicher (RAM). Als Vervielfältigung angesehen von Schack, Rn. 379; Fromm/Nordemann-*Nordemann*, § 16 Rn. 2; Schricker-*Loewenheim*, § 16 Rn. 19 m.w.N.

[88] Fromm/Nordemann-*Nordemann*, § 16 Rn. 2; Wandtke/Bullinger-*Heerma*, HauptBd., § 16 Rn. 9; Schricker, Urheberrecht auf dem Weg zur Informationsgesellschaft, S. 112; Schack, Rn. 417.

[89] Hoeren, Internetrecht, Stand Juli 2004, S. 87.

[90] Wandtke/Bullinger-*Heerma*, HauptBd., § 16 Rn. 8.

Beim Digitalisieren von Werken wird durch die Datenspeicherung ebenso ein Vervielfältigungsexemplar hergestellt wie beim Komprimieren digitaler Audiodaten in ein Format wie MP3.[91] Genauso verhält es sich beim Speichern von Musikwerken in digitaler Form auf einem Server (sog. Upload). Auch durch einen Download erstellt der Nutzer ein Vervielfältigungsstück.

2. Das Verbreitungsrecht, § 17 UrhG

Das in § 15 Abs. 1 Nr. 2 UrhG aufgeführte Verbreitungsrecht wird in § 17 UrhG konkretisiert. Es beinhaltet das ausschließliche Recht, darüber zu entscheiden, ob und in welcher Form ein Werk an die Öffentlichkeit gelangt. Aus der Stellung des § 15 Abs. 1 Nr. 2 UrhG ergibt sich, daß es sich um die Verbreitung körperlicher Werkstücke handeln muß.[92] Verbreitung setzt das der Öffentlichkeit Anbieten oder das Inverkehrbringen voraus, wobei das der Öffentlichkeit Anbieten eine Vorstufe des Inverkehrbringens ist.[93]

Die Neufassung des § 15 Abs. 3 S. 1 UrhG definiert nun einen Öffentlichkeitsbegriff, der zur Auslegung auch in anderen Vorschriften heranzuziehen ist, wobei das Kriterium „Mehrzahl" nur für die Definition der öffentlichen Wiedergabe maßgeblich ist.[94] Inhaltlich dient die Neufassung vor allem der begrifflichen Vereinfachung und stellt klar, daß auch das nicht simultane Abrufen bzw. Übermitteln geschützter Werke, wie es bei On-Demand-Diensten erfolgt, erfaßt ist.[95] An der Beweislastregelung für die Nichtöffentlichkeit der Wiedergabe hat sich durch die Neufassung nichts geändert. Nach wie vor ist der Verwerter darlegungs- und beweispflichtig dafür, daß seine Verwertung nichtöffentlich ist.[96]

Ein abgegrenzter Personenkreis, der untereinander oder mit dem Verwerter persönlich verbunden ist, ist nicht öffentlich. Die Weitergabe, die den privaten Kreis nicht verläßt, bringt das Werkstück also nicht in Verkehr.[97]

Das Verbreitungsrecht kann sich durch rechtmäßiges Inverkehrbringen erschöpfen.[98]

---

[91] Hoeren, Internetrecht, Stand Juli 2004, S. 84ff.; Wandtke/Bullinger-*Heerma*, HauptBd., § 16 Rn. 8.
[92] Wandtke/Bullinger-*Heerma*, HauptBd., § 17 Rn. 5.
[93] Wandtke/Bullinger-*Heerma*, HauptBd., § 17 Rn. 4.
[94] Wandtke/Bullinger-*Heerma*, ErgBd., § 15 Rn. 12.
[95] Amtl. Begründung zu §§ 15, 19a, 22, BT-Drucks. 15/38, 16; vgl. Dreyer/Kotthoff/Meckel-*Dreyer*, § 15 Rn. 2.
[96] Vgl. Dreyer/Kotthoff/Meckel-*Dreyer*, § 15 Rn. 79.
[97] Fromm/Nordemann-*Nordemann*, § 17 Rn. 2.
[98] Siehe dazu unten Erschöpfung, S. 41.

3. Recht der öffentlichen Zugänglichmachung, § 19a UrhG

Problematisch war in den letzten Jahren die Frage, wie die unkörperliche Verbreitung über digitale Datennetze in das System der Verwertungsrechte einzuordnen sei.

Für das Anbieten oder Bereithalten zum elektronischen Abruf wurde mit der Urheberrechtsnovelle 2003 in § 19a UrhG das „Recht der öffentlichen Zugänglichmachung" geschaffen. Es ersetzt alle bislang verwendeten Konstrukte[99] durch eine den Art. 8 WCT, Art. 10, 14 WPPT und Art. 3 InfoSoc-Richtlinie entsprechende Norm. Dadurch wird die Verwendung geschützter Werke in Websites oder zum Abruf von Servern genauso erfaßt wie das Anbieten digitalisierter Musik- oder Filmwerke über sog. Peer-To-Peer (P2P)-Netzwerke wie eDonkey, eDonkey2000, Gnutella, LimeWire oder FastTrack (das z.B.von der Clientsoftware Kazaa genutzt wird).[100]

4. Das Senderecht, § 20 UrhG

Das Senderecht ist das Recht, das Werk durch Funk öffentlich zugänglich zu machen (§§ 20-20b UrhG). Damit werden alle an die Öffentlichkeit gerichteten Werkübertragungen durch elektromagnetische Wellen erfaßt, sowohl drahtgebunden als auch drahtlos.[101] Ein Online-Angebot ist vom Sendebegriff allerdings nicht umfaßt, da dieser eine gleichzeitige Öffentlichkeit voraussetzt, wie sie beim Rundfunk besteht.[102] Die Schaffung des Rechts der öffentlichen Zugänglichmachung, § 19a UrhG nF, hat dies jetzt auch gesetzgeberisch klargestellt.[103]

Für Urheber von Musikwerken ist das Senderecht von erheblicher wirtschaftlicher Bedeutung.[104] Die GEMA nimmt diese Senderechte für die ihr angeschlossenen Komponisten, Textdichter und Musikverleger wahr, mit Ausnahme der Rechte an der Sendung dramatisch-musikalischer Werke, den sog. „großen Sen-

---

[99] Bislang wurde die Zugänglichmachung in Datennetzen als noch unbenannter Unterfall des § 15 Abs. 2 UrhG (so u.a. Dreier, in: Urheberrecht auf dem Weg zur Informationsgesellschaft, S. 133; Fromm/Nordemann-*Nordemann*, § 15 Rn. 2; Rehbinder, Rn. 218; Schack, JZ 1998, S. 753, 757) angesehen. In Betracht gezogen wurde auch eine Zuordnung zum Senderecht, § 20 UrhG, (Jaeger, NJW 1995, S. 3273, 3275) oder eine analoge Anwendung des Verbreitungsrechts, §§ 15 Abs. 1 Nr. 2, 17 Abs. 1 UrhG analog, (Schwarz, in: Becker (Hrsg.), Rechtsprobleme internationaler Datennetze, S. 13, 29; Katzenberger, AfP 1997, S. 434, 437).

[100] So bereits Wandtke/Schäfer, GRUR Int. 2000, S. 187, 190.

[101] Schack, Rn. 407.

[102] Wandtke/Bullinger-*Ehrhardt*, HauptBd., §§ 20-20b Rn. 7, 8.

[103] Siehe oben S. 28.

[104] Die Erträge der GEMA für Rundfunk und Fernsehen betrugen im Geschäftsjahr 2003 219,857 Mio. Euro (Geschäftsbericht der GEMA 2003, S. 33).

derechten“. Leicht eingeschränkt macht dies auch die VG Wort für die Senderechte an Sprachwerken.[105]

5. Das Recht der Wiedergabe durch Bild- und Tonträger, § 21 UrhG

Das in § 21 UrhG definierte Recht der öffentlichen Wiedergabe aus § 15 Abs. 2 Nr. 4 UrhG ist ein sog. Zweitverwertungsrecht, das eine dem Urheber vorbehaltene Erstverwertung voraussetzt.[106] Nachdem der Urheber aufgrund seines ausschließlichen Vervielfältigungsrechts darüber entscheiden durfte, ob sein Werk erstmalig auf einen Ton- oder Bildtonträger festgelegt wird (§ 16 Abs. 2 UrhG), hat er auch das ausschließliche Recht, über die öffentliche Wahrnehmbarmachung seiner derart fixierten Werke zu entscheiden, § 21 UrhG. Eine Beschränkung auf bestimmte Trägermedien ist in der Vorschrift nicht enthalten. Sie umfaßt auch digitale Speichermedien wie Festplatten oder DVDs.[107] Auch dieses Recht wird kollektiv wahrgenommen.[108]

6. Das Recht der Wiedergabe von Funksendungen und von öffentlicher Zugänglichmachung, § 22 UrhG

Ein weiteres Zweitverwertungsrecht ist das Recht der öffentlichen Wiedergabe von Funksendungen und von öffentlicher Zugänglichmachung, §§ 15 Abs. 2 Nr. 5, 22 UrhG. Es beinhaltet die Entscheidung darüber, ob das bereits gesendete oder öffentlich zugänglich gemachte Werk nochmals verwertet werden darf, indem es durch Bildschirm, Lautsprecher oder ähnliches öffentlich wahrnehmbar gemacht wird. Davon betroffen ist beispielsweise die Rundfunkwiedergabe in Gaststätten, unabhängig davon, ob dort das Radio oder der Fernseher läuft oder ein zeitversetzter Mitschnitt einer Sendung.[109] Seit der Neufassung des § 22 UrhG wird auch die öffentliche Wiedergabe eines Werkes erfaßt, das nicht klassisch gesendet, sondern online zugänglich gemacht wurde, beispielsweise als Music-On-Demand[110] oder Video-On-Demand. Der Öffentlichkeitsbegriff ist auch hier der des § 15 Abs. 3 UrhG. Die Wahrnehmung des Rechts aus § 15 Abs. 2 Nr. 5 UrhG erfolgt ebenfalls kollektiv.[111]

---

[105] Ausführlicher dazu Wandtke/Bullinger-*Ehrhardt*, HauptBd., §§ 20-20b Rn. 32ff.; Schricker-*v. Ungern-Sternberg*, Vor. § 20 Rn. 21f.
[106] Fromm/Nordemann-*Nordemann*, §§ 21 Rn. 1.
[107] Die entsprechenden Regelungen der Wahrnehmungsverträge finden sich u.a. bei Wandtke/Bullinger-*Ehrhardt*, HauptBd., § 21 Rn. 3.
[108] Siehe Wandtke/Bullinger-*Ehrhardt*, HauptBd., § 22 Rn. 7.
[109] Fromm/Nordemann-*Nordemann*, § 22 Rn. 1.
[110] Dazu Wandtke/Schäfer, GRUR Int. 2000, S. 187ff.
[111] Wandtke/Bullinger-*Bullinger*, HauptBd., § 22 Rn. 4.

III. Besonderheiten bei mehreren Urhebern

Hat ein Werk mehrere Urheber, so gilt § 8 UrhG. Danach wird zur Erstveröffentlichung, Verwertung und Änderung des Werkes stets die Zustimmung aller Miturheber benötigt. Sie dürfen diese Einwilligung gem. § 8 Abs. 2 S. 2 UrhG nicht wider Treu und Glauben verweigern. Die Erträge aus der Nutzung des gemeinschaftlich geschaffenen Werkes sind im Zweifel nach dem Umfang der einzelnen Beiträge aufzuteilen (§ 8 Abs. 3 UrhG). Ähnliches gilt für die Urheber verbundener Werke gem. § 9 UrhG.

B. Die Leistungsschutzrechte

Das Immaterialgüterrecht schützt neben dem Urheber auch die künstlerische Leistung der Interpreten. Schutz genießen auch die von Veranstaltern, Tonträgerherstellern, Sendeunternehmen und Filmherstellern erbrachten unternehmerischen Investitionen und organisatorisch-technischen Leistungen auf kulturellem Gebiet, auf die der Urheber in den meisten Fällen angewiesen ist, wenn sein Werk eine breitere Öffentlichkeit erreichen soll. Diese sog. Leistungsschutzrechte haben durch das „Gesetz zur Regelung des Urheberrechts in der Informationsgesellschaft“[112] eine umfassende Neuregelung erfahren. Insbesondere hat dies den ausübenden Künstlern auch eine Annäherung an die Rechtsstellung der Urheber gebracht.

I. Der Schutz ausübender Künstler

1. Leistungsschutzberechtigte

In der seit September 2003 geltenden Fassung des § 73 UrhG wird als ausübender Künstler definiert, „wer ein Werk oder eine Ausdrucksform der Volkskunst aufführt, singt, spielt oder auf eine andere Weise darbietet oder an einer solchen Darbietung künstlerisch mitwirkt.“

Vorausgesetzt wird also wie in der früheren Fassung der Vortrag oder die Aufführung eines urheberrechtsschutzfähigen Werkes, allerdings unabhängig davon, ob es noch geschützt oder bereits gemeinfrei ist.[113] Neu hinzugekommen ist der Schutz der Darbietung von Ausdrucksformen der Volkskunst, unabhängig davon, ob der Gegenstand der Darbietung ein urheberrechtsschutzfähiges Werk darstellt oder nicht.

---

[112] BGBl. 2003 I, S. 1774-1788.

[113] Wandtke/Bullinger-*Büscher*, HauptBd., § 73 Rn. 3; Fromm/Nordemann-*Hertin*, § 73 Rn. 2.

Schack formuliert: „Der Künstler schafft ein eigenes, der ausübende Künstler interpretiert ein fremdes Werk“[114] und schlägt, unter anderem, um zum künstlerisch tätigen Urheber (bspw. dem Bildhauer) abzugrenzen, zutreffend die Bezeichnung *Interpret* vor, die auch hier für den ausübenden Künstler Verwendung finden soll.[115] Ein Urheber kann selbstverständlich gleichzeitig auch Interpret sein, wenn er das selbst geschaffene Werk persönlich vorträgt.

Wer als Interpret im Sinne des § 73 UrhG anzusehen ist, war und ist umstritten. Schließlich steht und fällt damit häufig die finanzielle Beteiligung an der Verwertung.

Die Qualifizierung erfolgt nach der Schutzbedürftigkeit der künstlerischen Leistung. „Nur diejenigen Leistungen, die ihrer Art nach zur Aufnahme auf Bild- und Tonträger oder zur Sendung geeignet sind, können funktional dem § 73 zugeordnet werden. Sie sind durch Einmaligkeit in dem Sinne gekennzeichnet, daß sie von verschiedenen Personen – auch bei ähnlichem Aussehen und gleichwertigen Fähigkeiten – nicht genau gleich wiederholt werden können.“[116]

Zum geschützten Personenkreis können daher Musiker, Sänger, Schauspieler und Tänzer gehören, aber auch der künstlerisch mitwirkende Produzent, Dirigent oder Bühnenregisseur. Deren Leistung muß allerdings unter Einsatz künstlerische Mittel erfolgen, das Werk muß *interpretiert* werden. Hier soll aber bereits ein relativ geringer Interpretationsspielraum genügen:[117] Eine Interpretation liegt schon dann vor, wenn durch die Wiedergabe ein die Stimmung, das Empfinden, das Gefühl oder die Phantasie anregender Sinneseindruck vermittelt wird.[118]

2. *Schutzumfang*

Anders als das einheitliche Urheberrecht sind die Leistungsschutzrechte als eine Kombination bestimmter Einwilligungs- und Vergütungsansprüche mit einem besonderen Persönlichkeitsrecht ausgestaltet.

a) *Verwertungsrechte*

Die verwertungsrechtlichen Befugnisse der Interpreten sind in den §§ 77ff. UrhG abschließend aufgezählt. Verbotsrechte hat der Interpret nur bei der un-

---

[114] Schack, Rn. 586.

[115] Entscheidend auf die Interpretation stellt auch Wandtke/Bullinger-*Büscher*, HauptBd., § 73 Rn. 10, ab unter Verweis auf die amtliche Begründung (Nachweis bei Schricker-*Krüger*, § 73 Rn. 24.

[116] Dünnwald, UFITA 52, S. 49ff., 86.

[117] Loewenheim-*Vogel*, § 38 Rn. 55.

[118] BGHZ 79, S. 362, 371f. – Quizmaster = BGH GRUR 1981, S. 419, 421.

mittelbaren Verwertung der darstellerischen Leistung, er muß sich bei Zweitwiedergaberechten mit Vergütungsansprüchen begnügen.

Im einzelnen umfassen die Verwertungsrechte des Interpreten das ausschließliche Recht, die Darbietung auf Bild- oder Tonträger aufzunehmen (§ 77 Abs. 1 UrhG) sowie das ausschließliche Veröffentlichungs- und Verbreitungsrecht an diesen Aufnahmen (§ 77 Abs. 2 UrhG).

Die öffentliche Wiedergabe ist in § 78 UrhG geregelt. Ein ausschließliches Recht steht dem Interpreten lediglich für die öffentliche Zugänglichmachung des § 19a UrhG sowie für die öffentliche Wahrnehmbarmachung zu. Bereits das Senderecht gilt nur mit der Einschränkung für Darbietungen, die nicht erlaubtermaßen auf Bild- und Tonträger aufgenommen und erschienen oder erlaubterweise öffentlich zugänglich gemacht worden sind. Für andere Arten der öffentlichen Wiedergabe ist der Interpret auf Vergütungsansprüche beschränkt, die er zum Teil auch noch mit dem Tonträgerhersteller teilen muß (§ 86 UrhG).

Im Gegensatz zum Urheberrecht, das gem. § 29 UrhG weder als Ganzes noch in Teilen übertragbar ist und an dem lediglich Nutzungsrechte eingeräumt werden können,[119] sind sämtliche Leistungsschutzrechte der Interpreten frei übertragbar.[120]

b) Persönlichkeitsrechte

Bei dem persönlichkeitsrechtlichen Schutz des ausübenden Künstlers handelt es sich um eine besondere Ausprägung des allgemeinen Persönlichkeitsrechts und nicht, wie beim Urheberpersönlichkeitsrecht, um einen wesentlichen Bestandteil eines einheitlichen Leistungsschutzrechts.[121] Persönlichkeitsrechtliche Aspekte des Leistungsschutzes der Interpreten sind ähnlich den §§ 13, 14 UrhG das Recht, als Interpret genannt zu werden (§ 74 Abs. 1 UrhG) und der Schutz vor Entstellungen der Darbietung nach § 75 UrhG.

Inwieweit das allgemeine Persönlichkeitsrecht dem Interpreten weitere, im UrhG nicht vorgesehene Rechte einräumt, ist streitig. *Hertin* leitet aus dem allgemeinen Persönlichkeitsrecht beispielsweise ein Recht zur Veröffentlichung der Darbietung ab.[122] Allerdings hat auch die Neufassung des UrhG, die die Rechtsstellung der ausübenden Künstler ausdrücklich verbessern soll,[123] ein solches Recht nicht eingeführt. Die darauf bezogenen Regelungen des UrhG sind daher als abschließend anzusehen, insbesondere ist eine analoge Anwendung ur-

---

[119] Rehbinder, Rn. 299.
[120] Schack, Rn. 583.
[121] Rehbinder, Rn. 407; a.A. Loewenheim-Vogel, § 38 Rn. 25.
[122] Fromm/Nordemann-*Hertin*, Vor § 73 Rn. 6.
[123] Siehe die Begründung zum Gesetzesentwurf der Bundesregierung zur Regelung des Urheberrechts in der Informationsgesellschaft, BT-Drucks. 15/38, S. 1.

heberpersönlichkeitsrechtlicher Vorschriften abzulehnen.[124] Die Grundsätze des allgemeinen Persönlichkeitsrechts sind nur insoweit ergänzend anzuwenden als dadurch kein Wertungswiderspruch zum gesetzgeberisch abschließend geregelten Künstlerpersönlichkeitsrecht entsteht.[125]

c) Schranken

Um den Interpreten nicht gegenüber dem Urheber zu privilegieren, verweist § 83 UrhG auf die sinngemäß anzuwendenden Schranken des Urheberrechts. Damit gilt auch für die Interpreten, daß sie die Vervielfältigung von Bild- und Tonträgern zum privaten Gebrauch nicht verbieten können. Allerdings steht ihnen wie den Urhebern der Vergütungsanspruch des § 54 UrhG zu.

II. Der Schutz der Unternehmer

Der Schutz von Tonträgerherstellern und von Theater- und Konzertveranstaltern beruht nicht auf einer schützenswerten künstlerischen Leistung, sondern ist ein Investitionsschutz.[126] Das von ihnen eingegangene beträchtliche unternehmerische Risiko sichert die kulturelle Vielfalt und ermöglicht Urhebern und Interpreten in der Regel erst die Veröffentlichung und Verwertung ihrer Werke und Darbietungen.

Tonträgerhersteller beispielsweise investieren in Suche und Aufbau neuer Künstler und Produzenten und gewähren diesen Vorauszahlungen auf ihre Lizenzbeteiligungen in teils erheblichem Ausmaß. Sie stellen Tonträger her und bewerben diese, sie betreuen den Künstler bei Auftritten und Veranstaltungen. Dabei treten sie in vielen Bereichen finanziell in Vorleistung und tragen das finanzielle Risiko einer Tonträgerveröffentlichung nahezu allein.[127] Die Einräumung gewisser Verwertungsrechte soll sicherstellen, daß sich diese Investitionen durch ungestörte kommerzielle Auswertung der Tonaufnahmen amortisieren und damit Neuinvestitionen wirtschaftlich sinnvoll bleiben.

---

[124] So auch Rehbinder, Rn. 407.

[125] Loewenheim-*Vogel*, § 38 Rn. 34, 36.

[126] Vgl. dazu Kirchner, GRUR Int. 2004, S. 603ff.

[127] Auch die Verlage zahlen in der Regel Vorschüsse an die Urheber, tragen aber damit unternehmerisch das Risiko der kommerziellen Verwertbarkeit des Werkes. Da sie dabei die Rechte der Urheber wahrnehmen, wird ihnen kein Recht sui generis eingeräumt.

4. Abschnitt: Urheberrechtliche Qualifikation der an der Herstellung von Tonträgern beteiligten Personen

An der Herstellung eines Tonträgers ist eine Vielzahl von Personen beteiligt, deren Werk oder Leistung vom UrhG geschützt wird.

Zu unterscheiden ist dabei zwischen Urheberrechten an dem auf dem Träger verkörperten Werk, den Leistungsschutzrechten an der Darbietung des Werkes und den Leistungsschutzrechten an der Festlegung desselben auf dem Träger.

A. Komponist

Der Komponist als Urheber eines Musikwerkes (§ 2 Abs. 1 Nr. 2 UrhG) genießt umfassenden urheberrechtlichen Schutz, ggf. zusammen mit anderen Miturhebern.

Voraussetzung für diesen Schutz ist selbstverständlich, daß die Tonfolge urheberrechtlichen Werkansprüchen genügt, also eine persönliche geistige Schöpfung darstellt. Dies ist bei Musikwerken dann gegeben, wenn eine individuelle Komposition vorliegt. Auf künstlerischen Wert kommt es dabei nicht an.[128] Generell werden bei Musikwerken keine zu hohen Anforderungen an die Gestaltungshöhe gestellt. Die sogenannte *kleine Münze*, ein Werk, das nur einen geringen Schöpfungsgrad aufweist, wird daher ebenfalls geschützt.[129]

B. Textdichter

Ist das Musikwerk mit einem Sprachwerk (§ 2 Abs. 1 Nr. 1 UrhG) verbunden, so genießt auch der Textdichter Schutz als Urheber.

C. Interpret

Musiker und Sänger genießen in ihren Funktionen als ausübende Künstler Leistungsschutz nach § 73ff. UrhG.[130] Sie können, sofern sie das interpretierte Werk selbst (mit-)geschaffen haben, in Personalunion auch Urheber sein.

D. Arrangeur

Der Arrangeur, zu dessen Aufgaben die satztechnische Ausarbeitung, die Instrumentierung und die Realisierung von Klangvorstellungen im weitesten Sinne

---

[128] Wandtke/Bullinger-*Bullinger*, § 2 Rn. 69.
[129] Schack, Rn. 262; Schricker-*Loewenheim*, § 2 Rn. 121, m.w.N.
[130] Siehe „Der Schutz ausübender Künstler", S. 30.

gehören,[131] kann, je nach dem Grad seiner eigenen Interpretation, als ausübender Künstler im Sinne des Urheberrechtsgesetzes gelten.

E. Dirigent, Tonmeister, Tontechniker

Leistungsschutzberechtigt als ausübender Künstler ist auch der künstlerisch mitwirkende Dirigent. Der Tonmeister[132] kann als Interpret dagegen nur Schutz genießen, wenn und soweit er an der Aufführung mitwirkt.[133] Wie *Rehbinder* zu Recht hervorhebt, kann in einer Einzelfallbetrachtung aber auch die nachträgliche Arbeit des Tonmeisters als Mitwirkung an der Aufführung angesehen werden.[134] Seine übrigen Leistungen unterfallen dem Schutz als Tonträgerhersteller.[135] Die Tätigkeit des Tontechnikers, sofern sie rein technischer Natur ist, ist jedoch in der Regel nicht geschützt.[136] Erforderlich ist hier jeweils eine Einzelfallbetrachtung der schöpferischen und interpretativen Leistung.

F. „Kreativer" Produzent, Aufnahmeleiter

Der kreative (oder: künstlerische) Produzent (engl. „Producer"), der die Aufnahmesitzung aufgrund eines Produzentenvertrags mit einer Plattenfirma leitet, kann im Einzelfall als ausübender Künstler oder als (Mit-)Urheber geschützt sein,[137] die Rechtsstellung eines Tonträgerherstellers erwirbt er nicht.[138] In der Praxis wird die künstlerische Mitwirkung des Auftragsproduzenten von der Plattenfirma vorausgesetzt, die sich zur Auswertung der Tonaufnahme seine exklusiven Rechte einräumen läßt und ihm dies durch einen Pauschalbetrag oder eine anteilige Lizenzbeteiligung vergütet.

---

[131] Bortloff, S. 45f.; Ernst; S. 20.

[132] Tonmeister ist im hier verwendeten Sinne der für die technische Qualität einer Aufnahme Verantwortliche. Im Rundfunkwesen wird als Tonmeister der Mitarbeiter bezeichnet, der hier Produzent genannt wird. Vgl. dazu Ernst, S. 14ff.

[133] BGH GRUR 1983, S. 22, 24 – Tonmeister I, in derselben Sache OLG Köln GRUR 1984, 345 – Tonmeister II; Jörger, S. 129; vgl. Bortloff, S. 44ff.; umfassend: Ernst, S. 26, 183.

[134] Rehbinder, Rn. 401.

[135] Schack, Rn. 599.

[136] Fromm/Nordemann-*Hertin*, § 73 Rn. 3.

[137] So Ernst, S. 151ff., 185ff.

[138] Wandtke/Bullinger-*Schaefer*, HauptBd., § 85 Rn. 10.

G. Tonträgerhersteller

I. Legaldefinition

Im deutschen UrhG ist der Begriff des „Tonträgerherstellers“ nicht definiert. Für Deutschland gilt aber verbindlich Art. 3 lit. c) RA, nach dem „Hersteller von Tonträgern“ die „natürliche oder juristische Person [ist], die erstmals die Töne einer Darbietung oder andere Töne festlegt“.[139] Durch die bereits oben zitierte Definition des „Tonträgers“ in Art. 3 lit. b) RA als „ausschließlich auf den Ton beschränkte Festlegung der Töne einer Darbietung oder anderer Töne“ wird die Abgrenzung zur audiovisuellen Festlegung auf Bildtonträgern („Bild- und Tonträgern“ im Sinne der §§ 94 Abs. 1, § 16 Abs. 2 UrhG) verdeutlicht.[140]

II. Praktische Einordnung

Tonträgerhersteller ist stets der Träger des Produktionsrisikos, also nicht der individuelle Toningenieur, sondern der Inhaber des Unternehmens.[141] Das muß nicht unbedingt die üblicherweise als Tonträgerhersteller bezeichnete sogenannte *Plattenfirma* (engl. „Label“) sein. In einer weiteren Formulierung ist Tonträgerhersteller derjenige, der die „organisatorische Hoheit über die Aufnahme besitzt, insbesondere die Verträge mit den Beteiligten (Künstler, kreativen Produzenten usw.) schließt“[142].

Sofern die Plattenfirma ihre Rechte über einen Künstlerexklusivvertrag und einen Vertrag mit einem künstlerischen Produzenten erwirbt, die Herstellung der Aufnahmen damit maßgeblich organisiert und kontrolliert, ist sie Tonträgerhersteller im Sinne des § 85 UrhG.[143] Anders dagegen bei bereits fertig produzierten Aufnahmen, an denen die Plattenfirma die Auswertungsrechte aus §§ 85, 86 UrhG nicht originär, sondern derivativ über einen Bandübernahmevertrag erwirbt:[144] In dieser an praktischer Bedeutung gewinnenden Konstellation übernehmen kleinere Tonträgerhersteller oder Produzenten, bisweilen auch die aus-

---

[139] Dierkes, S. 21; Fromm/Nordemann-*Hertin*, §§ 85/86 Rn. 3; Wandtke/Bullinger-*Schaefer*, HauptBd., § 85 Rn. 6; ebenso Art. 1 lit. b) GTA.

[140] Wandtke/Bullinger-*Schaefer*, HauptBd., § 85 Rn. 2.

[141] Schack, Rn. 626; Fromm/Nordemann-*Hertin*, §§ 85, 86 Rn. 4; Schricker-*Vogel*, § 85 Rn. 29.

[142] Wandtke/Bullinger-*Schaefer*, HauptBd., § 85 Rn. 8; Schricker-*Vogel*, § 85 Rn. 29.

[143] Vgl. BGH ZUM 1998, S. 405, 408; Wandtke/Bullinger-*Schaefer*, HauptBd., § 85 Rn. 10; auch Fromm/Nordemann-*Hertin*, §§ 85/86 Rn. 4; a.A.: Schricker-*Vogel*, § 85 Rn. 29; Loewenheim-*Vogel*, § 40 Rn. 39, der aber zu Unrecht nur auf Bandübernahmeverträge abstellt und nicht berücksichtigt, daß Plattenfirmen nach wie vor in einer Vielzahl von Fällen Künstlerverträge abschließen.

[144] Dazu näher Dierkes, S. 21 f.

übenden Künstler selber die organisatorische und finanzielle Verantwortung für die Verträge mit allen Beteiligten und den gesamten Herstellungsprozeß bis zur Fertigstellung des Masters. Sie erwerben damit die Rechte des Tonträgerherstellers und räumen der Plattenfirma gegen eine Lizenzbeteiligung Nutzungsrechte zur Auswertung des Masters ein.

III. Rechte des Tonträgerherstellers

Geschützt werden die organisatorische Leistung und die wirtschaftliche Verantwortung für die Aufnahme des Tonträgerherstellers.[145] Angesichts des großen finanziellen Aufwandes und des entsprechenden Produktionsrisikos ist ein Schutz der Verwertungsmöglichkeiten des Tonträgerherstellers von Nöten, da er durch seinen Einsatz auch dem kulturellen Leben dient.

Seine Rechte umfassen nach § 85 Abs. 1 Satz 1 UrhG das ausschließliche Recht der Vervielfältigung und Verbreitung sowie einen Beteiligungsanspruch an der Zweitverwertung nach § 86 UrhG. Diese Vorschriften setzen damit u. a. die Verpflichtungen des deutschen Gesetzgebers aus Art. 3 GTA von 1972 um. Die Schutzdauer dieser Rechte bestimmt § 85 Abs. 3 UrhG. Sie beträgt 50 Jahre ab Erstveröffentlichung bzw. ab der ersten öffentlichen Wiedergabe des Tonträgers vor seinem Erscheinen. Wurde die Tonaufnahme nicht veröffentlicht oder nicht erlaubterweise öffentlich wiedergegeben, so erlischt das Recht 50 Jahre nach Herstellung des Tonträgers, § 85 Abs. 2 Satz 3.

Für das Vervielfältigungs- und Verbreitungsrecht spielt es keine Rolle, was Gegenstand der Aufnahme ist. Auch eine Aufnahme, die kein Werk im Sinne des § 2 UrhG ist, beispielsweise Tierstimmen oder Geräusche enthält, bringt den Hersteller des Tonträgers in den Genuß der Schutzwirkung des § 85.

Um gem. § 86 UrhG an der Vergütung des Interpreten teilzuhaben, muß selbstverständlich die Aufnahme dieses Künstlers vorliegen, der ein nach § 2 UrhG geschütztes Werk aufführt.[146]

H. Die an der Herstellung des Covers beteiligten Personen

Auch die Verpackung des Tonträgers kann urheberrechtlich geschützt sein, wenn die Gestaltung des Covers und/oder des Booklets die nach § 2 Abs. 2 UrhG erforderliche Schöpfungshöhe erreicht. Dieser Schutz kann sich auf Werke von Textern, Fotografen, Malern und Grafikern erstrecken, bezieht sich aber nicht auf die Tonaufnahme als solches. Auf diese künstlerische Gestaltung bezieht sich der auf dem Plattencover angebrachte ©-Vermerk.

---

[145] OLG Hamburg, ZUM 2001, S. 325 – Cat Stevens.

[146] Fromm/Nordemann-*Hertin*, §§ 85, 86 Rn. 4.

I. Veranstalter

Ein Unternehmen, das die Darbietung eines ausübenden Künstlers veranstaltet, genießt für seine organisatorischen und wirtschaftlichen Leistungen ein Leistungsschutzrecht nach § 81 UrhG, der auf § 77 Abs. 1 und 2 S. 1 sowie § 78 Abs. 1 UrhG verweist. Der Veranstalter kann eigenständige Nutzungsrechte einräumen.[147]

3. Kapitel: Die Privatkopieschranke im deutschen Urheberrecht

1. Abschnitt: Grundlagen der urheberrechtlichen Schrankenregelungen

Die Akzeptanz urheberrechtlicher Schutzgüter als „geistiges Eigentum"[148] hat außer dem eigentumsähnlichen Schutz aber noch einen anderen Aspekt. Vergleichbar den Eigentumsbeschränkungen im Sachenrecht unterliegt auch das Urheberrecht als absolutes Recht einer Sozialbindung.[149] Andernfalls räumte man dem Urheber ein Monopolrecht ein, welches den Vorgaben des Art. 14 Abs. 1 GG über das Eigentum nicht gerecht würde.[150] Der Schutz, den der Urheber über die Herrschaft an seinem Werk genießt, ist zwar absolut, aber nicht grenzenlos. Für eine Reihe von Tatbeständen werden ihm Schranken auferlegt, die allerdings einzeln aufgeführt, abschließend und inhaltlich genau bestimmt sind.

Bei diesen Schrankenregelungen handelt es sich nach allgemeiner Auffassung um Ausnahmen,[151] über die Art ihrer Auslegung gehen die Meinungen aber auseinander. Die in der Literatur vorherrschende Ansicht geht, dem Wesen einer Ausnahme entsprechend, von einer engen Auslegung aus.[152] Andere Stimmen sehen eine enge Auslegung dagegen nicht als zwingend geboten an und berufen sich dabei auch auf die Rechtsprechung, die dieses Prinzip nicht konsequent an-

---

[147] Ein umfassender Überblick über die Rechte des Veranstalters findet sich bei Wandtke/Bullinger-*Büscher*, HauptBd., § 81 und ErgBd., § 81.

[148] Vgl. oben „Verfassungsrechtliche Grundlagen des Urheberrechts", ab S. 22.

[149] Fromm/Nordemann-*Nordemann*, Vor § 45 Rn. 1; Schricker-*Melichar*, Vor §§ 45ff. Rn. 1; vgl. die amtliche Begründung des UrhG-Entwurfes vom 23. März 1962, in: Schulze, Materialien, S. 69ff ; BVerfGE 31, S. 229, 241, 243. Vertiefend Leinemann, 1998.

[150] So im Ergebnis auch Hoeren, Internetrecht, Stand Juli 2004, S. 110.

[151] Fromm/Nordemann-*Nordemann*, Vor § 45 Rn. 3; Schricker-*Melichar*, Vor 45ff. Rn. 3; a.A. Geiger, IIC 2004, S. 268, 273.

[152] Fromm/Nordemann-*Nordemann*, Vor § 45 Rn. 3; Schack, Rn. 86; Schricker-*Melichar*, Vor §§ 45ff. Rn. 15 und 16, mit weiteren Nachweisen. Zur engeren Auslegung der Schranken im digitalen Kontext Freiwald, S. 171ff.

wendet und auch eine erweiternde Auslegung der Schranken in Betracht gezogen hat.[153]

2. Abschnitt: Schrankenarten

A. Überblick

Schranken des Urheberrechts existieren zugunsten einzelner Nutzer, zugunsten gewerblicher Nutzer und zugunsten der Allgemeinheit. Die größte Einschränkung urheberrechtlichen Schutzes liegt in der Beschränkung der Schutzdauer.[154]

Die übrigen urheberrechtlichen Schrankenregelungen betreffen im wesentlichen die Verwertungsrechte.[155] Man unterscheidet die Schranken ihrer Stärke nach in die zustimmungs- und vergütungsfreie Nutzung, die gesetzliche Lizenz, die Zwangslizenz sowie die Verwertungsgesellschaftspflichtigkeit.

Die Zwangslizenz existiert im deutschen Urheberrecht nur in Form des § 61 UrhG, und auch diese Vorschrift ist ohne praktische Bedeutung.[156] Ohnehin gewährt sie keine direkte Nutzungsbefugnis, sondern verpflichtet den Berechtigten – gerichtlich durchsetzbar – dem Begünstigten eine Lizenz zu angemessenen Konditionen zu erteilen.[157]

Häufiger finden sich dagegen Vorschriften über eine zwingende kollektive Verwertung, die einen starken Eingriff in die Rechtsstellung des Berechtigten darstellt. Die individuelle Einräumung von Nutzungsrechten durch den Rechtsinha-

---

[153] Hoeren, Internetrecht, Stand Juli 2004, S. 122; ders. MMR 2000, S. 3, 4f.; Kröger, S. 222ff.; vgl. BGH GRUR 1987, S. 362ff. – Filmzitat; BGH GRUR 1994, S. 45, 47 – Verteileranlagen, sowie BGH 25. Februar 1999 mit Anm. Hoeren, MMR 1999, S. 665 – Kopienversanddienst. BGH, Urt. vom 24. Januar 2002 – I ZR 102/99, abrufbar unter http://www.bundesgerichtshof.de.

[154] So auch Rehbinder, Rn. 253.

[155] Schack, Rn. 464.

[156] Sie gilt nur für Komponisten und Texter, die keiner Verwertungsgesellschaft angehören. Vgl. Hoeren, Internetrecht, Stand Juli 2004, S. 93; Rehbinder, Rn. 253, 274; Fromm/Nordemann-*Nordemann*, § 61 Rn. 2; Wandtke/Bullinger-*Bullinger*, HauptBd., § 61 Rn. 2.

[157] Für Bedeutung und Beibehaltung des § 61 UrhG spricht sich Melichar im Namen des Deutschen Kulturrates e.V. aus, abrufbar unter http://www.kulturrat.de/themen/melichar.htm.

ber wird dabei zwingend durch die kollektive Wahrnehmung bestimmter Nutzungsrechte durch eine Verwertungsgesellschaft ersetzt.[158]

Diese Beschränkung findet sich meist in Kombination mit einer gesetzlichen Lizenz, bei welcher dem Rechtsinhaber die freie Verfügung über seine Verwertungsrechte in gewissen Fällen entzogen ist und dem Nutzer innerhalb der gesetzlichen Voraussetzungen eine genau bestimmte Nutzungshandlung erlaubt ist. Der Rechtsinhaber erhält hierfür jedoch eine Vergütung. Gesetzliche Lizenzen bestehen z.B. für das Verleihen durch öffentliche Einrichtungen (§ 27 Abs. 2 S. 1 UrhG), für Pressespiegel (§ 49 Abs. 1 UrhG) und Vervielfältigungen zum eigenen Gebrauch (§ 53 UrhG).[159]

Bestimmte Nutzungsarten sind von Zustimmungs- und Vergütungspflichtigkeit völlig freigestellt.[160]

B. Beschränkung der Schutzdauer

Die Dauer des Urheberrechts ist durch § 64 UrhG auf 70 Jahre post mortem auctoris beschränkt. Wurde ein Werk von mehreren Miturhebern geschaffen, erlischt der urheberrechtliche Schutz gem. § 65 Abs. 1 UrhG 70 Jahre nach dem Tod des längstlebenden Miturhebers.

Ebenfalls zu berücksichtigen ist die Schutzdauer für die Leistungsschutzberechtigten, insbesondere die Tonträgerhersteller und die Interpreten.

Gemäß §§ 82, 94 Abs. 3 erlöschen die Verwertungsrechte der Interpreten, Tonträger- und Filmhersteller an ihren auf Bild- oder Tonträger aufgenommenen

---

158 So z.B. beim Kabelweitersenderecht (§ 20b), dem Folgerecht (§ 26) sowie dem Vergütungsanspruch für Vermietung (§ 27 Abs. 1 S. 1, Abs. 3).

159 Weitere gesetzliche Lizenzen finden sich für den Nachdruck in Sammlungen für Kirchen-, Schul- und Unterrichtsgebrauch (§ 46), die öffentliche Wiedergabe in unentgeltlichen Veranstaltungen (§ 52 Abs. 1), die öffentliche Wiedergabe bei Gottesdiensten oder kirchlichen Feiern (§ 52 Abs. 2), die Nutzung von Computerprogrammen durch Arbeitgeber (§ 69b) sowie für die Sendung künstlerischer Darbietungen auf Bild- oder Tonträger (§ 76 Abs. 2).

160 So z.B. Nutzung für Zwecke der Rechtspflege und der öffentlichen Sicherheit (§ 45), Vervielfältigung von Schulfunksendungen (§ 47), Wiedergabe öffentlicher Reden (§ 48), Bild- und Tonberichterstattung (§ 50), Zitate (§ 51), öffentliche Wiedergaben auf Veranstaltungen der Sozialhilfe, Wohlfahrtspflege usw. in § 52 Abs. 1 S. 3 UrhG, für die Vervielfältigung durch Sendeunternehmen zu Sendezwecken in § 55 UrhG, für die Bearbeitung und Vervielfältigung von Datenbankwerken durch den berechtigten Endverbraucher im Rahmen einer üblichen Nutzung in § 55 a UrhG, für die Vervielfältigung und öffentliche Wiedergabe durch Geschäftsbetriebe in § 56 UrhG, für die Nutzung als unwesentliches Beiwerk in § 57 UrhG, für die Nutzung als Katalogbild in § 58 UrhG, für die Wiedergabe im Sinne der Panoramafreiheit in § 59 UrhG, für die Vervielfältigung von Bildnissen in § 60 UrhG sowie für die Vervielfältigung, Umarbeitung und Dekompilierung von Computerprogrammen in den §§ 69 d und e UrhG und die Beschränkung der Schutzdauer (§§ 64-69 UrhG).

Leistungen 50 Jahre nach Erstveröffentlichung, respektive der ersten öffentlichen Wiedergabe oder, wenn diese nicht erfolgt sind, 50 Jahre nach Herstellung des Trägers. Verwertungsrechte, die ein Veranstalter nach § 81 UrhG erworben hat, erlöschen bereits nach 25 Jahren.

Anders als beim einheitlichen Urheberrecht wird bei den Interpreten auch bezüglich der Schutzdauer zwischen Verwertungsrechten und Persönlichkeitsrechten unterschieden. Persönlichkeitsrechte der Interpreten erlöschen gem. § 76 UrhG frühestens 50 Jahre nach der Darbietung, jedoch nicht vor dem Tod des Interpreten oder dem Erlöschen der Verwertungsrechte.

C. Erschöpfung

Eine wichtige Schranke des Verbreitungsrechts stellt der Erschöpfungsgrundsatz (§ 17 Abs. 2 UrhG) dar:[161] Hat der Urheber der ersten Veräußerung eines körperlichen Werkstücks zugestimmt, so kann er dem Eigentümer die Weiterveräußerung nicht mehr verbieten.[162] Dies gilt auch für das Verbreitungsrecht des Tonträgerherstellers.[163]

Für die Erschöpfung des Verbreitungsrechts ist dessen räumliche Aufspaltung zu beachten: Die Erschöpfung kann nur für das Gebiet eintreten, für welches ein Verbreitungsrecht eingeräumt wurde. Ausnahmen zugunsten der Warenfreiheit gelten für die Gebiete der Europäischen Union (EU) und des Europäischen Wirtschaftsraumes (EWR): Werkexemplare, die in einem beliebigen EU- oder EWR-Staat rechtmäßig in Verkehr gebracht worden sind, können in jedem anderen Vertragsstaat rechtmäßig weiterverbreitet werden.

Eine Ausnahme gilt hinsichtlich der Vermietung von Werkstücken, durch die noch keine Erschöpfung eintritt (§ 17 Abs. 2 UrhG).[164]

3. Abschnitt: Die Vervielfältigung zum privaten Gebrauch gem. § 53 Abs. 1 UrhG

Der von *Hoeren* als „Magna Charta des Urheberrechts"[165] bezeichnete § 53 UrhG nimmt in seinem Abs. 1 S. 1 Vervielfältigungen zum privaten Gebrauch

---

[161] Der Erschöpfungsgrundsatz gilt nach h.M. ausschließlich für das Verbreitungsrecht. (Schack, Rn. 389; Rehbinder, Rn. 211; BGHZ 112, S. 264, 277 – Betriebssystem; BGH GRUR 2001, S. 51, 53 – Parfumflakon).

[162] Wandtke/Bullinger-*Heerma*, HauptBd., § 17 Rn. 12.

[163] Schack, Rn. 388; Fromm/Nordemann-*Hertin*, §§ 85/86 Rn. 10; BGHZ 80, S. 101, 103 = GRUR Int. 1981, S. 562 mit Anm. Ulmer – Schallplattenimport I.

[164] Vgl. Art. 9 Abs. 2 der Vermiet- und Verleih-Richtlinie, RL 92/100/EWG vom 19.11.1992.

[165] Hoeren, Internetrecht, Stand Juli 2004, S. 107.

vom Verbotsrecht des Rechtsinhabers aus.[166] Zum Ausgleich für diese gesetzliche Lizenz sieht § 54 Abs. 1 UrhG einen Vergütungsanspruch des Urhebers vor.

In § 53 UrhG wird der private Gebrauch als Unterfall des eigenen Gebrauchs behandelt. Die vorliegende Arbeit beschränkt sich auf die Untersuchung der sogenannte Privatkopieschranke (§ 53 Abs. 1 UrhG).

Die Schrankenregelung zugunsten der Vervielfältigung zum privaten Gebrauch betrifft nicht nur die Urheber: Auch die den Interpreten, den Veranstaltern und den Tonträgerherstellern eingeräumten Rechte stehen gem. §§ 83, 85 Abs. 4 UrhG unter ihrem Vorbehalt.

A. Historische Entwicklung

I. Regelungen in LUG und KUG

Bereits zu Beginn des 20. Jahrhunderts stellte § 15 Abs. 2 LUG[167] die unentgeltliche Vervielfältigung zum persönlichen Gebrauch, soweit sie nicht dem Zweck diente, aus dem Werk eine Einnahme zu erzielen, von der Erlaubnis des Urhebers frei. Vergleichbares fand sich in § 18 Abs. 1 KUG[168], der bestimmte, daß Vervielfältigungen von Werken der bildenden Kunst, mit Ausnahme des Nachbauens von Bauwerken, zum eigenen Gebrauch zulässig waren, solange sie unentgeltlich bewirkt wurden.

Diese Regelungen beruhten auf dem Gedanken, daß die private Sphäre von urheberrechtlichen Ansprüchen freigehalten werden sollte.[169] Die Einschränkungen des Vervielfältigungsrechts galten ausdrücklich unabhängig davon, ob die Vervielfältigung manuell oder mechanisch erfolgte.[170] Ohnehin wurden mechanische Vervielfältigungen derzeit fast ausschließlich zu gewerblichen Zwecken vorgenommen, man denke an den Druck oder die Herstellung von Schallplatten. Der Gesetzgeber hatte bei der Freistellung der Vervielfältigung zum privaten Gebrauch also vor allem Abschriften von Hand oder mit der Schreibmaschine im Sinn.[171] Angesichts der zu diesem Zeitpunkt äußerst beschränkten Kopiermöglichkeiten schien diese Einschränkung dem Urheber zumutbar.[172]

---

[166] Dreier/Schulze-*Dreier*, § 53 Rn. 1.

[167] Gesetz vom 19.06.1901 betreffend das Urheberrecht an Werken der Literatur und der Tonkunst.

[168] Gesetz vom 09.01.1907 betreffend das Urheberrecht an Werken der bildenden Künste und der Photographie.

[169] Vgl. Ulmer, S. 296.

[170] Vgl. die amtliche Begründung des UrhG-Entwurfes vom 23. März 1962, in: Schulze, Materialien, S. 158.

[171] Vgl. die amtliche Begründung des UrhG-Entwurfes vom 23. März 1962, in: Schulze, Materialien, S. 158; Ulmer, S. 296f., verweist auf die Gesetzesmaterialien, die als Beispiele die Abschriften von Noten eines Musikwerkes und Rollen eines Bühnenwerkes zum Zwecke der

Mit der Entwicklung von Tonbandgeräten und fotomechanischen Kopierverfahren ergab sich die Möglichkeit, auch im privaten Bereich ohne technische Vorkenntnisse und ohne großen Aufwand Vervielfältigungen guter Qualität herzustellen. Damit entstand die Notwendigkeit, den Urheber an einer derartigen Nutzung seines Werkes angemessen teilhaben zu lassen.

II. „Grundig-Reporter": Anpassung durch die Rechtsprechung

Zunächst reagierte die Rechtsprechung mit einer engen Auslegung der Schrankenvorschriften. Der Bundesgerichtshof vertrat in der „Grundig-Reporter"-Entscheidung (auch „Magnettonband-Entscheidung" genannt) vom 18. Mai 1955 die Ansicht, daß in die urheberrechtlichen Nutzungsrechte auch dann eingegriffen werde, wenn die Festlegung eines Werkes des GEMA-Repertoires auf Magnettonband nur zum persönlichen Gebrauch und ohne die Absicht, aus dem Werk eine Einnahme zu erzielen, erfolgte.[173] Die in § 15 Abs. 2 LUG gewährte Ausnahme zur Vervielfältigung von Werken der Tonkunst zum persönlichen Gebrauch sollte für private Tonbandaufnahmen und Tonbandüberspielungen nicht gelten.[174] Der Senat stellte darauf ab, daß derartige Kopiermöglichkeiten im häuslichen Bereich außerhalb des Vorstellungsbereichs des Gesetzgebers gelegen hatten. Er habe das Vervielfältigungsrecht des Urhebers nur einschränken wollen, soweit dessen wirtschaftliche Interessen dadurch nicht wesentlich beeinträchtigt würden.[175] Ein allgemeiner Grundsatz, wonach die Ansprüche des Urhebers stets vor der privaten Sphäre des einzelnen Nutzers Halt zu machen hätten, sei dem Urheberrecht fremd.[176]

Die Herstellung von Vervielfältigungen zum persönlichen Gebrauch mittels eines Magnettongeräts wurde aus diesem Grund für erlaubnispflichtig erklärt.

III. Das UrhG von 1965

Mit dem „Grundig-Reporter"-Urteil[177] hatte der BGH die Maßstäbe für das Urheberrechtsgesetz von 1965 gesetzt.

---

privaten Aufführung sowie die Abschrift eines literarischen Werkes durch einen Gelehrten zum persönlichen Gebrauch nennen.

172 Maracke, S. 466; Schricker-*Loewenheim*, § 53 Rn. 3.

173 BGHZ 17, S. 266, 290 – Grundig-Reporter = GRUR 1955, S. 292 = JZ 1955, S. 734ff. mit Anmerkungen von de Boor.

174 BGHZ 17, S. 266, 290.

175 BGHZ 17, S. 266, 274f.

176 BGHZ 17, S. 266, 277; siehe auch Nipperdey, S. 37ff.

177 BGHZ 17, S. 266ff.

Der Gesetzgeber erkannte, daß ein Verbot der privaten Vervielfältigung in der Praxis nicht durchsetzbar gewesen wäre. Verstöße hätten nur wirksam aufgedeckt werden können, indem Kontrolleure die privaten Haushalte auf Vervielfältigungsgeräte durchsuchten und überprüften, ob damit urheberrechtlich geschützte Werke ohne Genehmigung aufgenommen werden. Ein solches Vorgehen aber wäre mit dem Recht auf Unverletzlichkeit der Wohnung aus Art. 13 GG nicht vereinbar gewesen. Verstöße gegen ein solches Verbot hätten also nur durch Zufall oder Denunziation bekannt werden können.[178]

Anstatt also ein rechtspolitisch bedenkliches Verbot auszusprechen,[179] entschloß man sich, die Vervielfältigung zum persönlichen Gebrauch – in Abweichung von der Rechtsprechung des BGH[180] – von der Genehmigung des Urhebers freizustellen und die Urheber für derartige Vervielfältigungshandlungen angemessen zu vergüten.[181] Die Vergütungspflicht war jedoch beschränkt auf Aufnahmen von Funksendungen von auf Bild- oder Tonträger fixierten Werken sowie auf Übertragungen eines Werkes von einem Bild- oder Tonträger auf einen anderen.

Erlaubte Vervielfältigungen zum sonstigen eigenen (also nicht privaten) Gebrauch waren nur dann zu vergüten, wenn sie gewerblichen Zwecken dienten.

Da man einen Anspruch gegen den privaten Vervielfältiger als nicht praktikabel erachtete,[182] entschied man sich statt dessen für einen Anspruch gegen die Hersteller oder Importeure von Aufzeichnungsgeräten (§ 53 Abs. 5 UrhG 1965). Auch damit reagierte man auf die Rechtsprechung des BGH, der 1964 den Verwertungsgesellschaften das Recht zuerkannt hatte, den Vertrieb dieser Geräte

---

[178] Vgl. BVerfGE 31, S. 255, 268; BGH GRUR 1965, S. 104, 107f. Dr. Baums, Vertreter der Tonträgerindustrie, äußerte in einer Anhörung gegenüber dem BMJ die Hoffnung, das erwünschte Verbot werde seine Wirkung entfalten, wenn einige denunzierte Rechtsverletzer für ihre Übertretungen verurteilt worden seien (Siehe B 141/2613 Bl. 174 (Sitzungsbericht S. 53f.)). Vgl. auch die amtliche Begründung des UrhG-Entwurfes vom 23. März 1962, in: Schulze, Materialien, S. 159f.

[179] Der Bundesminister des Innern äußerte Bedenken, daß die Unmöglichkeit, das Vervielfältigungsverbot wirksam durchzuführen, zu einem Abstumpfen des Rechtsempfindens beitragen könnte, vgl. B 141/2580 Bl. 090.

[180] BGHZ 17, S. 266ff, BGH GRUR 1960, S. 340, 343; BGH GRUR 1964, S. 91ff.; BGH GRUR 1964, S. 94ff.

[181] Vgl. die amtliche Begründung des UrhG-Entwurfes vom 23. März 1962, in: Schulze, Materialien, S. 158ff. Zur Entstehung des UrhG von 1965 eingehend Schricker-*Loewenheim*, § 53 Rn. 5; vgl. BT-Drucks. IV/3401 S. 8.

[182] Der Entwurf des UrhG vom 23. März 1962 sah in § 54 Abs. 3 einen solchen Anspruch gegen den privaten Hersteller von Aufnahmen von Vorführungen oder Funksendungen eines Werkes auf Bild- oder Tonträger oder Übertragungen eines Werkes von einem Bild- oder Tonträger auf einen anderen noch vor. Im UrhG von 1965 wurde dann aber mit § 53 Abs. 5 ein Anspruch gegen die Gerätehersteller eingeführt.

nur gegen Entrichtung eines Pauschalentgeltes zu gestatten.[183] Begründet wurde diese Belastung der Gerätehersteller und -importeure damit, daß diese die Eignung ihrer Geräte zur privaten Überspielung geschützter Werke bewußt ausnützten und damit letztlich Nutznießer urheberrechtlich geschützter Werke seien.[184] Der Gesetzgeber war sich dabei bewußt, daß diese Abgabe über den Gerätepreis an die Endverbraucher weitergegeben würde.[185]

IV. UrhG-Änderungsgesetz vom 24. Juni 1985

Bald zeigte sich, daß angesichts der fortschreitenden technischen Entwicklung der Kopierverfahren auch diese Regelung den Interessen der Urheber nicht gerecht wurde. Nicht nur verbreiteten sich immer bessere fotomechanische Kopiergeräte und Kassettenrekorder,[186] angesichts gesunkener Gerätepreise führte auch der prozentual bemessene Vergütungsanspruch nicht mehr zu befriedigenden Ausschüttungssummen.[187]

Aus diesem Grund wurde das Vergütungssystem durch das UrhG-Änderungsgesetz vom 24. Juni 1985 UrhG[188] erweitert. Insbesondere wurden eine Abgabe auf Leermedien (§ 54 Abs. 1 Nr. 2 UrhG) und die kombinierte Geräte-/Großbetreiberabgabe für fotomechanische Vervielfältigungen (§ 54 Abs. 2 a.F.; jetzt § 54a UrhG) eingeführt.[189]

Außerdem wurden die Vervielfältigung zum persönlichen und die zum sonstigen eigenen Gebrauch in § 53 UrhG zusammengefaßt und gemeinsam der Vergütungspflicht des § 54 UrhG unterstellt. Zur verbesserten Durchsetzbarkeit der Vergütungsansprüche wurde ein Auskunftsanspruch der Rechteinhaber gegenüber den Herstellern und Importeuren über die veräußerten oder in Verkehr gebrachten Geräte und Speichermedien eingeführt.

---

[183] BGHZ 42, S. 118, 133 – Personalausweise = GRUR 1965, S. 104, 108. Vgl. im Vorfeld dazu BGH vom 22. Januar 1960 = GRUR 1960, S. 340 – Werbung für Tonbänder; BGH vom 12. Juni 1963 = GRUR 1964, S. 91 – Tonbänder-Werbung; BGH vom 26. Juni 1963 = GRUR 1964, S. 94 – Tonbandgeräte-Händler.

[184] Amtliche Begründung des UrhG-Entwurfes vom 22. Dezember 1983, in: Schulze, Materialien, S. 332.

[185] Amtliche Begründung des UrhG-Entwurfes vom 22. Dezember 1983, in: Schulze, Materialien, S. 330.

[186] Marktumfragen zufolge verfügten 60 % aller Haushalte über einen Kassettenrekorder (2. Vergütungsbericht, UFITA 2000 III, S. 691, 695).

[187] Amtliche Begründung zum RegE 1982, UFITA 96 (1983), S. 107, 134.; Schricker-*Loewenheim*, § 53 Rn. 6.

[188] Gesetz zur Änderung von Vorschriften auf dem Gebiet des Urheberrechts vom 24. Juni 1985, BGBl. 1995, Teil I, S. 1137.

[189] Vgl. Schricker-*Loewenheim*, § 53 Rn. 7; kritisch Krause, GRUR 1986, S. 789ff.

V. Gesetz vom 25. Juli 1994

Die in § 54 UrhG geregelte Vergütungspflicht wurde durch das Gesetz vom 25. Juli 1994[190] ausführlich neu gefaßt, wobei die Differenzierung in § 54 bis § 54h UrhG erfolgte. Neben einer deutlicheren Trennung zwischen Vervielfältigung durch Bild- und Tonaufzeichnungen und Reprographie beinhaltete dies wegen der Schaffung des gemeinsamen europäischen Binnenmarktes zum 1. Januar 1993 auch eine Einbeziehung der Händler in die gesamtschuldnerische Haftung und eine Meldepflicht für die Einfuhr von Vervielfältigungsgeräten.[191]

VI. Internationale Konventionen

Auch Regelungen über die private Vervielfältigung, die inzwischen in das deutsche Urheberrechtsgesetz Eingang gefunden haben, gehen auf internationale Abkommen, Verträge und Richtlinien zurück: In Art. 9 Abs. 2 der Revidierten Berner Übereinkunft (RBÜ)[192] wurde als Maßstab für Einschränkungen des urheberrechtlichen Vervielfältigungsrechts erstmals der auch in Deutschland geltende urheberrechtliche Dreistufentest kodifiziert.[193] Die Möglichkeit, eine solche Einschränkung zugunsten eines „private use" einzuführen oder beizubehalten, sieht bereits Art. 15 Abs. 1 lit. a) des Rom-Abkommens (RA) zum Schutz der Rechte der ausübenden Künstler, der Hersteller von Tonträgern und der Sendeunternehmen vom 26. Oktober 1961 vor. Dies greift auch das Welturheberrechtsabkommen (WUA) in seiner revidierten Fassung vom 24. Juli 1971 auf: Trotz der Verpflichtung der Mitgliedsstaaten zur Garantie des in Artikel IV bis Abs. 1 WUA genannten exklusiven Vervielfältigungs-, Aufführungs- und Senderechtes können sie gem. Artikel IV bis Abs. 2 WUA Ausnahmen davon vorsehen, sofern dadurch der Sinn der Vereinbarung nicht unterlaufen wird.

Das dem General Agreement on Tariffs and Trade (GATT) in der Uruguay-Runde 1994 hinzugefügte TRIPS-Abkommen über handelsbezogene Aspekte der Rechte an Geistigem Eigentum (Agreement on Trade-Related Aspects of Intellectual Property Rights)[194], das in seinem Art. 2 Abs. 1 die Art. 1 bis 12 des WUA ausdrücklich zum Vertragsbestandteil macht, erhebt den Dreistufentest der RBÜ schließlich zur Meßlatte für alle urheberrechtlichen Schranken aus-

---

[190] BGBl. 1994, Teil I, S. 1739.

[191] 2. Vergütungsbericht, UFITA III 2000, S. 691, 697.

[192] Die RBÜ geht aus der in sieben Revisionskonferenzen geänderten Berner Übereinkunft vom 9. September 1886 hervor und ist einer der ältesten Staatsverträge.

[193] Siehe S. 77; zu Art. 9 Abs. 2 RBÜ Bornkamm, in: Ahrens (Hrsg.): Festschrift für Willi Erdmann, S. 29, 30ff.

[194] SR 0.632.20, Anhang 1C ; BGBl. 1994 Teil II S. 1730ff.

schließlicher Rechte.[195] Sowohl die urheberrechtlichen Bestimmungen des TRIPS-Abkommens als auch die RBÜ stellen in Deutschland unmittelbar geltendes Recht dar.[196]

Der durch die technische Entwicklung, insbesondere durch das Internet und digitale Vervielfältigungsgeräte grundlegend veränderten Situation tragen schließlich die WIPO-Verträge WIPO Copyright Treaty (WCT)[197] für Urheber und WIPO Performances and Phonograms Treaty (WPPT)[198] für ausübende Künstler bzw. Tonträgerhersteller Rechnung: Sie führten nicht nur ein „right of making available" ein (Art. 10 WCT, Art. 10, 14 WPPT), sondern sehen in Art. 11 WCT und Art. 18 WPPT auch, wenngleich noch undetailliert, den Schutz technischer Schutzmaßnahmen („Technological Measures") auf internationaler Ebene vor.[199]

VII. EG-Richtlinie 2001/29/EG

a) Entwicklung

Die EG-Richtlinie 2001/29/EG des Europäischen Parlaments und des Rates zur Harmonisierung bestimmter Aspekte des Urheberrechts und der verwandten Schutzrechte in der Informationsgesellschaft[200] enthält Vorgaben, in welchem Rahmen die Mitgliedstaaten den Schutz des geistigen Eigentums an die veränderten technischen Gegebenheiten anzupassen und untereinander zu harmonisieren haben. Diese Vorgaben gehen maßgeblich auf die 1996 verabschiedeten WIPO-Verträge[201] WCT und WPPT[202] zurück.[203] Die Ausgestaltung dieser Verträge wurde bereits maßgeblich von der Europäischen Gemeinschaft beeinflußt,[204] die im Jahre 2000 den Beschluß gefaßt hat, ihnen zuzustimmen.[205]

---

195 Bornkamm, in: Ahrens (Hrsg.): Festschrift für Willi Erdmann, S. 29, 39.

196 Bornkamm, in: Ahrens (Hrsg.): Festschrift für Willi Erdmann, S. 29, 40.

197 WIPO-Urheberrechtsvertrag (WIPO Copyright Treaty), abgeschlossen in Genf am 20. Dezember 1996, im folgenden „WCT". Abrufbar unter http://www.wipo.int/treaties/ip/copyright/copyright.html; dazu Lewinski, GRUR Int. 1997, S. 667, 671ff.

198 WIPO-Vertrag über Darbietungen und Tonträger (WIPO Performances and Phonograms Treaty), abgeschlossen in Genf am 20. Dezember 1996, im folgenden „WPPT". Abrufbar unter http://www.wipo.int/treaties/i/performances/performances.html.

199 Zur Umsetzung in den Digital Millenium Copyright Act (DMCA) siehe Freytag, MMR 1999, S. 207ff.

200 InfoSoc-Richtlinie, vgl. Fußnote 4.

201 Dazu Lewinksi/Gaster, ZUM 1997, S. 607ff.

202 Siehe Fußnoten 197 und 198.

203 EG-Richtlinie 2001/29/EG, Erwägungsgrund (15). Vgl. dazu auch Lewinski, GRUR Int. 1998, S. 637ff.

204 Spindler, GRUR 2002, S. 105, 106.

Über das für den elektronischen Transfer urheberrechtlich geschützter Werke einzuführende Recht der öffentlichen Zugänglichmachung bestand kaum noch Klärungsbedarf. So wurde die politische Diskussion um die Richtlinie maßgeblich von den in den WIPO-Verträgen nicht geregelten Ausnahmen und Schranken bestimmt.[206]

Der erste Richtlinienentwurf[207] von 1997 basierte auf dem bereits 1995 vorgelegten Grünbuch[208] und dem daraus abgeleiteten Arbeitsprogramm.[209] Diesem folgte nach Stellungnahme des Wirtschafts- und Sozialausschusses 1998[210] sowie des Europäischen Parlaments 1999[211] am 21. Mai 1999 ein geänderter Entwurf.[212] Die Mitglieder des Rates einigten sich am 28. September 2000 auf einen gemeinsamen Standpunkt[213], der am 14. Februar 2001 in zweiter Lesung vom Europäischen Parlament mit neun Änderungen angenommen wurde.[214] Nach

---

[205] Beschluß des Rates vom 16. März 2000 über die Zustimmung – im Namen der Europäischen Gemeinschaft – zum WIPO-Urheberrechtsvertrag und zum WIPO-Vertrag über Darbietungen und Tonträger (2000/278/EG), ABl. EG L 89/6 vom 11. April 2000. Der aktuelle Status der Mitglieds- und Unterzeichnerstaaten der WIPO-Verträge ist unter http://www.wipo.int/treaties/fr/general/parties.html abrufbar.

[206] Zur Historie der Richtlinie Reinbothe, GRUR Int. 2002, S. 733-745; Spindler, GRUR 2002, S. 105, 106 m.w.N.

[207] Vorschlag für eine Richtlinie des Europäischen Parlaments und des Rates zur Harmonisierung bestimmter Aspekte des Urheberrechtes und der verwandten Schutzrechte in der Informationsgesellschaft, KOM(97) 628 endg. vom 10. Dezember 1997; Spindler, GRUR 2002, S. 105ff., dazu Lewinski, MMR 1998, S. 115ff.; Flechsig, ZUM 1998, S. 139ff.

[208] Grünbuch „Urheberrecht und verwandte Schutzrechte in der Informationsgesellschaft", KOM(95) 382 endg. vom 19. Juli 1995; dazu Lewinski, GRUR Int. 1995, S. 831ff.; Mogel, Europäisches Urheberrecht, Wien 2001, S. 272ff.

[209] Initiativen zum Grünbuch über Urheberrecht und verwandte Schutzrechte in der Informationsgesellschaft, COM/96/0568 endg. vom 20. November 1996, abrufbar unter http://europa.eu.int/comm/internal_market/copyright/documents/documents_de.htm.

[210] Stellungnahme des Wirtschafts- und Sozialausschusses vom 9. September 1998, ABl. EG Nr. C 407, S. 30ff. vom 28. Dezember 1998.

[211] Legislative Entschließung des Europäischen Parlaments in erster Lesung mit zahlreichen Abänderungsvorschlägen vom 10. Februar 1999, ABl. EG NR. C 150, S. 171ff. vom 28. Mai 1999.

[212] ABl. EG Nr. C 180, S. 6ff. vom 25. Juni 1999.

[213] Gemeinsamer Standpunkt (EG) Nr. 48/2000 des Rates im Hinblick auf den Erlaß der Richtlinie des Europäischen Parlaments und des Rates zur Harmonisierung bestimmter Aspekte des Urheberrechtes und der verwandten Schutzrechte in der Informationsgesellschaft vom 28. September 2000, ABl. EG Nr. C 344, S. 1ff. vom 1. Dezember 2000, einstimmig gefaßt mit Enthaltung Luxemburgs; die Kommission stimmt diesem Standpunkt zu, Mitteilung der Kommission an das Europäische Parlament gem. Art. 251 II Unterabs. 2 EGV, SEK(2000) 1734 endg. vom 20. Oktober 2000, abrufbar unter http://europa.eu.int/; dazu auch Hoeren, MMR 2000, S. 515ff.

[214] Legislative Entschließung des Europäischen Parlaments zu dem Gemeinsamen Standpunkt des Rates im Hinblick auf den Erlaß der Richtlinie des Europäischen Parlaments und des Rates zur Harmonisierung bestimmter Aspekte des Urheberrechtes und der verwandten

Zustimmung der Kommission[215] und des Ministerrates[216] wurde die Richtlinie am 22. Juni 2001 im Amtsblatt der EG veröffentlicht.[217]

b) Ziele

Die der rechtlichen Regelung der InfoSoc-Richtlinie vorangestellten 61 Erwägungsgründe stellen wichtige Auslegungsregeln dar und geben ausführlich über die der Richtlinie zugrunde liegenden rechtspolitischen Intentionen Auskunft.[218]

Primäres Ziel der Richtlinie ist demnach die Rechtsangleichung innerhalb der Gemeinschaft zur Errichtung und zum Funktionieren des Binnenmarktes.[219] Ausgehend von einem hohen Schutzniveau[220] soll durch Harmonisierung unterschiedlicher gesetzlicher Regelungen in den Mitgliedstaaten Rechtssicherheit geschaffen[221] und damit Investitionen in Kreativität und Innovation, ausdrücklich auch in Netzinfrastruktur, gefördert werden.[222]

Ein rigoroser und wirksamer Schutz der Urheberrechte und der verwandten Schutzrechte wird auch als Voraussetzung angesehen, den Rechtsinhabern eine angemessene Vergütung zukommen zu lassen[223] und durch eine solche Stärkung der Urheber, Interpreten und Produzenten den Erhalt des kulturellen Schaffens

---

Schutzrechte in der Informationsgesellschaft vom 14. Februar 2001, A5-0043/2001 (Verfahren der Mitentscheidung: zweite Lesung); Reinbothe, GRUR Int. 2001, S. 733, 735.

215 Siehe dazu noch die Stellungnahme der Kommission gem. Art. 251 II lit. C des EG-Vertrags zu den Abänderungen des Europäischen Parlaments des Gemeinsamen Standpunktes des Rates betreffend den Vorschlag für ein Richtlinie des Europäischen Parlaments und des Rates zur Harmonisierung bestimmter Aspekte des Urheberrechtes und der verwandten Schutzrechte in der Informationsgesellschaft vom 29. 3. 2001, KOM(2001) 170 endg. 1997/0359 (COD).

216 Beschluß vom 9. April 2001.

217 Zur Umsetzung der InfoSoc-Richtlinie in anderen Mitgliedsstaaten der europäischen Union: http://www.euro-copyrights.org; Retzer, Cri 2002, S. 134ff.; Kreile, GEMA Jahrbuch 2000/2001, abrufbar unter http://www.gema.de/kommunikation/jahrbuch/jahr_01_02/themadesjahres.shtml; Rosén, GRUR Int. 2002, S. 195ff.

218 Erwägungsgründe der EG-Richtlinie 2001/29/EG, dazu auch Reinbothe, GRUR Int. 2001, S. 733-745.

219 Erwägungsgründe (1), (2), (3), (6), (7).

220 Erwägungsgründe (4), (9).

221 Erwägungsgrund (4).

222 Erwägungsgründe (4), (10).

223 Erwägungsgrund (10).

in Europa zu erreichen.[224] Neuen Nutzungsformen und veränderten wirtschaftlichen Gegebenheiten soll angemessen Rechnung getragen werden.[225]

Zur Erreichung dieses Zweckes sollen technische Maßnahmen zum Schutz von Werken und Digital Rights Management gefördert und – möglichst EG-weit harmonisiert – rechtlich gegen Umgehung oder Beseitigung geschützt werden.[226]

c) Vervielfältigungsrecht und Recht der öffentlichen Wiedergabe

Art. 2 InfoSoc-RL sieht ein äußerst weit gefaßtes Vervielfältigungsrecht für alle aus dem *acquis communautaire* bekannten Gruppen von Rechtsinhabern vor: Urheber, ausübende Künstler, Tonträgerhersteller, Filmhersteller und Rundfunkorganisationen. Die gewählten Formulierungen sind weitgehend aus bestehenden Verträgen und Richtlinien übernommen.[227]

Das nach Art. 10 WCT, Art. 10, 14 WPPT zu schaffende „right of making available" setzt Art. 3 InfoSoc-RL in ein Recht der öffentlichen Wiedergabe von Werken und in ein Recht der öffentlichen Zugänglichmachung sonstiger Schutzgegenstände um.

d) Ausnahmen und Schranken

Von den insgesamt 21 Ausnahmetatbeständen, die die Richtlinie in Art. 5 vorsieht, ist Art. 5 Abs. 1 InfoSoc-RL der einzige obligatorische und nimmt flüchtige, begleitende oder zur Nutzung notwendige vorrübergehende Vervielfältigungen vom Vervielfältigungsrecht aus. Damit unterliegen Vervielfältigungen, die technisch beispielsweise beim bloßen Aufrufen von Internetseiten auf Servern und im Cache entstehen, nicht dem Vervielfältigungsrecht. Art. 5 Abs. 2 InfoSoc-RL gibt den Mitgliedstaaten die Möglichkeit, fakultativ fünf weitere Ausnahmen vom Vervielfältigungsrecht zu erlauben. Die Ausnahmetatbestände des Art. 5 Abs. 3 InfoSoc-RL beziehen sich neben dem Vervielfältigungsrecht aus Art. 2 auch auf das Recht der öffentlichen Wiedergabe und der öffentlichen Zugänglichmachung.

Die fakultative Ausnahme des Art. 5 Abs. 2 lit. b) InfoSoc-RL zugunsten von Vervielfältigungshandlungen, die „durch eine natürliche Person zum privaten Gebrauch und weder für direkte noch indirekte kommerzielle Zwecke" hergestellt werden, ist nicht auf eine bestimmte Art der Vervielfältigung beschränkt. Auch eine Unterscheidung nach Trägern ist nicht erfolgt. Damit spielt es für die Nutzung dieser Ausnahme keine Rolle, ob es sich um Vervielfältigungen von

---

224 Erwägungsgrund (11).
225 Erwägungsgrund (5).
226 Erwägungsgründe (13), (47), (48), (53).
227 Reinbothe, GRUR Int. 2001, S. 733, 736.

und auf digitalen oder analogen Trägern handelt.[228] Die Erwägungsgründe (38) und (39) bringen gleichwohl zum Ausdruck, daß die Mitgliedstaaten, so sie sich für die Anwendung dieser Ausnahme entscheiden, den Unterschieden zwischen analoger und digitaler Vervielfältigung gebührend Rechnung tragen sollen.[229] Den nationalen Gesetzgebern ist damit auch die Möglichkeit eröffnet, analoge und digitale Vervielfältigungen in gewisser Hinsicht unterschiedlich zu behandeln.[230]

Macht der Gesetzgeber allerdings von dieser Schrankenermächtigung Gebrauch, so muß er zwingend sicherstellen, daß die Rechtsinhaber einen „gerechten Ausgleich" erhalten. Dabei ist gem. Art. 5 Abs. 2 lit. b) InfoSoc-RL zu beachten, ob auf das entsprechende Werk oder den Schutzgegenstand technische Maßnahmen angewendet wurden.

Das bedeutet zum einen, daß private Vervielfältigungshandlungen angemessen zu vergüten sind. Zum anderen bedeutet es aber auch, daß eine solche Vergütung nicht oder nur eingeschränkt erhoben werden kann, wenn technische Schutzmaßnahmen solche Vervielfältigungshandlungen verhindern oder begrenzen.[231] Die Herstellung einer Kopie muß dabei nicht ausschließlich persönlicher Verwendung dienen, sie kann vielmehr auch privater Natur sein. Daher kann eine natürliche Person eine Privatkopie für eine andere herstellen.[232]

Art. 5 Abs. 5 InfoSoc-RL schließlich übernimmt den Dreistufen-Test als Maßstab für die in den Absätzen 1, 2, 3 und 4 genannten Schrankenbestimmungen.[233]

e) Der Schutz technischer Maßnahmen nach Art. 6 InfoSoc-Richtlinie

Um den Schutz des Urheberrechts und der Leistungsschutzrechte auch im digitalen Umfeld gewährleisten zu können, setzt die InfoSoc-RL auf den Einsatz technischer Schutzmaßnahmen. Sämtliche wirksamen technischen Maßnahmen sollen angemessen vor der Umgehung durch Personen geschützt sein, die wissen oder wissen müssen, daß sie dieses Ziel der Umgehung verfolgen.[234] Die Richtlinie konkretisiert damit die sehr weit gefaßten Vorgaben der Art. 12 WCT und

---

[228] Anders noch die vorhergehenden Richtlinienentwürfe, die digitale Vervielfältigungen teils ganz untersagen wollten (1. Richtlinienentwurf) oder zumindest unterschiedliche Rechtsfolgen an das Vervielfältigungsverfahren knüpfen wollten (vgl. Bayreuther, ZUM 2001, S. 828, 831). Zu weiteren Hintergründen vgl. Mitteilung der Europäischen Kommission an das Europäische Parlament gem. Artikel. 251 Absatz 2 Unterabsatz 2 EG-Vertrag, Dok. SEK(2000) 1734, endg. vom 20. Oktober 2000, abrufbar unter http://europa.eu.int/.

[229] Erwägungsgründe (38) und (39).

[230] Spindler, GRUR 2002, S. 105, 112.

[231] Reinbothe, GRUR Int. 2001, S. 733, 739.

[232] Reinbothe, GRUR Int. 2001, S. 733, 739.

[233] Siehe S. 77.

[234] Reinbothe, GRUR Int. 2001, S. 733, 741.

Art. 18 WPPT.[235] Angemessenen Rechtsschutz müssen die Mitgliedsstaaten auch für sämtliche in Art. 6 Abs. 2 genannten Vorbereitungshandlungen im Vorfeld einer Umgehung vorsehen.

Was unter wirksamen technischen Maßnahmen zu verstehen ist, ergibt sich aus Abs. 3: Erfaßt werden alle Technologien, die im „normalen" Betrieb dazu bestimmt sind, unerlaubte Nutzungshandlungen zu verhindern.

Erklärtes Ziel der Richtlinie ist es, den Einsatz technischer Schutzmaßnahmen nach Möglichkeit zu fördern und die Entwicklung inkompatibler Systeme zu vermeiden.[236] Daraus ergibt sich allerdings nicht die Pflicht, Geräte so zu entwickeln, daß sie den technischen Maßnahmen entsprechen.[237] Systeme zum digitalen Rechtemanagement sollten auch den Schutz der Privatsphäre und den Datenschutz beachten.[238]

Art. 6 Abs. 4 regelt das Verhältnis zwischen dem Schutz technischer Maßnahmen und den in Art. 5 vorgesehenen Schranken und Ausnahmen. Soweit die Rechtsinhaber nicht freiwillige Maßnahmen treffen, damit die gem. Art. 5 Abs. 2 a, c, d, e oder Abs. 3 a, b, e InfoSoc-RL Begünstigten die Mittel zur vorgesehenen Nutzung erhalten, müssen die nationalen Gesetzgeber dafür Sorge tragen, daß dieser Zugang gewährleistet ist.[239] Allerdings muß das nicht durch die Gewährung eines subjektiven Rechts der Begünstigten geschehen.

Für die private Vervielfältigung ist der Schutz vor technischen Maßnahmen dagegen gem. Abs. 4 Unterabsatz 2 nur fakultativ. Auch wenn er gewährt wird, bleibt es dem Rechtsinhaber unbenommen, die Vervielfältigungshandlungen quantitativ zu begrenzen.

Dem nationalen Gesetzgeber wird damit zur Regelung der privaten Vervielfältigung ein weiter Spielraum eröffnet, da von einem kompletten Verbot bis hin zur Schaffung eines durchsetzbaren Anspruches eine Vielzahl möglicher Lösungen von den Artikeln 5 und 6 gedeckt wäre.[240] Ob diese den bestehenden Unterschieden in den nationalen Rechtsordnungen geschuldete Regelung der angestrebten Harmonisierung im Gemeinschaftsgebiet dient, ist zweifelhaft.[241] Da die verschiedenen urheberrechtlichen Regelungen nach der Umsetzung der Richtlinie jedoch auf demselben harmonisierten Fundament stehen, ermöglicht

[235] Kritisch dazu Hugenholtz, E.I.P.R. 2000, S. 501.
[236] Erwägungsgrund (54).
[237] Erwägungsgrund (48).
[238] Erwägungsgrund (57).
[239] Vgl. Erwägungsgründe (51) und (52).
[240] Knies, ZUM 2002, S. 793, 797.
[241] Spindler, GRUR 2002, S. 105, 118; Hoeren, MMR 2000, S. 515, 520f.

eine weite Fassung der komplexen und heftig umstrittenen Schrankenermächtigung einen Wettstreit der Mitgliedsstaaten um das beste Modell.[242]

Nicht durchsetzbar sind die Schranken jedoch bei Werken und Schutzgegenständen, die auf Grundlage vertraglicher Vereinbarungen online interaktiv zugänglich gemacht werden: Gemäß Abs. 4 Unterabsatz 4 kann sich nicht auf eine ihn begünstigende Schranke berufen, wer zuvor im elektronischen Geschäftsverkehr ausdrücklich einer anderslautenden Lizenzvereinbarung zugestimmt hat. Dies gilt allerdings nur dort, wo es sich tatsächlich um einzelvertragliche Regelungen und Punkt-zu-Punkt-Kommunikation handelt, also nicht bei Sendungen und den vergleichbaren pay-per-view und webcasting-Angeboten.[243]

f) Informationen für die Rechtewahrnehmung nach Art. 7 InfoSoc-RL

Ausführlicher als die Vorschriften über technische Schutzmaßnahmen war bereits in den WIPO-Verträgen der Schutz von Informationen zur Rechtewahrnehmung („Rights Management Information") geregelt.[244] Die solchermaßen geschützten Informationen dienen der Rechteverwaltung im elektronischen Geschäftsverkehr und der Piraterieverfolgung.

Diese Bestimmungen wurden mit Art. 7 der Richtlinie weitgehend übernommen und sowohl das subjektive Element als auch der Bezug auf die geschützten Werke und Schutzgegenstände präzisiert.

VIII. Das Gesetz zur Regelung des Urheberrechts in der Informationsgesellschaft vom 10. September 2003

Die Bundesregierung hat den in Art. 13 InfoSoc-RL festgesetzten Termin zur Umsetzung am 22. Dezember 2002 zunächst verstreichen lassen. Eine Implementierung ist aufgrund der kontroversen Diskussion um die Schrankenregelungen erst zum 10. September 2003 durch das „Gesetz zur Regelung des Urheberrechts in der Informationsgesellschaft"[245] erfolgt.

Umgesetzt wurden vor allem die Änderungen, die von der InfoSoc-Richtlinie zwingend fristgebunden vorgeschrieben und zum Teil schon in WCT und WPPT vorgesehen waren. Das betrifft vor allem das Recht der öffentlichen Zugänglichmachung und die Schrankenregelungen. Es wurde klargestellt, daß auch die digitale Privatkopie zulässig bleibt, auch werden wirksame technische Maßnah-

---

[242] Für eine harmonisierte Regelung plädiert Davies, GRUR Int. 2001, S. 915, 919.
[243] Reinbothe, GRUR Int. 2001, S. 733, 742; Mayer, CR 2003, S. 274, 280
[244] Vgl. Art. 12 WCT und Art. 19 WPPT.
[245] BGBl. 2003 I, S. 1774-1788.

men unter Schutz gestellt. Ferner wird durch die Gesetzesänderung die Rechtsstellung der ausübenden Künstler der der Urheber angenähert.[246]

Das Gesetz greift dabei auch einige Empfehlungen des vom BMJ 1996 in Auftrag gegebenen Gutachtens des Max-Planck-Instituts für ausländisches und internationales Patent-, Urheber- und Wettbewerbsrecht[247] auf, verzichtet jedoch auf eine umfassende Anpassung des Urheberrechts.[248]

Die Neufassung des § 53 UrhG soll nach dem Willen des Gesetzgebers "vor allem der Klarstellung" dienen.[249]

Zur Zukunft der privaten Vervielfältigung hat der Gesetzgeber mit dieser Regelung ganz bewußt nicht Stellung genommen.[250] Nur durch diesen Kunstgriff konnte einerseits eine vorläufige Absicherung der Interessen der Rechtsinhaber vorgenommen werden und auf der anderen Seite in überschaubarer Zeit, wenngleich mit einiger Verspätung, eine Umsetzung der InfoSoc-Richtlinie erfolgen. Diese Unentschlossenheit des Gesetzgebers hat aber auch dazu geführt, daß die Neuregelung der digitalen Privatkopie keinem klaren Konzept folgt.[251] So ist die Privatkopie auch in digitaler Form zulässig, kann aber technisch verhindert werden. Die Umgehung technischer Schutzmaßnahmen ist zwar verboten, wird aber nicht als Straftat oder Ordnungswidrigkeit verfolgt, sofern sie nur der Anfertigung einer privaten Kopie dient. Jedoch kann sie zivilrechtliche Unterlassungs-, Schadensersatz- und Vernichtungsansprüche auslösen.

Auf die Änderungen und Neuerungen durch das Gesetz vom 10. September 2003 wird, soweit sie für die hier behandelte Thematik von Bedeutung sind, bei der Übersicht über die Regelung des § 53 Abs. 1 UrhG[252] und den rechtlichen Schutz technischer Schutzmaßnahmen[253] eingegangen werden. Bezüglich der nicht behandelten Neuerungen, wie dem neu eingeführten Recht der öffentlichen

---

[246] BT-Drucks. 15/38, S. 1. Eingehend dazu Dünnwald, ZUM 2004, S. 161ff.

[247] Schricker, Urheberrecht auf dem Weg zur Informationsgesellschaft, 1997. Kritisch dazu Hoeren, GRUR 1997, S. 866-875, der dem Gutachten des Max-Planck-Instituts einen restaurativen Grundduktus vorwirft und die Informationsfreiheit nicht ausreichend berücksichtigt sieht.

[248] BT-Drucks. 15/38, S. 14.

[249] Amtl. Begründung zu § 53 UrhG, BT-Drucks. 15/38, S. 20; a.A. Hoeren, Internetrecht, Stand Juli 2004, S. 107.

[250] BT-Drucks. 15/38, S. 15. Siehe auch die Pressemitteilung Nr. 74/03 des BMJ vom 16. September 2003.

[251] Vgl. Rotsch, NJW 48/2003, S. III; Hoeren, FAZ vom 25. April 2002, S. 49.

[252] Siehe „Die Regelung in § 53 Abs. 1 UrhG“ ab S. 59.

[253] Siehe „Der Schutz technischer Maßnahmen nach dem UrhG“ ab S. 94.

Zugänglichmachung in § 19a UrhG, wird auf weiterführende Literatur verwiesen.[254]

IX. Die EG-Richtlinie 2004/48/EG zur Durchsetzung der Rechte des geistigen Eigentums (Enforcement Directive) vom 29. April 2004

Die am 29. April 2004 unterzeichnete Richtlinie 2004/48/EG zur Durchsetzung der Rechte des geistigen Eigentums (Enforcement Directive, im folgenden „Durchsetzungsrichtlinie“)[255] soll die immaterialgüterrechtlichen Sanktionsmöglichkeiten gemeinschaftsweit stärken und harmonisieren. Sie wurde nach überraschend kurzer Zeit und gerade noch vor dem Beitritt der zehn neuen Mitgliedsstaaten verabschiedet.[256]

Der Schnelle geschuldete Ungenauigkeiten blieben nicht aus. Auch hat der europäische Gesetzgeber sich viel vorgenommen: Die getroffenen Regelungen umfassen das gesamte Spektrum des Immaterialgüterrechts und alle Verletzungshandlungen. Da die Diskussion der oft vagen Bestimmungen damit in die Umsetzungsprozesse in den Mitgliedsstaaten verlagert worden ist, gewährt die Richtlinie ihnen 24 Monate zur Umsetzung. Die Bestimmungen der Richtlinie berühren die hier untersuchte Thematik rechtsdogmatisch nur am Rande. Daher soll an dieser Stelle nur exemplarisch auf einige wesentliche Punkte eingegangen und im übrigen auf ergänzende Literatur verwiesen werden.[257]

Eine für die Praxis der Rechtsverfolgung gerade durch Tonträgerhersteller höchst bedeutungsvolle Vorschrift findet sich in Art. 5 der Durchsetzungsrichtlinie. Da die Vermutung der Urheberschaft gem. § 10 UrhG nicht für verwandte Schutzrechte gilt, sind die Inhaber von Leistungsschutzrechten im Prozeß oder bei Beantragung einer Einstweiligen Verfügung regelmäßig gezwungen, ihre Rechtsinhaberschaft durch vollständige Darlegung der Lizenzkette nachzuweisen. Das gestaltet sich in der Praxis äußerst schwierig, zwingt es doch dazu, sämtliche Verträge mit sämtlichen Beteiligten offenzulegen, von denen Rechte abgeleitet werden. Mag dies bei einer streitgegenständlichen Tonaufnahme noch zu schaffen sein, so erweist es sich bei Erwirkung einer Verfügung über mehrere hundert oder tausend verschiedener Tonaufnahmen als unmöglich. In seltenen Fällen haben Gerichte hier auch andere, unvollständigere Nachweise zugelassen.

---

[254] Z.B. Schippan, ZUM 2003, S. 678ff; zur Neuregelung des künstlerischen Leistungsschutzes Dünnwald, ZUM 2004, S. 161ff.

[255] ABl. EG L 195 vom 2. Juni 2004, S. 16-25 = GRUR Int. 2004, S. 615-621.

[256] Vgl. Frey/Rudolph, ZUM 2004, S. 522, die argwöhnen, daß die schnelle Umsetzung auch der divergierenden Interessenlage dieser neuen Mitgliedsstaaten geschuldet ist.

[257] Frey/Rudolph, ZUM 2004, S. 522ff.; Metzger/Wurmnest, ZUM 2003, S. 922ff.; Drexl/Hilty/Kur, GRUR Int. 2003, S. 605ff.; Hoeren, MMR 2003, S. 217.

Im Immaterialgüterrecht werden regelmäßig extrem hohe Streitwerte angenommen. Gerade bei Verfolgungen von Taten im Internet geht es häufig um eine große Anzahl Tonaufnahmen, die eine hohe (potentielle) Verbreitung gefunden haben. Sofern bei dem entsprechend hohen Kostenrisiko für jede Aufnahme die lückenlose Rechtekette nachzuweisen ist, gestaltet sich die Darlegungslast für die Rechtsinhaber als höchst hinderlich.

Dem begegnet die Durchsetzungsrichtlinie in Art. 5 mit einem Anscheinsbeweis, der auch zugunsten der Leistungsschutzberechtigten gilt: Es gilt die widerlegliche Beweisvermutung, daß derjenige Urheber bzw. Leistungsschutzberechtigter ist, dessen Name in der üblichen Weise auf dem Werkstück angegeben ist. Damit können Tonträgerhersteller in Zukunft ihre Rechtsinhaberschaft mittels des auf den Tonträgern aufgedruckten (P)-Vermerkes darlegen. Den Gegenbeweis eigener Urheberschaft hat der mutmaßliche Rechtsverletzer durch Nachweis eigener Rechte zu führen.

Heftige Diskussionen sind bei der Umsetzung des Art. 8 zu erwarten, der Auskunftsrechte auch gegenüber an der Rechtsverletzung unbeteiligten Dritten, vulgo Internet-Service-Providern („ISP"), gewährt. Ohne die Auskünfte der Provider lassen sich ermittelte IP-Adressen von Rechtsverletzern nicht einzelnen Personen zuordnen, was Voraussetzung für die Geltendmachung von Unterlassungs- und Schadensersatzansprüchen ist. Die Verbindungsdaten werden von den ISP auch nur eine begrenzte Zeit vorrätig gehalten. Solche Auskünfte konnten bislang nur durch eine Einschaltung der Strafverfolgungsbehörden erlangt werden.[258] Daher argumentieren die Befürworter eines eigenständigen Auskunftsanspruches auch, eine Kriminalisierung geringfügiger Urheberrechtsverletzungen sei dann nicht mehr nötig.

Die Vorschriften der Durchsetzungsrichtlinie zur Aktivlegitimation weichen zum Teil deutlich vom deutschen Recht ab. So sollen nach Art. 4 lit. b) auch Inhaber einfacher Nutzungsrechte klage- und antragsbefugt sein, die nach deutschem Recht bisher der Unterstützung der Urheber bedurften.[259]

Weiter trifft die Durchsetzungsrichtlinie Schadensersatz- und Beweisregelungen. Während die besonders einschneidenden Maßnahmen[260] „nur bei in gewerblichem Ausmaß vorgenommenen Rechtsverletzungen" vorgesehen werden müssen, ist es den Mitgliedsstaaten überlassen, den Rechtsinhabern diese Maßnahmen auch bei geringfügigeren Beeinträchtigungen an die Hand zu geben.[261]

---

[258] Gebhardt, MMR 2004, S. 281, 282.

[259] Vgl. Wandtke/Bullinger-*Wandtke/Grunert*, HauptBd., § 31 Rn. 32; Dreier/Schulze, § 31 Rn. 56.

[260] Es handelt sich dabei um Art. 6 Abs. 2 (Herausgabe von Bank-, Finanz- oder Handelsunterlagen), Art. 8 Abs. 1 (Auskunftsansprüche gegen Dritte) und Art. 9 Abs. 2 (Einstweilige Maßnahmen zur Sicherung von Schadensersatzforderungen).

[261] Vgl. Frey/Rudolph, ZUM 2004, S. 522, 524.

X. „Zweiter Korb" seit Herbst 2003

Die offen gebliebenen Fragen sind nun weiterer gesetzlicher Regelung vorbehalten, deren Umsetzung mit dem sogenannten „zweiten Korb" angestrebt wird. Die Vorbereitung begann am 16. September 2003 mit einem Symposium des Bundesministeriums der Justiz in München, zu der in einem sogenannten kooperativen Gesetzgebungsverfahren Experten und Vertreter von Verbänden und Institutionen in eine Arbeitsgruppe eingeladen wurden.[262] Diese Arbeitsgruppe gliedert sich in elf Unterarbeitsgruppen, von denen sich u. a. jeweils eine den Schranken allgemein, der Privatkopieschranke und der Auskunftspflicht des Providers widmet. Zentrales Thema der gesetzlichen Regelung im „zweiten Korb" ist damit auch die Auflösung der Widersprüche, die der Gesetzgeber im ersten Korb mit der Regelung der digitalen Privatkopie geschaffen hat.[263] Zu dieser Diskussion möchte die vorliegende Untersuchung beitragen.

Die Ausschußarbeiten wurden im Juni 2004 abgeschlossen. Am 9. September 2004 hat die Bundesministerin der Justiz *Zypries* das Eckpunktepapier „Urheberrecht in der Wissensgesellschaft – ein gerechter Ausgleich zwischen Kreativen, Urhebern und Verbrauchern" vorgestellt.[264] Anfang November 2004 wird der Entwurf auf einem Symposium in München diskutiert, im Dezember soll sich das Bundeskabinett damit befassen.[265] Die Gesetzesänderung soll in der zweiten Hälfte des Jahres 2005 in Kraft treten.[266] Die angekündigten Neuregelungen des Gesetzesentwurfes für den Zweiten Korb lassen jedoch vieles beim alten. Die Inhalte des Eckpunktepapiers sind in diese Untersuchung eingearbeitet.

XI. Zusammenfassung

Die urheberrechtliche Privatkopieschranke besteht im deutschen Recht seit Beginn des 20. Jahrhunderts. Trotz Entwicklung und massenhaften Verbreitung einfacher Vervielfältigungstechniken, welche die private Kopie von einer zu vernachlässigenden Größe zu einer Konkurrenz für die Verwertung urheberrechtlich geschützter Werke und Darbietungen machte, wurde bis heute ausdrücklich an ihr festgehalten.

---

[262] Zypries, Rede vom 16. September 2003, München. Vgl. dazu das Sonderheft der ZUM 2003.

[263] Vgl., wenn auch weniger deutlich, BT-Drucks. 15/38, S. 15. Zur digitalen Privatkopie im „zweiten Korb" auch Krüger, GRUR 2004, S. 204ff.

[264] Pressemitteilung des BMJ vom 9. September 2004, abrufbar unter http://www.bmj.bund.de/media/archive/749.pdf, nachstehend „Eckpunktepapier" genannt.

[265] Graw, Die Welt vom 10. September 2004, S. 12.

[266] Reuters, Meldung vom 9. September 2004.

Von einem Verbot wurde aus verschiedenen Gründen abgesehen: Zum einen wäre eine Kontrolle und damit eine Durchsetzung eines derartigen gesetzlichen Verbots nur mit immensem Aufwand und begleitet von massiven Grundrechtseingriffen möglich gewesen. Rechtspolitisch wäre dies also kaum zu rechtfertigen gewesen. Auch hätte ein Verbot es nicht erlaubt, für die tatsächlich vorgenommenen Vervielfältigungshandlungen eine Vergütung zu erheben. Zum anderen stehen dem Eigentumsschutz auch das Recht zur freien Entfaltung der Persönlichkeit des Art. 2 GG sowie der in Art. 5 GG garantierte freie Zugang zu Information gegenüber.

Es ist aber keineswegs so, daß die Privatsphäre derart hohen Schutz genösse, daß sie „die Benutzung fremden Geistesgutes rechtfertigen würde“[267].

Da Urheberrechte Monopolrechte sind und die Rechtsinhaber die Höhe der Lizenzkosten für die Nutzung ihrer Werke und Schutzgegenstände selbst bestimmen können, soll der freie Zugang in gewissen Bereichen insbesondere auch für denjenigen gelten, der sich den käuflichen Erwerb eigener Vervielfältigungsexemplare nicht leisten kann.[268]

Die Ausklammerung der privaten Vervielfältigung aus dem urheberrechtlichen Vervielfältigungsrecht war also keine reine Kapitulation vor der Unkontrollierbarkeit der aufkommenden technischen Vervielfältigungsmöglichkeiten, sondern auch Ausdruck einer dem Urheberrecht immanenten Schranke. Allerdings führten die durch die massive Zunahme der privaten Vervielfältigung geänderten Rahmenbedingungen zu einer Neubewertung dieses Rechtsgedankens und machten eine Vergütung für die derart vorgenommenen erlaubten Vervielfältigungshandlungen erforderlich.

Ein solch bedeutender Einschnitt in die urheberrechtlichen Verwertungsrechte muß sich regelmäßig der Hinterfragung seiner Berechtigung und Angemessenheit stellen. Die ausufernden Möglichkeiten, identische digitale Werkkopien herzustellen und zu verbreiten, haben in den letzten Jahren hierzu erneut Anlaß gegeben. Auch ist erforderlich, bezüglich der ins Felde geführten Informationsfreiheit zwischen verschiedenen Werkarten zu unterscheiden.

Erfüllt § 53 Abs. 1 UrhG, aus welchen rechtlichen Erwägungen sich eine solche Gesamtschau letzten Endes auch konstituieren mag, die Voraussetzungen des urheberrechtlichen Dreistufentests nicht mehr, so ist die Schrankenregelung abzuschaffen oder weiter einzuschränken.[269]

Im folgenden soll daher zunächst die derzeitige Regelung des deutschen Urheberrechtes dargestellt werden, um im weiteren Verlauf der Arbeit das System

---

[267] Rehbinder, Rn. 255; vgl. BGHZ 17, S. 277ff.

[268] Schack, Rn. 494.

[269] Zum Dreistufentest siehe ab S. 77.

der Privatkopieschranke und ihrer Vergütung auch vor dem Hintergrund der Vorgaben der InfoSoc-Richtlinie auf seine Angemessenheit und zukünftige Berechtigung zu untersuchen.

B. Die Regelung in § 53 Abs. 1 UrhG

Die Privatkopieschranke hat durch das Gesetz zur Regelung des Urheberrechts in der Informationsgesellschaft eine erste Änderung erfahren. Die grundlegenden Entscheidungen zu dieser Norm sind allerdings auf den sogenannten „Zweiten Korb" vertagt worden.[270]

Eine bedeutende Maßgabe des Gesetzgebers ist allerdings bereits zum Ausdruck gekommen: Es erfolgt auch zukünftig hinsichtlich der Zulässigkeit keine Unterscheidung zwischen analoger und digitaler Kopie.

I. Privater Gebrauch

Zulässig sind gem. § 53 Abs. 1 UrhG Vervielfältigungen durch eine „natürliche Person" zum „privaten Gebrauch", sofern „sie weder unmittelbar noch mittelbar Erwerbszwecken dienen". Die durch das Gesetz vom 10. September 2003 eingeführten Konkretisierungen auf die Vornahme durch eine „natürliche Person" und den nichtkommerziellen Gebrauch passen die Formulierung der Vorgabe des Art. 5 Abs. 2 lit. b) der InfoSoc-RL an, ändern jedoch inhaltlich nichts an der früher geltenden Rechtslage.[271]

Der private Gebrauch ist, wie sich aus der amtlichen Überschrift der Norm ergibt, ein Unterfall des „eigenen" Gebrauchs und gleicht inhaltlich dem bis zur Novellierung des UrhG im Jahre 1985 gebräuchlichen Begriff des „persönlichen Gebrauchs".[272]

Unter privatem Gebrauch ist die Benutzung innerhalb der privaten Sphäre, d.h. im Familien- oder engen Freundeskreis zu verstehen, sofern er ausschließlich persönlichen außerberuflichen und außerwirtschaftlichen Zwecken dienen soll.[273] Bisweilen wird die private Sphäre auch als der Kreis der Personen definiert, die mit der Person, die das Vervielfältigungsexemplar herstellt oder herstellen läßt, durch ein persönliches Band verknüpft sind.[274] Da der Begriff sehr unbestimmt und in vielen Fällen kaum justitiabel ist, ist hier eine enge Ausle-

---

[270] BT-Drucks. 15/38, S. 15.
[271] BT-Drucks. 15/38, S. 20.
[272] Maracke, S. 465; Schricker-*Loewenheim*, § 53 Rn. 11; Wandtke/Bullinger-*Lüft*, § 53 Rn. 13.
[273] Schack, Rn. 495; BGH GRUR 1978, S. 474; Schricker-*Loewenheim*, § 53 Rn. 12.
[274] Dreier/Schulze, § 53 Rn. 7.

gung geboten. Zulässig ist, sich eine Kopie der erworbenen CD zur Nutzung im Auto anzufertigen oder eine solche Kopie innerhalb der Familie oder im engsten Freundeskreis – unentgeltlich – weiterzugeben.[275] Nicht zulässig ist es gem. § 53 Abs. 6 UrhG dagegen, wenn ein solchermaßen erhaltenes Vervielfältigungsstück dann zu einer öffentlichen Wiedergabe auf einer Party verwendet oder es gar an einen Dritten verkauft wird.

Maßgeblich ist allein die Zweckbestimmung im Zeitpunkt der Vervielfältigung.[276] Eine nachträgliche Änderung des Bestimmungszweckes unterliegt den Verwertungsverboten des § 53 Abs. 6 UrhG, vermag die Rechtmäßigkeit der Herstellung der Kopie jedoch nicht nachträglich zu ändern.[277]

II. Anzahl der Vervielfältigungsstücke

Die Anzahl der gem. § 53 UrhG zulässig anzufertigenden Vervielfältigungsexemplare ist nicht abschließend gesetzlich geregelt. Die Norm spricht von „einzelnen", also nur einigen wenigen Vervielfältigungsstücken. Die üblicherweise angenommene Begrenzung auf höchstens sieben Exemplare basiert auf einer Entscheidung des BGH vom 14. April 1978,[278] in welcher der Senat dem Klageantrag der VG Wort und Wissenschaft gemäß entschied. Die Entscheidung bezieht sich auf § 54 UrhG, muß aber für alle Fälle gelten, in denen das Gesetz von „einzelnen" Vervielfältigungsstücken spricht, also auch für die §§ 46, 47, 49 und 53 UrhG.[279]

Als maßgeblich wird häufig die für die Erfüllung des privilegierten Zwecks erforderliche Anzahl angesehen.[280] Angemessen erscheint jedoch eine Begrenzung auf zwei, maximal drei Vervielfältigungsstücke,[281] wenngleich eine geringfügig höhere Anzahl durchaus mit dem auch hier unbestimmten Gesetzeswortlaut „einzelne" zu vereinbaren wäre. Dieser gibt einen Rahmen vor, um von einer unbestimmten „Vielzahl" abzugrenzen.[282] Eine Beschränkung auf maximal drei Kopien kann jedoch nicht mit dem pragmatischen Argument begründet

[275] Diemar, S. 102.
[276] Jani, ZUM 2003, S. 842, 843.
[277] A.A. Wiegand, S. 284.
[278] BGH GRUR 1978, S. 474 – Vervielfältigungsstücke.
[279] Samson, JA 1982, S. 530.
[280] Diemar, S. 101; Schricker-*Loewenheim*, § 53 Rn. 14.
[281] So auch Schack, Rn. 496; Fromm/Nordemann-*Nordemann*, § 53 Rn. 3; a.A. Wandtke/Bullinger-*Lüft*, ErgBd. § 53 Rn. 10 und Schricker-*Loewenheim*, § 53 Rn. 14, die auf den jeweils mit der Vervielfältigungshandlung verfolgten Zweck abstellen und daher in Einzelfällen auch zehn Vervielfältigungsexemplare als zulässig erachten. Dies mag beispielsweise für die Vervielfältigung von Noten zur Aufführung im Familienkreis angebracht sein, bei der Vervielfältigung von Bild- und Tonträgern ist ein solches Bedürfnis jedenfalls nicht zu erkennen.
[282] A.A. Fromm/Nordemann-*Nordemann*, § 53 Rn. 3.

werden, die Möglichkeit verlustfreier digitaler Vervielfältigung berge die Gefahr, mit einem käuflich erworbenen Werkexemplar könnten beliebig viele Generationen identischer Werkexemplare hergestellt werden. Dogmatisch ändert sich durch die Qualität des Vervielfältigungsexemplars nichts am zuzulassenden Umfang der Einschränkung des urheberrechtlichen Vervielfältigungsrechtes. Die Furcht ist gleichwohl berechtigt, dieser Aspekt ist jedoch an anderer Stelle zu berücksichtigen.[283]

Die Zahl der zulässigen Vervielfältigungsstücke soll durch die Gesetzesänderung im „Zweiten Korb" nicht gesetzlich festgelegt werden. Bei der Vorstellung des Eckwertepapiers sprach Bundesjustizministerin *Zypries* davon, daß der Verbraucher weiterhin „zwei bis fünf Kopien fertigen" dürfe.[284]

III. Unentgeltlichkeit

Die Vervielfältigung darf auch durch einen Dritten erfolgen, solange dies – im Falle von Bild- und Tonaufzeichnungen, § 53 Abs. 1 S. 2 UrhG – unentgeltlich geschieht. Unklar war hier, ob die reine Kostenerstattung bereits als entgeltlich anzusehen ist. So diese Erstattung sich auf die reinen Kosten des Leermediums begrenzt, etwa auf die Kosten des CD-R-Rohlings, auf den eine Musik-CD kopiert wird, kann keine Entgeltlichkeit im Sinne der Vorschrift vorliegen.[285] Stellte nämlich derjenige, für den die Vervielfältigung vorgenommen wird, das Leermedium dem Vervielfältigenden selbst zur Verfügung, so läge es fern, darin eine Entgeltlichkeit zu sehen. Ob aber das Leermedium dem Dritten gestellt, oder ihm die Kosten eines selbst beschafften Leermediums vergütet werden, kann hier keinen Unterschied machen. Die amtliche Begründung zur Neufassung des § 53 Abs. 1 UrhG hat jetzt klargestellt, daß Vervielfältigungen durch Dritte gegen Entgelte, die nicht über die reine Kostendeckung hinausgehen, als „unentgeltlich" im Sinne dieser Vorschrift anzusehen sind.[286]

Anders stellt sich die Lage dar, wenn neben den reinen Kosten für das Leermedium noch eine Aufwandsentschädigung oder eine Beteiligung an sonstigen Kosten gezahlt wird, insbesondere wenn Gerätekosten sich amortisieren. Die Vervielfältigung erfolgt dann nicht unentgeltlich und ist nicht mehr von der Privatkopierfreiheit gedeckt.[287]

---

283 Siehe dazu „Enge Begrenzung zulässiger privater Vervielfältigungshandlungen" ab S. 141.
284 Krempl, c't aktuell vom 9. September 2004, abrufbar unter http://www.heise.de/ct/aktuell/meldung/50805.
285 So auch Schricker-*Loewenheim*, § 53 Rn. 16; Wandtke/Bulliger-*Lüft*, § 53 Rn. 16; Dreier/Schulze-*Dreier*, § 53 Rn. 16; a.A. Fromm/Nordemann-*Nordemann*, § 53 Rn. 2; Diemar, S. 107.
286 BT-Drucks. 15/38, S. 20f.
287 A.A. Schwenzer, ZUM 1997, S. 478, 480.

IV. Rechtmäßigkeit der Kopiervorlage

Über die erforderliche Rechtmäßigkeit der Kopiervorlage ist bereits vor der Neufassung des § 53 Abs. 1 UrhG im September 2003 gestritten worden. In § 53 UrhG a.F. war ein solches Erfordernis nicht enthalten, wurde vom überwiegenden Teil der Literatur aber vorausgesetzt. Dabei wurde allerdings nicht immer deutlich, an welchem Punkt die Rechtmäßigkeitsprüfung anzusetzen hat. Unstreitig war und ist, daß die Kopiervorlage kein eigenes „Originalexemplar" sein muß, sondern auch ein fremdes Werkstück benutzt werden kann.[288] Mußte die Vorlage aber rechtmäßig in den Besitz des Vervielfältigenden gelangt sein?[289] Oder war eine erlaubte Privatkopie darüber hinaus nur von einer „rechtmäßigen", also rechtmäßig hergestellten Vorlage möglich?[290] Wie aber verhält es sich, wenn nur derjenige, der ein rechtmäßig hergestelltes Werkexemplar anbietet, sich damit rechtswidrig verhält, nicht aber der Vervielfältigende? Oder war ein solches ungeschriebenes Rechtmäßigkeitserfordernis der Vorschrift überhaupt nicht zugrunde zu legen?[291]

Hinter der Forderung nach Rechtmäßigkeit der Kopiervorlage steht die Befürchtung, durch eine dann rechtmäßige Kopie eines zunächst rechtswidrig erlangten Werkexemplars könnte der Unrechtszustand perpetuiert werden. Neue Bedeutung hat dieser Streit im Zusammenhang mit dem Tauschen von Musikdateien über Peer-To-Peer-Netzwerke erlangt. Hier wurde argumentiert, das Herunterladen einer Musikdatei könne nicht von § 53 Abs. 1 UrhG gedeckt sein, weil das Anbieten von geschützten Werken in P2P-Netzwerken – unstreitig – eine erlaubnispflichtige Verwertungshandlung darstellt, ohne Lizenz also rechtswidrig sei.[292] Zur Untermauerung wurde auch eine analoge Anwendung des § 96 UrhG herangezogen, der die Verwertung rechtswidrig hergestellter Vervielfältigungsstücke verbietet.[293]

Die Rechtswidrigkeit des Anbietens ist jedoch davon zu unterscheiden, wie das vervielfältigte Werk oder Schutzobjekt in den Besitz des Vervielfältigenden gelangt ist. Dies mußte rechtmäßig geschehen sein.[294] Beim Downloaden einer

---

[288] BGH GRUR 1997, S. 459,462 – CB-infobank I; BGH GRUR 1997, S. 464, 466 – CB-infobank II; Wandtke/Bullinger-*Lüft*, ErgBd., § 53 Rn. 12; Fromm/Nordemann-*Nordemann*, § 53 Rn. 4.

[289] So Fromm/Nordemann-*Nordemann*, HauptBd., § 53 Rn. 4; Rehbinder, Rn. 256; KG GRUR 1992, S. 168 – Dia-Kopien.

[290] So Wiegand, S. 229; Loewenheim, in: Ganea/Heath/Schricker (Hrsg.), Festschrift für Adolf Dietz, S. 415, 419ff.; gefordert auch von Schippan, ZUM 2003, S. 378, 383.

[291] So etwa Schack, Rn. 496; Mönkemöller, GRUR 2000, S. 663, 667 f.; anderer Ansicht Leupold/Demisch, ZUM 2000, S. 379, 383ff.

[292] Dies gilt gem. § 53 Abs. 6 UrhG insbesondere auch für die Zugänglichmachung von zu privaten Zwecken hergestellten Vervielfältigungsexemplaren, Jani ZUM 2003, S. 842, 849.

[293] Vgl. Dreier/Schulze-*Dreier*, § 96 Rn. 9; dagegen Diemar, S. 114f.

[294] Schricker-*Loewenheim*, § 53 Rn. 13; KG GRUR 1992, S. 168, 169 – Dia-Kopien.

Datei gelangt aber durch die unkörperliche digitale Reproduktion die Kopiervorlage stets nur in Form des Vervielfältigungsexemplars zum Vervielfältiger. Sofern dieser die Vervielfältigung zum privaten Gebrauch anfertigte, war die Rechtmäßigkeit des Anbietens für die Einordnung nicht relevant.[295] Soweit die vervielfältigte Datei nicht direkt wieder öffentlich zugänglich gemacht wird, war nach alter Rechtslage das Herunterladen von rechtswidrig ins Internet eingestellten Werken unter den Voraussetzungen von § 53 Abs. 1 UrhG a.F. als zulässig anzusehen.[296]

Der Bundesrat, regte zunächst an, private Kopien nur zuzulassen, „soweit der Nutzer auf das Original oder eine zulässige Kopie berechtigten Zugriff hat".[297] Er forderte dann in seiner Entschließung vom 23. Mai 2003, in den dahingehend zunächst nicht geänderten § 53 Abs. 1 UrhG das Erfordernis einer *rechtmäßig hergestellten* Vorlage einzufügen.[298] In dieser Form scheiterte er im Vermittlungsausschuß, der in letzter Minute aber überraschenderweise doch noch einen einschränkenden Passus einbrachte.[299]

In seiner Fassung vom September 2003 fordert § 53 Abs. 1 UrhG dann auch, daß zur Vervielfältigung nicht eine *offensichtlich rechtswidrig hergestellte* Vorlage verwendet werde. Dieser neu eingeführte Begriff bleibt allerdings unklar und wird durch Rechtsprechung zu konkretisieren sein.[300] Einerseits stellt er klar, daß es nicht darauf ankommt, wie der Hersteller der Privatkopie in den Besitz der Kopiervorlage gelangt ist. Auch wird weiterhin kein eigenes Werkstück verlangt, wie sich im Umkehrschluß aus § 53 Abs. 2 Nr. 2 UrhG ergibt, der die Zulässigkeit als einziger an die Benutzung eines eigenen „Werkstückes" knüpft.[301] Maßgeblich ist alleine, ob die Vorlage rechtswidrig hergestellt wurde. Andererseits bleibt offen, wann dies "offensichtlich" ist. Aus der Begrifflichkeit

---

295 So auch Berger, ZUM 2004, S. 257, 260; Freiwald, S. 143ff.; Winghardt, ZUM 2002, S. 349, 355f.

296 Schack, Rn. 496; Diemar, S. 104, die die Nutzung von Tauschbörsen zum bloßen Download, also ohne selbst eigene Dateien für andere zugänglich zu machen, zu recht als „parasitär" bezeichnet.

297 BR-Drucks. 684/02 vom 27. September 2002, S. 1-9 = UFITA 2004/I, S. 253.

298 BT-Drucks.15/1066 vom 23. Mai 2003, S. 2 = UFITA 2004/I, S. 275, 276.

299 Beschlußempfehlung des Vermittlungsausschusses vom 2. Juli 2003, BT-Drucks. 15/1353, S. 1 = UFITA 2004/I, S. 279.

300 Vgl. Schippan, ZUM 2003, S. 678, 679.

301 BGHZ 134, S. 250, 260f.; Jani, ZUM 2003, S. 842, 843; a.A. Berger, ZUM 2004, S. 257, 260, der auch nach neuer Rechtslage davon ausgeht, daß die digitale Privatkopie nur dann rechtmäßig ist, wenn sie von einer rechtmäßig erworbenen (im Sinne von: „gekauften") Vorlage erstellt wird.

ergibt sich, daß auf die Sicht des Nutzers abzustellen ist.[302] Die ihm aufzuerlegende Prüfungspflicht wird aber nicht näher umrissen.

So ist, um am Beispiel des Filesharing über P2P-Netzwerke zu bleiben, eine Datei, die jemand in rechtswidriger Weise über eine P2P-Applikation anbietet, nicht ohne weiteres *offensichtlich* rechtswidrig hergestellt. Sofern der Anbietende dieses Musikstück nämlich zunächst rechtmäßig von einer gekauften CD zum privaten Gebrauch in eine komprimierte MP3-Datei auf seinem Rechner konvertiert und sich erst später entschließt, diese Datei dann rechtswidrig öffentlich zugänglich zu machen, so ist diese Kopiervorlage eben nicht rechtswidrig hergestellt.[303] Über ihre Herkunft gibt eine über ein P2P-Netzwerk angebotene Datei aber in der Regel keine Auskunft.[304] Auch kann ein nachträglicher Bestimmungswechsel, wie gezeigt, die ursprüngliche Rechtmäßigkeit der Kopiervorlage nicht ex tunc ändern.

Der Tausch geschützter Tonaufnahmen in P2P-Netzwerken erfolgt hauptsächlich unter Privatleuten, die dabei anderen den Zugriff auf einen Bereich ihrer Festplatte gewähren. Die so angebotenen Werke sind dann auch meist zum persönlichen Gebrauch hergestellt worden.[305] Eine dem Vervielfältigenden offensichtliche rechtswidrige Herstellung kann unter diesen Umständen nur äußerst selten angenommen werden. Auf die Rechtmäßigkeit der öffentlichen Zugänglichmachung kann es aber, wie oben gezeigt, nicht ankommen.[306] Sie stellt eine Rechtsverletzung des Anbieters dar, die zu Unterlassungs- und Schadensersatzansprüchen berechtigt. Das Herunterladen von Musikdateien über P2P-Netzwerke bleibt jedoch auch nach der Neufassung der Norm im September 2003 in der Regel gem. § 53 Abs. 1 UrhG zunächst erlaubnisfrei.[307]

---

[302] Wandtke/Bullinger-*Lüft*, ErgBd., § 53 Rn. 13; Poll/Braun, ZUM 2004, S. 266, 273; a.A. Jani, der objektiviert auf den durchschnittlich verständigen und informierten Nutzer abstellen will.

[303] So auch Jani, ZUM 2003, S. 842, 843; a.A. Berger, ZUM 2004, S. 257, 259f., der es für einen atypischen Geschehensablauf hält, daß MP3-Dateien zunächst für den privaten Gebrauch und nicht direkt zum Zwecke der öffentlichen Zugänglichmachung hergestellt werden und insoweit für einen Anscheinsbeweis zu Gunsten der Rechtsinhaber plädiert.

[304] Gegen die Einstufung von Peer-To-Peer-Netzwerken als per se offensichtlich rechtswidrige Kanäle Hoeren, Internetrecht, Stand Juli 2004, S. 109, sowie Freiwald, S. 151ff.

[305] Lewinski, ZUM 2003, S. 933, 939; Freiwald, S. 143f.; a.A. Wiegand, S. 284, der im Anbieten in einer Tauschbörse eine schädliche nachträgliche Änderungs der Verwendungsabsicht sieht, mit der Folge, daß die Privilegierung ex tunc entfällt. So auch Flechsig, GRUR 1993, S. 532, 536f.

[306] A.A. Jani, ZUM S. 842, 847, 848, der in der öffentlichen Zugänglichmachung die „Herstellung" im Sinne des § 53 Abs. 1 UrhG sieht.

[307] So auch Wandtke/Bullinger-*Lüft*, ErgBd., § 53 Rn. 13; Dreier/Schulze-*Dreier*, § 53 Rn. 11; Freiwald, S. 142ff.; a.A. Schippan, ZUM 2003, S. 678, 679 und Berger, ZUM 2004, S. 257, 260, der davon ausgeht, daß alle in Internet-Tauschbörsen angebotenen Dateien rechtswidrig hergestellte Vorlagen sind, weil sie nahezu ausnahmslos zum Zwecke der Zu-

Offensichtlich rechtswidrig hergestellt können neben erkennbaren Raubkopien von Tonträgern aber Vervielfältigungsexemplare bislang unveröffentlichter Werke sein, beispielsweise von Filmen, die bereits vor dem Kinostart oder kurz danach während der Phase der Erstauswertung in Tauschbörsen auftauchen.[308] Ferner kann sich die offensichtliche Rechtswidrigkeit auch aus den Begleitumständen ergeben.[309] Ebenfalls fraglich ist dabei, zu welcher Prüfung man den Nutzer verpflichten will. Nach dem Gesetzeswortlaut „offensichtlich rechtswidrig" kann eben keine umfassende rechtliche Überprüfung gefordert werden. Es wird jedoch im genannten Fall eine gewisse Beweiserleichterung bei der Rechtsverfolgung anzunehmen sein.[310]

Nicht nachvollziehbar ist die ebenfalls vertretene Ansicht, die Vervielfältigung einer mit handschriftlichen Vermerken versehenen CD, die zuvor ihrerseits im Wege der Privatkopie hergestellt worden ist, sei de lege lata rechtswidrig, weil die Vorlage evident rechtswidrig hergestellt sei.[311] Die Anfertigung einer Kopie zum privaten Gebrauch ist ja eben *nicht* rechtswidrig. Nach geltendem Recht ist dann auch eine weitere Kopie davon von § 53 Abs. 1 UrhG gedeckt. Will man die private Vervielfältigung auf eine Generation begrenzt wissen, so kann hier nur eine Neufassung der Vorschrift de lege lata Abhilfe schaffen. Die Vorlage ist allerdings dann rechtswidrig hergestellt, wenn sie unter Umgehung einer technischen Schutzmaßnahme gefertigt wurde.[312] Problematisch in der Rechtsdurchsetzung bleibt dann wieder die geforderte „Offensichtlichkeit".

Als weitere Unwägbarkeit erscheint in diesem Zusammenhang die Frage, nach welcher Rechtsordnung die rechtmäßige Herstellung der Vorlage zu beurteilen sein wird, da P2P-Tauschbörsen im Internet bekanntlich nicht vor Ländergren-

---

gänglichmachung erstellt worden seien. Dieser pauschalen Annahme kann nicht beigetreten werden.

308 So auch Dreier/Schulze-*Dreier*, § 53 Rn. 12; Jani, ZUM 2003, S. 842, 852.

309 Als Beispiel kann das von *DJ Dangermouse* im Internet veröffentlichte „Grey Album" dienen, zu dessen Herstellung er das „White Album" der Beatles mit dem „Black Album" des Rappers Jay-Z zu einer vielgelobten Platte mixte, jedoch von der EMI, die die Rechte an den originalen Beatles-Aufnahmen innehat, keine Freigabe erhielt. Da diese Aufnahmen vor allem durch die Presseberichte bekannt wurden, in denen von diesem Umstand berichtet wurde, kann bei einem Herunterladen der Tonaufnahmen von der offensichtlichen Rechtswidrigkeit der Vorlage ausgegangen werden.

310 So im Ergebnis auch Wandtke/Bullinger-*Lüft*, ErgBd., § 53 Rn. 13.

311 So Becker, ZUM 2004, S. 257, 260. Auch Jani, ZUM 2003, S. 842, 852f., der in der Überlassung eines solchen Vervielfältigungsexemplars an Dritte zur Herstellung einer weiteren Kopie eine nach § 53 Abs. 6 UrhG verbotene Verbreitung sehen will.

312 Auch Pleister/Ruttig, ZUM 2003, S. 763, 765. Nicht zutreffend ist dagegen die Aussage von Pleister/Ruttig, a.a.O., daß jedes neue Musikwerk heutzutage auf Trägermedien mit Kopierschutz veröffentlicht wird. Daher ist auch der Schlußfolgerung nicht zuzustimmen, daß jedes Angebot eines neuen Musikwerkes in Tauschbörsen nur unter Umgehung des Kopieschutzes entstanden sein könne und damit immer eine offensichtlich rechtswidrige Quelle sei.

zen halt machen. Hier ist nach dem Territorialprinzip stets auf das deutsche Urheberrecht abzustellen.[313]

Anders als beim Download aus Filesharing-Netzwerken ist die Rechtslage beim Download urheberrechtlich geschützter Tonaufnahmen, die auf einer Webseite öffentlich zugänglich gemacht werden, zu beurteilen: Steht das Werk auf einem Webserver zum (nicht lizenzierten) Download bereit, so liegt – sofern nicht ordnungsgemäß lizenziert – bereits im Upload der Datei auf diesen Server ein Verstoß gegen das Urheberrecht, da diese Vervielfältigung nicht dem privaten Gebrauch dient. Damit kann eine solchermaßen rechtswidrig hergestellte Datei nicht rechtmäßig im Rahmen des § 53 UrhG heruntergeladen werden, wenn die Rechtswidrigkeit des Angebots dem Vervielfältigenden offensichtlich ist. Dies wird in vielen Fällen bereits aufgrund der Aufmachung der Angebote anzunehmen sein,[314] eröffnet aber erneut Raum für Rechtsunsicherheit.

Die Neufassung des § 53 UrhG stellt also klar, daß es auf die Rechtswidrigkeit der Herstellung der Kopiervorlage ankommt,[315] und definiert, wenn auch äußerst vage, die Prüfungspflicht des vervielfältigenden Endverbrauchers. Die Darlegungs- und Beweislast liegt insoweit, anders als bei der Inanspruchnahme von Schranken üblich, nicht beim Nutzer, der sich auf den privaten Gebrauch beruft, sondern beim Rechtsinhaber, der darlegen und beweisen muß, daß eine offensichtlich rechtswidrige Vorlage verwendet wurde.[316] Das Risiko des Nutzers wurde dadurch erheblich reduziert.[317] Inwiefern sich die interessierten Kreise durch diese Neuregelung gegenüber der früheren Rechtslage einen Vorteil verschafft haben, sei dahingestellt, denn früher ließ sich zumindest mit prominenter Unterstützung[318] vertreten, daß die Privatkopie eine rechtmäßige Vorlage verlange.[319]

Für den „Zweiten Korb" hat das Bundesjustizministerium angekündigt, die Vorschrift klarer zu fassen und „offensichtlich rechtswidrig genutzte Vorlagen", also vor allem rechtswidrige Angebote, ausdrücklich auszuschließen.[320] Damit wäre auch der private Download einer Musikdatei, die in Tauschbörsen offensichtlich rechtswidrig angeboten wird, nicht mehr gem. § 53 Abs. 1 UrhG zulässig. Eine solche Neufassung des § 53 Abs. 1 UrhG ist konsequent, da sie das

[313] Wandtke/Bullinger-*Bullinger*, HauptBd., § 96 Rn. 6; Jani, ZUM 2003, S. 842, 849; Berger, ZUM 2004, S. 257, 259.
[314] Vgl. Jani, ZUM 2003, S. 842, 853
[315] Jani, ZUM 2003, S. 842, 844.
[316] Jani, ZUM 2003, S. 842, 854.
[317] Schippan, ZUM 2003, S. 678, 679.
[318] Fromm/Nordemann-*Nordemann*, § 53,Rn. 4; Rehbinder, Rn. 256.
[319] Vgl. Hoeren, Internetrecht, Stand Juli 2004, S. 109.
[320] Pressemitteilung des BMJ vom 9. September 2004, S. 2, abrufbar unter http://www.bmj.bund.de/media/archive/749.pdf.

Ziel unterstützt, rechtswidrige Angebote im Internet einzudämmen. Sie ist daher zu begrüßen.

V. Art der Vervielfältigung

Hinsichtlich des Herstellungsverfahrens sieht § 53 Abs. 1 UrhG keine Beschränkung vor. Die neu eingeführte Formulierung „auf beliebigen Trägern" macht deutlich, daß nicht zwischen analoger und digitaler Vervielfältigung unterschieden wird.[321]
Das Bundesjustizministerium beabsichtigt, im „Zweiten Korb" an der Zulässigkeit der privaten Kopie auch in digitaler Form festzuhalten.[322]

Die Vornahme der Vervielfältigungshandlung kann auch durch Dritte erfolgen, sofern dies, wie vorstehend erörtert,[323] unentgeltlich geschieht.

Der Bundesrat hat im Zuge des Gesetzgebungsverfahrens auf Anraten des Rechtsausschusses am 23. Mai 2003 den Vermittlungsausschuß angerufen.[324] Er forderte, die Herstellung digitaler Privatkopien durch Dritte wegen der "hiermit verbundenen Mißbrauchsmöglichkeiten" von der Privilegierung auszunehmen. Wegen der weiten Verbreitung zum Beispiel von CD-Brennern bestehe die Gefahr, "daß der Dritte über die bloße Kopiertätigkeit hinaus eine eigene Vertriebstätigkeit entwickelt".[325]

Auch diesem Wunsch wurde nicht entsprochen und die bisherige Regelung, die eine Vervielfältigung durch Dritte erlaubt, beibehalten.

VI. Ausnahmen und Einschränkungen

Die zum privaten Gebrauch zulässig hergestellten Vervielfältigungsstücke dürfen gem. § 53 Abs. 6 S. 1 UrhG weder verbreitet noch zu öffentlichen Wiedergaben benutzt werden.

Eine weitere Grenze erfährt die Privatkopieschranke dadurch, daß die Aufnahme öffentlicher Vorträge, Aufführungen oder Vorführungen eines Werkes auf Bild- oder Tonträger gem. § 53 Abs. 7 UrhG stets nur mit Einwilligung des Berechtigten zulässig ist.

---

[321] BT-Drucks. 15/38, S. 20.
[322] Pressemitteilung des BMJ vom 9. September 2004, S. 1, abrufbar unter http://www.bmj.bund.de/media/archive/749.pdf.
[323] Siehe oben „Rechtmäßigkeit der Kopiervorlage", ab S. 62.
[324] BT-Drucks. 15/1066, S. 1f.
[325] BT-Drucks. 15/1066, S. 1, 2.

C. Die digitale Vervielfältigung

Die Möglichkeiten privater Vervielfältigung haben sich durch die Digitaltechnik erheblich erweitert.[326] Dadurch, daß digitale Daten verlustfrei ausgelesen und identisch ohne Qualitätsverlust vervielfältigt werden können,[327] sind unter Idealbedingungen beliebig viele identische Generationen von Vervielfältigungsexemplaren möglich. Im Falle der Kopie von CD-Audio auf CD-R ist auch der Träger optisch und haptisch mehr oder weniger mit dem Original identisch und mit den Abspielgeräten für die Originaltonträger kompatibel. Eine digitale Kopie eines Tonträgers wird daher oftmals als Substitut empfunden.[328]

Einer der Hauptvorteile der digitalen gegenüber der analogen Kopie ist neben der hohen Qualität die hohe Geschwindigkeit der Vervielfältigung. Musikstücke müssen nicht mehr in Echtzeit überspielt werden, wie dies noch beim Tonband der Fall war, sondern lassen sich in einem Bruchteil der Spielzeit kopieren.

Dazu kommt die Kombination hochwertiger psychoakustischer Komprimierungsalgorithmen[329] mit breitbandigen Internetzugängen, die eine schnelle weltweite Verbreitung in digitalcr Form vorliegender Werkexemplare ermöglicht. Besonders interessant werden die komprimierten Formate durch portable Abspielgeräte mit hoher Speicherkapazität. Diese Nachfolger des einst so populären Walkman bieten eine bessere Qualität, geringe Abmessungen sowie ein geringes Gewicht. Sie können sehr viele Tonaufnahmen speichern und sind mangels beweglicher Teile unempfindlich gegen Erschütterungen. Der erste auf dem Markt erhältliche portable MP3-Player der Firma Diamond Multimedia erschien der Recording Industry Association of America (RIAA) so gefährlich, daß sie gegen den Hersteller wegen Verletzung des Audio Home Recording Act (AHRA) von 1992 vor Gericht zog.[330] Das zuständige Gericht lehnte den Erlaß einer einstweiligen Verfügung jedoch ab, woraufhin die RIAA sich außergerichtlich mit Diamond Multimedia u.a. darauf einigte, in Zukunft gemeinsam Kopierschutzlösungen zu entwickeln.[331]

---

[326] Zu den Unterschieden zwischen analogen und digitalen Tonsignalen siehe „Tonträger", ab S. 6.

[327] Dazu siehe oben „Einführung: Das digitale Tonsignal", ab S. 10.

[328] Zwar wurde bereits die analoge Kopie als „völlig gleichwertig" angesehen (siehe BGHZ 17, S. 266, 288: „aufgrund ihrer Vollkommenheit und ihrer unbegrenzten Haltbarkeit (...) gewerblichen Vervielfältigungen gleich[ge]stellt", sowie den UrhG-Entwurf vom 23. März 1962, wiedergegeben in: Schulze, Materialien, S. 72), aus heutiger Sicht kann das jedoch nicht mehr bejaht werden.

[329] Dazu Wandtke/Schäfer, GRUR Int. 2000, S. 187f.

[330] Dazu Gottschalk, GRUR Int. 2002, S. 95, 101.

[331] Roettgers, S. 64.

D. Einfluß der Privatkopierfreiheit auf den Tonträger-Markt

Bereits für das Jahr 2001 meldete die deutsche Landesgruppe der IFPI erstmals mehr kopierte als gekaufte Musik.[332] Im Jahre 2003 wurden in Deutschland 316 Mio. CD-Rohlinge mit Musik bespielt,[333] dem standen 149,2 Mio. verkaufte Album- und Kopplungstonträger aller Formate gegenüber.[334] Im Vorjahr waren es noch 259 Mio. mit Musik beschriebene Rohlinge und 181,3 Mio. verkaufte Longplay-Tonträger.

Dabei geben 96,1 % der Personen, die Musik gebrannt haben, an, dies für den Eigenbedarf getan zu haben, 59,5 % haben Musik-CDs für Freunde, Verwandte, Kollegen und Bekannte gebrannt, 60,1 % für andere Haushaltsmitglieder und immerhin 12,4 % haben CDs mit Musik bespielt und diese an andere Personenkreise als die Genannten weitergegeben. Alle diese Werte sind gegenüber den Vorjahren gestiegen.[335]

CD-Rs werden demnach zum weit überwiegenden Teil zur Nutzung in der privaten Sphäre mit Musik beschrieben. Die absoluten Zahlen verdeutlichen aber, daß diese Vervielfältigungshandlungen, selbst wenn sie derzeit von der Privatkopierfreiheit gedeckt sein sollten, ein Ausmaß angenommen haben, das die normale Auswertung der Werke beeinträchtigt. Selbst wenn man nicht davon ausgehen darf, daß jede selbst mit Musik beschriebene CD-R einen Kauf substituiert hat, so wird doch deutlich, daß die private Vervielfältigung im derzeitigen Rahmen eine massive Bedrohung des Tonträgermarktes darstellt.[336]

Unter diesen Umständen kann die Privatkopieschranke in ihrer derzeitigen Ausgestaltung den Anforderungen des Dreistufentests nicht mehr gerecht werden.

Die Anzahl der Musikdownloads aus rechtswidrigen Quellen ist im Jahr 2003 auf hohem Niveau leicht rückläufig. Wurden 2002 noch 622 Mio. Titel heruntergeladen, so waren es im Jahre 2003 mit 602 Millionen bereits etwas weniger. Die Anzahl der Personen, die von rechtswidrigen Downloadangeboten Gebrauch

---

[332] Pressemitteilung der IFPI vom 21. März 2002, abrufbar unter http://www.ifpi.de/news/news-194.htm.

[333] Der Anteil der mit Musik bespielten CD-R/RWs ist dabei von 50 % auf 44 % gesunken. Daneben wurden 71 % aller DVD-Rohlinge mit Spielfilmen und Kinofilmen bespielt, Brennerstudie 2/2004 der GfK, S. 10.

[334] Jahreswirtschaftsbericht 2003 der Deutschen Landesgruppe der IFPI, S. 24, abrufbar unter http://www.ifpi.de.

[335] Brennerstudie 2004 der GfK, S. 12.

[336] Von den Personen, die Musik downloaden und/oder brennen, geben 34 % an, im Jahr 2003 weniger Musik gekauft zu haben als im Vorjahr, 20 % kauften mehr (Brennerstudie 2004 der GfK, S. 63).

machen, ist aber weiter gestiegen. Daraus ergibt sich, daß die Zahl der Downloads pro Person von 105 im Jahre 2002 auf 82 im Jahre 2003 gesunken ist.[337]

Hier ist möglicherweise die mit der Einführung von breitbandigen Internetzugängen anfangs einhergehende große Faszination des scheinbar unbegrenzten Angebots an Musiktiteln im Internet etwas verflogen, und die Nutzer laden Musiktitel nicht mehr wahllos ob ihrer bloßen Verfügbarkeit herunter.[338] Bemerkenswert ist in diesem Zusammenhang auch, daß 35,2 % der heruntergeladenen Musiktitel gar nicht oder nur einmal genutzt wurden.[339]

Unter der Nutzung von P2P-Netzwerken leiden naturgemäß besonders die Verkäufe von Single-Tonträgern[340] und Kopplungen[341]. Dieses Geschäft lebt in besonderem Maße von „Hits" von mitunter geringer Halbwertszeit; die schnelle und kostenlose Verfügbarkeit eben dieser Titel trägt jedoch maßgeblich zur Popularität von P2P-Netzwerken bei.[342] Auch Kopplungen werden besonders häufig auf CD-R gebrannt.

Diese Zahlen belegen aber auch, welch enormes Interesse an Musik besteht und welches Potential auch in den inzwischen verfügbaren lizenzierten kostenpflichtigen Music-On-Demand Angeboten steckt.[343]

4. Abschnitt: Der Vergütungsanspruch des § 54 UrhG

A. Inhalt

Der Rechtsinhaber hat eine nach § 53 UrhG erlaubte Vervielfältigungshandlung zwar zu dulden, erhält jedoch durch die §§ 54, 54a UrhG eine Kompensation in Form eines gesetzlichen Vergütungsanspruches gegen die Hersteller solcher Ge-

---

[337] Brennerstudie 2004 der GfK, S. 15.

[338] Denkbar ist allerdings auch, daß die befragten Personen aufgrund eines steigenden Unrechtsbewußtseins keine vollumfänglichen Angaben ihres Nutzungsverhaltens machen.

[339] Brennerstudie 2004 der GfK, S. 17.

[340] Wurden 1997 noch 47,7 Mio. Singles verkauft, so waren es 2003 nur noch 22,5 Mio. Stück, GfK Consumer Tracking, Tonträger-Jahrespräsentation 2003.

[341] Der Absatz von Kopplungs-Tonträgern ist seit 1997 (48 Mio. Stück) um 44 % auf 27,1 Mio. Stück im Jahr 2003 gesunken, GfK Consumer Tracking, Tonträger-Jahrespräsentation 2003.

[342] Siehe auch den Jahreswirtschaftsbericht 2003 der Deutschen Landesgruppe der IFPI, S. 22, abrufbar unter http://www.ifpi.de.

[343] Der Anteil kostenpflichtiger Musikdownloads ist seit der Einführung legaler Angebote deutlich gestiegen. 61,9 % sind bereit, solche Angebote gegen Gebühr zu nutzen, Brennerstudie 2004 der GfK, S. 55; vgl. auch Schmidt, FAZ vom 9. August 2004, S. 15; heise online vom 18. August 2004, abrufbar unter http://www.heise.de/newsticker/meldung/50150.

räte, die zur Vornahme von Vervielfältigungshandlungen bestimmt sind, zugesprochen.[344] Dabei handelt es sich zum einen um Geräte zur reprographischen Vervielfältigung (§ 54a UrhG) und zum anderen um Geräte und Speichermedien für Bild- und Tonaufzeichnungen (§ 54 UrhG), die hier allein von Interesse sind. Die pauschalen Geräte- und Speichermedienabgaben dienen dabei dem Zweck, den Eingriff, den die Surrogation des urheberrechtlichen Verfügungsrechts durch einen Vergütungsanspruch darstellt, zu mindern und diese Ausgestaltung der Sozialbindung des Eigentums nicht als Enteignung darzustellen.[345] Bei Werken der Film- und Musikkunst wird ihrer Art nach damit gerechnet, daß sie für den privaten Gebrauch vervielfältigt werden. Urhebern und Leistungsschutzberechtigten wird daher aufgrund der bloßen Möglichkeit der Vervielfältigung ein Vergütungsanspruch gewährt.[346]

Die InfoSoc-Richtlinie hat die in den Mitgliedsstaaten teils recht unterschiedlichen Vergütungsregelungen weitgehend unangetastet gelassen und nur für bestimmte Verwertungshandlungen eine angemessene Vergütung gefordert.[347]

Der angekündigte Gesetzesentwurf für den „Zweiten Korb“ soll weiterhin auf die Pauschalvergütung als Ausgleich für die Privatkopie setzen, aber Neuerungen der Vergütungsregeln enthalten.[348]

B. Die Anspruchsberechtigten

Anspruchsberechtigt ist gem. § 54 UrhG der Urheber eines Werkes, von dem nach seiner Art zu erwarten ist, daß es durch Aufnahme von Funksendungen auf Bild- oder Tonträger oder durch Übertragungen von einem Bild- oder Tonträger auf einen anderen nach § 53 Abs. 1 oder 2 UrhG vervielfältigt wird.

Unzweifelhaft ist eine solche Nutzung bei Werken der Musik und bei Sprachwerken in Form von Hörspielen oder Hörbüchern zu erwarten, so daß deren Komponisten und Texturheber nach § 54 Abs. 1 UrhG einen Anspruch auf Vergütung haben.

---

[344] Vgl. BVerfGE 31, S. 255, 262. Über die Entwicklung, die zur Schaffung dieses Vergütungsanspruches führte, siehe BGH GRUR 1965, S. 104ff., sowie den vorangegangenen Abschnitt über die Privatkopieschranke ab S. 42, hier insbesondere S. 43; ergänzend Claussen, S. 7ff.; auch Kreile, ZUM 1985, S. 609ff.; Melichar, ZUM 1987, S. 51ff; Nordemann, GRUR 1985, S. 837.

[345] Zur verfassungsrechtlichen Legitimation des Vergütungsanspruches siehe Kirchhof, S. 44ff.

[346] 2. Vergütungsbericht der Bundesregierung, UFITA 2000 III, S. 691, 694.

[347] Vgl. Lewinski, GRUR Int. 1998, S. 637, 641.

[348] Pressemitteilung des BMJ vom 9. September 2004, S. 2ff., abrufbar unter http://www.bmj.bund.de/media/archive/749.pdf; Krempl, c't aktuell vom 9. September 2004, abrufbar unter http://www.heise.de/ct/aktuell/meldung/50805.

Entsprechendes gilt gem. § 83 i. V. m. § 54 UrhG für die leistungsschutzberechtigten Interpreten und gem. § 85 Abs. 4 i. V. m. § 54 UrhG für Tonträgerhersteller. Ausdrücklich nicht anspruchsberechtigt sind gem. § 87 Abs. 4 UrhG Sendeunternehmen. Sie können jedoch als Tonträgerhersteller anspruchsberechtigt sein.[349]

Nach der vom Bundesjustizministerium für den „Zweiten Korb" geplanten Neuregelung verlieren die Berechtigten den Anspruch nach § 54 UrhG, soweit sie Kopierschutztechniken einsetzen, da in diesem Fall nicht davon ausgegangen werde könne, daß die solcherart geschützten Werke und Leistungsschutzgegenstände vervielfältigt werden könnten.[350]

C. Die Verpflichteten

Der Vergütungsanspruch des § 54 Abs. 1 UrhG richtet sich gem. § 54 Abs. 1 UrhG gegen die Hersteller. Damit ist stets derjenige gemeint, der Geräte oder Bild- und Tonträger tatsächlich herstellt. Nicht Hersteller ist damit beispielsweise ein deutsches Unternehmen, das seine Geräte von ausländischen Unternehmern produzieren läßt und in Deutschland unter eigener Handelsmarke in den Verkehr bringt. Ebensowenig ein deutsches Unternehmen, das Geräte in Deutschland vertreibt, die es von einem mit ihm konzernrechtlich verbundenen in- oder ausländischen Unternehmen bezogen hat.[351]

Neben dem Hersteller haftet der gewerbliche Importeur von Vervielfältigungsgeräten und Leermedien, auch wenn er die vergütungspflichtige Ware wiedereinführt, sofern die Vergütung nicht zuvor von einem Dritten entrichtet worden ist.[352]

Gesamtschuldnerisch haften auch Händler, die vergütungspflichtige Geräte und/oder Leermedien einkaufen und gewerblich weiterveräußern. Dies trifft sie unabhängig von der Handelsstufe (§ 54 Abs. 1 S. 2 UrhG), es sei denn, ihr Geschäftsumfang beträgt lediglich Bild- oder Tonträger von weniger als 6.000 Stunden Spieldauer und weniger als 100 Geräte (§ 54 Abs. 1 S. 3 UrhG). Private Veräußerungen unterliegen nicht der Vergütungspflicht.[353]

---

[349] Vgl. Amtliche Begründung zum RegE 1982, UFITA 96 (1983), S. 107, 142.

[350] Pressemitteilung des BMJ vom 9. September 2004, S. 2ff., abrufbar unter http://www.bmj.bund.de/media/archive/749.pdf; Krempl, c't aktuell vom 9. September 2004, abrufbar unter http://www.heise.de/ct/aktuell/meldung/50805..

[351] BGH GRUR 1984, S. 518 – Herstellerbegriff I; BGH GRUR 1985, S. 280 – Herstellerbegriff II; BGH GRUR 1985, S. 284 – Herstellerbegriff III; BGH GRUR1985, S. 287 – Herstellerbegriff IV; umfassend Loewenheim, Herstellerbegriff, S. 22ff., 71.

[352] Schricker-*Loewenheim*, § 54 Rn. 13.

[353] Schricker-*Loewenheim*, § 54 Rn. 16.

D. Vergütungspflichtige Geräte und Leermedien

I. Die mit Abgaben belegten Geräte

Mit einer Abgabe nach § 54 Abs. 1 UrhG belegt sind Geräte, die erkennbar zur Vornahme der in Satz 1 beschriebenen Vervielfältigungen bestimmt sind. Betroffen sind also u. a. Tonbandgeräte, Kassettenrekorder, CD-Rekorder, CD-[354] und DVD-Brenner, MiniDisc- oder MP3-Player mit Aufnahmefunktion, nicht jedoch Diktiergeräte,[355] da diese für eigene Sprachaufzeichnungen bestimmt sind. Ebenfalls umfaßt sind Computer und PDAs, die in gewissem Umfang der Vervielfältigung geschützter Werke auf digitalen Speichermedien dienen.[356] Der Bundesgerichtshof und das Bundesverfassungsgericht haben früh klargestellt, daß es im Ermessen des Gesetzgebers liegt, auch Geräte, bei denen die bloße Möglichkeit urheberrechtsrelevanter Nutzung besteht, mit einer Vergütungspflicht zu belegen.[357] Dieser Umstand wird durch eine entsprechende Reduzierung der Abgabenhöhe berücksichtigt.

Schon die Einführung der pauschalen Vergütung durch das Urheberrechtsgesetz von 1965 stieß auf heftigen Widerstand der Geräteindustrie, und so ist die Belegung einer Geräteklasse mit einer Abgabe nach § 54 UrhG ebenso wie die Festlegung der Höhe dieser Abgabe ob ihrer wirtschaftlichen Auswirkung stets von Grabenkämpfen begleitet.

In den vergangenen Jahren ist um die Einordnung einer Vielzahl neuer digitaler Vervielfältigungsgeräte gerungen worden. Diese Streitigkeiten liegen häufig auch darin begründet, daß es sich bei in Frage stehenden Geräten um multifunktionale Geräte handelt, auf die die gem. § 54 d UrhG vorgesehenen Vergütungssätze nicht direkt angewandt werden können. Beispielhaft kann die Geräteabgabe auf CD-Brenner genannt werden[358]: Hier wurde der Betrag für den Audio-Bereich verdoppelt und für den Videobereich auf zwei Drittel reduziert.[359]

---

[354] Flechsig, ZUM 2001, S. 656ff.

[355] Möhring/Nicolini-Gass, § 54 Rn. 28; Schricker-*Loewenheim*, § 54 Rn. 10.

[356] Winghardt, ZUM 2002, S. 349ff.; Wandtke/Bullinger-*Lüft*, HauptBd., § 54 Rn. 5; Schrikker-*Loewenheim*, § 54 Rn. 9; Möhring/Nicolini-*Gass*, § 54 Rn. 27. Für die Vergütung auf PCs siehe die Pressemitteilung des DPMA vom 6. Februar 2003, abrufbar unter http://www.dpma.de/infos/pressedienst/pm030206.html.

[357] BVerfGE 31, S. 255, 269; BGHZ 17, S. 266 – Grundig-Reporter: auch hier konnte das Bandaufnahmegerät auch zu anderen Zwecken, nämlich der Aufnahme eigener Vorträge, genutzt werden. Zum Umfang der Nutzung für die Vervielfältigung urheberrechtlich geschützter Werke siehe BGH GRUR 1993, S. 553, 554f. – Readerprinter; BGH ZUM 1999, S. 649, 651 – Telefaxgeräte; BGH NJW 2002, S. 964, 965 – Scanner.

[358] Vgl. Entscheidung der Schiedsstelle beim Deutschen Patent- und Markenamt (Schiedsstelle nach § 14 WahrnG) vom 4. Mai 2000, Sch-Urh 12/99 = ZUM 2000, 599ff. mit Anmerkung Kröber, ZUM 2000, S. 545ff.; LG Stuttgart, CR 2001, S. 581; bzw. die Ablehnung der

In Zukunft sollen Geräte, so sieht es der angekündigte Gesetzesentwurf für den „Zweiten Korb" vor, auch dann vergütungspflichtig sein, wenn sie *tatsächlich* und in nennenswertem Umfang für zulässige Privatkopien *genutzt werden.*[360] Damit sollen Streitigkeiten darüber vermieden werden, ob Geräte zur Vervielfältigung *bestimmt* sind. Die tatsächliche Nutzung soll nach den Vorstellungen des Bundesjustizministeriums auf Basis von Marktforschungsumfragen ermittelt werden.[361] Auch der Einsatz von Digital Rights Management Systemen[362] soll dabei eine Rolle spielen: Da mit dem Einsatz von DRM-Systemen die Möglichkeiten, Vervielfältigungshandlungen vorzunehmen, sinke, solle die Gerätevergütung um so geringer ausfallen, je mehr Kopierschutz eingesetzt werde.

II. Die mit Abgaben belegten Leermedien

Zur Aufnahme von Funksendungen oder zum Überspielen von Bild- und Tonträgern erkennbar bestimmte Bild- und Tonträger sind unbespielte Videokassetten jeden Formats, Tonbänder, Musikkassetten, DAT, MiniDiscs, CD- und DVD-Rohlinge und Speicherchips in MP3-Playern.[363] Zwischen GEMA und Herstellern war auch die inzwischen erhobene Vergütungspflicht für Daten-CD-R/-RWs lange Zeit streitig.[364]

Die Vergütungspflicht bezieht sich nicht nur auf Leermedien, sondern auch auf bereits bespielte Tonträger, denen technische Vorrichtungen zur Verhinderung ungewollter Löschung fehlen oder bei denen auf die Möglichkeit der Neubespielung hingewiesen wird.[365]

III. Die Höhe der Vergütung

Die Höhe der Vergütung hat der Gesetzgeber zuletzt im Jahre 1985 in der Anlage zu § 54 d Abs.1 UrhG festgelegt. Seither hat sie nicht einmal einen Inflationsausgleich erfahren und ist in ihrem Wert somit sogar gesunken. Ergänzt um

---

Berufung durch das OLG Stuttgart (http://www.gema.de/urheberrecht/rechtsprechung/olg_stuttgart_04092001.shtml.)

359 Schiedsstellenentscheidung, ZUM 2000, S. 599, 607.

360 Pressemitteilung des BMJ vom 9. September 2004, S. 2ff., abrufbar unter http://www.bmj.bund.de/media/archive/749.pdf.

361 Pressemitteilung des BMJ vom 9. September 2004, S. 3., abrufbar unter http://www.bmj.bund.de/media/archive/749.pdf.

362 Siehe dazu S. 87.

363 Wandtke/Bullinger-*Lüft*, HauptBd., § 54 Rn. 4; Möhring/Nicolini-*Gass*, § 54 Rn. 29.

364 2. Vergütungsbericht, UFITA 2000 III, S. 691, 709.

365 Amtliche Begründung zum RegE 1982, UFITA 96 (1983), S. 107, 135f.; Wandtke/Bullinger-*Lüft*, HauptBd., § 54 Rn. 4; Schricker-*Loewenheim*, § 54 Rn. 9.

die Abgabe auf CD-Brenner und eine beispielhafte Nennung der Gerätetypen veröffentlicht die GEMA die Höhe der Vergütungen wie folgt:[366]

1. für jedes Tonaufzeichnungsgerät (u. a. Audio-Rekorder, MP3-Player ohne fest eingebautem Speicher, nur mit auswechselbaren Multimedia-Cards)	1,28 EUR
2. für jedes Tonaufzeichnungsgerät, für dessen Betrieb nach seiner Bauart gesonderte Träger (Nummer 5) nicht erforderlich sind (u. a. MP-3-Player mit fest eingebauten Speicher)	2,56 EUR
3. für jedes Bildaufzeichnungsgerät mit oder ohne Tonteil (u. a. Video-Rekorder, DVD-Rekorder, DVD-Brenner)	9,21 EUR
4. für jedes Bildaufzeichnungsgerät, für dessen Betrieb nach seiner Bauart gesonderte Träger (Nummer 7) nicht erforderlich sind	18,42 EUR
5. CD-Brenner	7,50 EUR
6. bei Tonträgern für jede Stunde Spieldauer bei üblicher Nutzung (u. a. Audio-Leerkassetten, Minidisc, DAT, MP-3-Cards, Audio-CD-R/RW)	0,0614 EUR
7. bei Bildträgern für jede Stunde Spieldauer bei üblicher Nutzung (Video-Leerkassetten, DVD-Rohlinge[367])	0,0870 EUR
8. Data-CD-R/RW[368]	0,0720 EUR

Dieses Schema ermöglicht es, auch neue Vervielfältigungsgeräte und Leermedien in das bestehende Vergütungssystem einzuordnen, wie im Januar 2003 für DVD-Brenner geschehen.[369]

---

366 GEMA, Die Vergütungspflicht für Aufzeichnungsgeräte und unbespielte Bild- oder Tonträger, abrufbar unter http://www.gema.de, Stand 1. September 2004, durch den Verfasser um das Beispiel DVD-Brenner ergänzt. Zur Höhe der Vergütung für DVD-Brenner zum Einbau in den PC siehe GEMA, Bekanntmachung über die Festsetzung der Vergütungssätze für DVD-Brenner, abrufbar unter http://www.gema.de.

367 4.7 GB Speicherkapazität entsprechen 120 Min. Videoaufnahmekapazität

368 Die Vergütung ist höher als auf AUDIO-CD-R/RWs, da auch die Vervielfältigung von Filmwerken auf Data-CD-R/RW berücksichtigt wird. Wegen der urheberrechtsneutralen Nutzungen werden jedoch nur 30 % sämtlicher in einer Abrechnungsperiode hergestellten oder importierten, veräußerten oder sonst wie in Verkehr gebrachten Datenträger abgerechnet.

369 Siehe Fußnote 366.

Bei der Gestaltung von Tarifen ist gemäß § 13 Abs. 4 WahrnG zu berücksichtigen, inwieweit technische Schutzmaßnahmen auf die betreffenden Werke oder die betreffenden Schutzgegenstände angewendet werden.

Die Bundesregierung hat in ihrem 2. Vergütungsbericht vom 19. Juni 2000[370] eine Erhöhung dieser Vergütungen gefordert und sich für eine beispielhafte Katalogisierung der vergütungspflichtigen Geräte- und Leermedientypen ausgesprochen.

In dem am 9. September 2004 vorgestellten Eckwertepapier hat das Bundesjustizministerium angekündigt, auch die Höhe der Vergütung für Geräte und Speichermedien werde sich danach bemessen, in welchem tatsächlichen Ausmaß die Typen zur Vervielfältigung genutzt werden.[371] Es wird ferner beabsichtigt, verbindliche Maßgaben für die Bemessung gesetzlich festzuschreiben.

Die konkrete Vergütungshöhe solle in Zukunft jedoch nicht mehr durch den Gesetzgeber, sondern durch die beteiligten Parteien selber bestimmt werden. Wenn sich die Verbände der Hersteller als Zahlungspflichtige und die Rechtsinhaber (in diesem Fall vertreten durch die Verwertungsgesellschaften) nicht einigen könnten, solle in ein auf sechs Monate begrenztes Schlichtungsverfahren eingetreten werden. Dessen Vorsitz liege aber nicht mehr beim Deutschen Patent- und Markenamt.[372] Im Anschluß an das Schlichtungsverfahren ist mit dem Oberlandesgericht nur noch eine Tatsacheninstanz vorgesehen.[373] Damit könnten die lange andauernden Streitigkeiten um die Belegung einer Geräteklasse mit einer Vergütung zu beiderseitigem Vorteil verkürzt werden.

Die Höhe der Vergütung soll sich jedoch in einem wirtschaftlich angemessenen Verhältnis zum Preis des Geräts halten, um den Absatz von Geräten nicht zu behindern.

E. Verwertungsgesellschaften

Die Vergütungsansprüche des § 54 UrhG sind gem. § 54h Abs. 1 UrhG verwertungsgesellschaftenpflichtig. Sie können also nicht von den Berechtigten selbst, sondern in jedem Fall nur kollektiv durch Verwertungsgesellschaften wahrgenommen werden. Dadurch wird vermieden, daß die Vergütungsverpflichteten sich mit einer unüberschaubaren Anzahl von Anspruchsberechtigten konfrontiert sehen.

---

[370] 2. Vergütungsbericht, UFITA 2000 III, S. 691ff.

[371] Pressemitteilung des BMJ vom 9. September 2004, abrufbar unter http://www.bmj.bund.de/media/archive/749.pdf.

[372] Krempl, c't aktuell vom 9. September 2004, abrufbar unter http://www.heise.de/ct/aktuell/meldung/50805.

[373] Pressemitteilung des BMJ vom 9. September 2004, S. 4, abrufbar unter http://www.bmj.bund.de/media/archive/749.pdf.

Die in § 54 Abs. 1 UrhG festgelegten Vergütungsansprüche macht die Zentralstelle für private Überspielungsrechte (ZPÜ) geltend, die der wirtschaftlich bedeutendste Zusammenschluß der deutschen Verwertungsgesellschaften GEMA, GVL, VG WORT, VG Bild-Kunst, VFF, GWFF, VGF und GÜFA ist.[374]

Die ZPÜ hat, entsprechend ihrem Wahrnehmungsauftrag, gem. §§ 54 g Abs. 1 und 54 h Abs. 1 UrhG ein Auskunftsrecht gegenüber den Herstellern und Importeuren von Vervielfältigungsgeräten und Leermedien. Sie ist es auch, die mit diesen Kreisen die Höhe der abzuführenden Abgaben verhandelt.[375] Allein für den Audio-Bereich betrug das Vergütungsaufkommen im Jahre 2000 DM 38.834.775,69.[376]

5. Abschnitt: Die private Vervielfältigung von Tonträgern im Lichte des urheberrechtlichen Dreistufentests

Nach all dem ist zu überprüfen, ob die Privatkopieschranke den Erfordernissen des urheberrechtlichen Dreistufentests gerecht wird. Diese mit der Revision der Berner Übereinkunft im Jahre 1967 in Art. 9 Abs. 2 eingeführte Bestimmung setzt den Schranken des Urheberrechts Schranken.

Danach können die ausschließlichen Rechte der Urheber nur in gewissen Sonderfällen (Stufe 1) und nur unter der Voraussetzung beschränkt werden, daß eine solche Vervielfältigung weder die normale Auswertung des Werkes beeinträchtigt (Stufe 2) noch die berechtigten Interessen des Urhebers unzumutbar verletzt (Stufe 3). Die von diesem Grundsatz zur Überprüfung der Zulässigkeit urheberrechtlicher Schrankenregelungen geforderten Voraussetzungen müssen kumulativ vorliegen.[377]

War der Dreistufentest innerhalb des RBÜ noch auf das Vervielfältigungsrecht beschränkt, so erhebt ihn Art. 13 des TRIPS-Abkommens bereits zum allgemeinen Maßstab für „Beschränkungen und Ausnahmen von ausschließlichen Rechten".[378] Entsprechend hat er auch in Art. 10 WCT und Art. 16 Abs. 2 WPPT für die dort gewährten Ausschließlichkeitsrechte Eingang gefunden.[379]

---

[374] Vgl. § 1 Abs. 1 des Gesellschaftsvertrages der ZPÜ, in: GEMA-Jahrbuch 2003/2004, S. VIII 10. Zur Historie der ZPÜ siehe Kreile, in: GEMA-Jahrbuch 1999/2000, S. 83ff.; zur Einnahme und Verteilung der gesetzlichen Geräte- und Leerkassettenvergütung für private Vervielfältigung in Deutschland ausführlich Kreile, in: GEMA-Jahrbuch 2001/2002 S. 94ff.

[375] Zur Entscheidung der Schiedsstelle beim Deutschen Patent- und Markenamt zur Geräteabgabe auf CD-Brenner vom 4. Mai 2000 – Sch-Urh 12/99 vgl. Kröber, ZUM 2000, S. 545ff.

[376] Kreile, in: GEMA Jahrbuch 2000/2001, S. 94ff., abrufbar unter http://www.gema.de.

[377] Report of the WTO Dispute Settlement Panel in United States – Section 110(5) of the US Copyright Act, Dokument WT/DS160/R.

[378] Punkt 6.80 des Panel Report in United States – Section 110(5) of the US Copyright Act, Dokument WT/DS160/R; vgl. Gervais, The TRIPS Agreement, Anm. 2.132.

[379] Zur historischen Entwicklung des Dreistufentests ausführlicher siehe Senftleben, GRUR Int. 2004, S. 201f.

Schließlich wurde der Dreistufentest in die europäischen Richtlinien zur Regelung urheberrechtlicher Belange aufgenommen. Außer in Art. 6 Abs. 3 der Richtlinie über den rechtlichen Schutz von Computerprogrammen (91/250/EWG vom 14. 5. 1991) und Art. 6 Abs. 3 der Richtlinie über den rechtlichen Schutz von Datenbanken (96/9/EG vom 11. 3. 1996)[380] findet sich eine entsprechende Bestimmung auch in Art. 5 Abs. 5 der Richtlinie zur Harmonisierung bestimmter Aspekte des Urheberrechts und der verwandten Schutzrechte in der Informationsgesellschaft (InfoSoc-Richtlinie 2001/29/EG)[381].

Nach der Rechtsprechung des BGH ist der Dreistufentest „entscheidender Maßstab für die Anwendung der einschlägigen Vorschriften des Urheberrechtsgesetzes".[382] Er ist in Deutschland mittlerweile geltendes Recht und bindet den Gesetzgeber in der Ausgestaltung der Schranken.[383] Gleichwohl hat er bislang keinen expliziten Eingang in das Urheberrechtsgesetz gefunden.[384]

Trotz des Ausmaßes, das private Vervielfältigungshandlungen inzwischen eingenommen haben, kann die Privatkopierfreiheit weiterhin als Regelung eines bestimmten Sonderfalls gelten, da sie einen spezifischen Nutzungszweck voraussetzt.[385] Auch ist der Kreis der Begünstigten zwar groß, aber hinreichend bestimmt, und die Voraussetzungen der Zulässigkeit sind hinreichend abgegrenzt. Der Umfang, in dem private Vervielfältigungshandlungen vom UrhG erlaubnisfreigestellt sind, ist jedoch gesetzlich nicht hinreichend spezifiziert.

Wie *Senftleben* zu Recht feststellt, ist der Dreistufentest als „verfeinerte Verhältnismäßigkeitsprüfung" zu verstehen.[386] Um die zweite Teststufe von der dritten abgrenzbar zu machen, in der Raum für einen abschließenden Interessenausgleich geschaffen wird, ist sie daher auf eine Prüfung des ökonomischen Kerns des Urheberrechts zu begrenzen.[387] Auch im Prüfungsergebnis ist *Senftleben* zu folgen, der wegen des Vorranges von Digital Rights Management-

---

[380] Beide Richtlinien sind abrufbar unter http://europa.eu.int/comm/internal_market/copyright/documents/documents_de.htm

[381] Zur Reduzierung des Art. 5 Abs. 5 im Rahmen der Richtlinienauslegung auf einen „Zweistufentest", da sich die Prüfung direkt auf einen Katalog für zulässig befundener Schrankenbestimmungen bezieht und somit das Erfordernis entfällt, eine weitere Konkretisierung auf einen bestimmten Einzelfall vorzunehmen, vgl. Dreier, ZUM 2002, S. 28, 35 und für die richtlinieninterne Anwendung Senftleben, CR 2003, S. 914, 915 und GRUR Int. 2004, S. 200, 206. A.A. Becker, ZUM 2004, S. 257, 263, für den bereits die nach der Richtlinie zulässig befundene digitale Privatkopie wegen der Beeinträchtigung der normalen Auswertung einen Verstoß gegen den Dreistufentest des Art. 5 Abs. 5 InfoSoc-RL darstellt.

[382] BGH ZUM 1999, S. 566, 572 – Kopienversanddienst.

[383] Bornkamm, in: Ahrens (Hrsg.): Festschrift für Willi Erdmann, S. 29, 40; Schack, AfP 2003, S. 1, 7.

[384] Vgl. dazu Zecher, ZUM 2002, S. 451, 453.

[385] Vgl. Bornkamm, in: Ahrens (Hrsg.): Festschrift für Willi Erdmann, S. 29, 46.

[386] Senftleben, CR 2003, S. 914, 918; ders., GRUR Int. 2004, S. 200, 209.

[387] Senftleben, CR 2003, S. 914, 918; ders., GRUR Int. 2004, S. 200, 209.

Systemen vor der Privatkopieschranke keine Beeinträchtigung der normalen Auswertung sieht.[388]

Auf der dritten Stufe ist allerdings zu prüfen, ob die berechtigten Interessen der Urheber und sonstiger Schutzberechtigter unzumutbar verletzt werden. Hier fließen nun alle Umstände mit ein, allen voran die viel zu geringe Vergütung, die auf Vervielfältigungsgeräte und Speichermedien erhoben wird. Sie wird dem Substitutionscharakter digitaler Kopien nicht mehr gerecht. Gleichzeitig vermag sie die enormen Einbußen, die die Rechtsinhaber durch die unkontrollierbare und weitverbreitete digitale Vervielfältigung erleiden, nicht annähernd zu kompensieren. Berechtigtes Interesse der Rechtsinhaber ist, trotz der Beschränkung ihres Ausschließlichkeitsrechtes, eine angemessene Vergütung zu erhalten. Die Privatkopieschranke in ihrer derzeitigen Ausgestaltung kann daher den Anforderungen des Dreistufentests nicht mehr zu genügen.[389]

6. Abschnitt: Der rechtliche Charakter der Privatkopieschranke

Kern der Diskussion um die urheberrechtliche Privatkopieschranke ist die Frage nach ihrer Rechtsnatur, also ob das Recht zur privaten Vervielfältigung von Bild- und Tonträgern nach § 53 Abs. 1 UrhG einen durchsetzbaren Anspruch beinhaltet und, falls das de lege lata nicht so ist, ob ein solcher Anspruch de lege ferenda einzuführen sei.[390]

A. De lege lata

Mit der im September 2003 erfolgten Änderung des Urheberrechtsgesetzes hat der Gesetzgeber in § 95b Abs. 1 Nr. 6a UrhG die Durchsetzbarkeit der Schankenbestimmung des § 53 Abs. 1 UrhG ausdrücklich auf „Vervielfältigungen auf Papier oder einen ähnlichen Träger mittels beliebiger photomechanischer Verfahren oder anderer Verfahren mit ähnlicher Wirkung" begrenzt. Er hat damit klargestellt, daß zumindest bis zu einer abschließenden Regelung der Thematik durch den sogenannten „Zweiten Korb" die Erlaubnisfreistellung der Vervielfältigung von Bild- und Tonträgern zum privaten Gebrauch de lege lata nicht als

[388] Senftleben, CR 2003, S. 914, 918; a.A. Poll/Braun, ZUM 2004, S. 266, 272.

[389] So auch Poll/Braun, ZUM 2004, S. 266, 279.

[390] Siehe dazu Knies, ZUM 2002, S. 793ff.; Schack, ZUM 2002, S. 497, 504 m.w.N.; vgl. Großheide, E.I.P.R. 2001, S. 321, 325. Für einen Anspruch de lege lata auch Abdallah/Gercke/Reinert, die im Einsatz technischer Schutzmaßnahmen den Straftatbestand der Datenveränderung, § 303a StGB, erfüllt sehen und die Umgehung aus zivil- und strafrechtlichen Nothilferechten als legitim betrachten, ZUM 2004, S. 31, 32, 39.

durchsetzbarer Anspruch ausgestaltet ist.[391] Auch das Eckpunktepapier für die Neuregelung im „Zweiten Korb“ sieht in diesem Punkt keine Änderung vor.[392] Es könnte also den Rechtsinhabern überlassen bleiben, durch den Einsatz technischer Schutzmaßnahmen über die tatsächliche Möglichkeit der privaten Vervielfältigung zu entscheiden.

Damit erübrigen sich vorerst jene Ablehnungen eines Anspruches auf private Vervielfältigung, die sich maßgeblich mit der Einordnung des § 53 Abs. 1 UrhG in die alte Rechtslage beschäftigen. *Diemar* argumentierte vor Schaffung des § 95b UrhG beispielsweise, ein Recht im Sinne einer einforderbaren Bereitstellung eines Werkes zum vereinbarten oder vorgesehenen Zweck bestehe schon deswegen nicht[393], weil das Vervielfältigungsrecht des Urhebers bezüglich der privaten Vervielfältigungshandlungen eingeschränkt, ja nicht existent sei und ihm diesbezüglich nur ein Vergütungsanspruch zustehe.[394] Verwertungsrechte sind ausschließliche Rechte, die mit der Schöpfung des Werkes entstehen,[395] wohingegen ein Vergütungsanspruch erst mit Nutzung entsteht und dann nur relativ im Verhältnis zum jeweiligen Schuldner gilt. Daraus folgerte *Diemar*, daß, da kein Verwertungsrecht entgegenstehe, die gesetzliche Lizenz des § 53 Abs. 1 UrhG kein Nutzungsrecht einräumen könne. Private Vervielfältigungen seien folglich zulässig, aber ein Recht auf ihre Herstellung könne nicht geltend gemacht werden.[396]

Dieser von *Diemar* vorgenommene Umkehrschluß läßt jedoch unberücksichtigt, daß der Vergütungsanspruch des § 54 Abs. 1 UrhG pauschaler Natur ist. Er entsteht nicht erst mit tatsächlicher Nutzungshandlung, sondern bereits mit der abstrakten Nutzungsmöglichkeit, nämlich bei abstrakter Eignung des Werkes oder Schutzgegenstandes zur privaten Vervielfältigung und bei Erwerb eines sich zur Vervielfältigung eignenden Geräts oder Speichermediums. Auch läßt sich der Umfang des Vergütungsaufkommens nicht einem bestimmten Werk oder Urheber zuordnen.[397]

---

[391] Vgl. auch Sietmann, „Das Urheberrecht kennt kein Recht auf Privatkopie“, Interview mit Bundesjustizministerin Brigitte Zypries und Ministerialdirektor Elmar Hucko in c't 2004, Heft 16, S. 158ff.

[392] Pressemitteilung des BMJ vom 9. September 2004, S. 2, abrufbar unter http://www.bmj.bund.de/media/archive/749.pdf.

[393] Vgl. zum Inhalt einfacher vertraglicher Nutzungsrechte Möhring/Nicolini-*Spautz*, § 31 Rn. 39; Schricker, §§ 31/32 Rn. 4ff.

[394] Diemar, GRUR 2002, S. 587; dies., S. 62.

[395] Vgl. § 1 UrhG.

[396] Diemar, GRUR 2002, S. 587f.; dies., S. 61ff.

[397] BVerfGE 79, S. 1, 18 – Leerkassettenabgabe.

B. De lege ferenda

Dem Gesetzgeber steht die explizite Schaffung eines Anspruches de lege ferenda jedenfalls frei, insbesondere sieht die InfoSoc-RL diese Möglichkeit in Art. 6 Abs. 4 Unterabsatz 2 ausdrücklich vor. Das federführende Bundesjustizministerium hat sich in seiner Ankündigung der durch den „Zweiten Korb" zu erwartenden Änderungen gegen einen durchsetzbaren Anspruch ausgesprochen.[398] Betrachtet man jedoch die Entwicklung der Schrankenbestimmung des § 53 Abs. 1 UrhG,[399] so finden sich sowohl Argumente für als auch wider die Schaffung eines Anspruches.

I. Verfassungsrechtliche Qualifikation

1. Grundrechte als Anspruchsgrundlage

Die durch Art. 5 GG grundrechtlich garantierte Informationsfreiheit wird vielfach als zwingende Begründung dafür angeführt, von der durch Art. 6 Abs. 4 Unterabsatz 2 InfoSoc-RL vorgesehenen Maßnahme Gebrauch zu machen und die private Vervielfältigung von Bild- und Tonträgern in den Katalog der durchsetzbaren Schrankenbestimmungen des § 95b Abs. 1 Nr. 6 lit. a) UrhG aufzunehmen.[400]

Obwohl diese Argumentation für gewisse Werkarten und Inhalte überzeugt, kann die Informationsfreiheit zumindest für Tonträger nicht als ein zwingend einen solchen Anspruch begründendes Grundrecht begriffen werden.[401]

Das Bundesverfassungsgericht hat die Bedeutung der Informationsfreiheit folgendermaßen beschrieben:

> Es gehört zu den elementaren Bedürfnissen des Menschen, sich aus möglichst vielen Quellen zu unterrichten, das eigene Wissen zu erweitern und sich so als Persönlichkeit zu entfalten. Zudem ist in der modernen Industriegesellschaft der Besitz von Informationen von wesentlicher Bedeutung für die soziale Stellung des Einzelnen. Das Grund-

---

[398] Pressemitteilung des BMJ vom 9. September 2004, S. 2, abrufbar unter http://www.bmj.bund.de/media/archive/749.pdf.

[399] Siehe dazu „Historische Entwicklung" ab S. 42.

[400] Hoeren, Internetrecht, Stand Juli 2004, S. 110.; vgl. Hoeren, GRUR 1997, S. 866, 870; für eine stärkere Gewichtung der Informationsfreiheit bei der Auslegung und Ausgestaltung der Privatkopieschranke mit Focus auf Bibliotheken Kröger, 2002. Holznagel/Brüggemann treten – in einem Gutachten für einen Hersteller von Umgehungssoftware – zur Gewährleistung der Informationsfreiheit gar für ein ungeschriebenes Recht zur Durchsetzung der Privatkopieschranke de lege lata ein, MMR 2003, S. 773ff.

[401] Vgl. Freiwald, S. 47.

> recht der Informationsfreiheit ist wie das Recht der freien Meinungsäußerung eine der wichtigsten Voraussetzungen der freiheitlichen Demokratie (vgl. BVerfGE 7, S. 198 [208]). Erst mit seiner Hilfe wird der Bürger in den Stand gesetzt, sich selbst die notwendigen Voraussetzungen zur Ausübung seiner persönlichen und politischen Aufgaben zu verschaffen, um im demokratischen Sinne verantwortlich handeln zu können.[402]

Der Schutzbereich des Art. 5 GG umfaßt demnach vorrangig die Entwicklung des Einzelnen zum politisch mündigen Bürger als Grundvoraussetzung für die Aufrechterhaltung der demokratischen Ordnung.[403] Solchem Zweck dient die in Werken der Musik enthaltene Information jedoch nicht. Soweit Werke der Musik und Tonaufnahmen ihrer Interpretationen betroffen sind, ist der Schutzbereich der Informationsfreiheit also nicht betroffen.[404] Mangels Eingriff in das Recht auf Informationsfreiheit ist auch für eine Abwägung des Grundrechtes aus Art. 5 GG und der Eigentumsgarantie des Art. 14 Abs. 1 S. 1 GG kein Raum.[405]

Eng hiermit verknüpft ist jedoch das Bedürfnis, jedem Einzelnen die Teilnahme am kulturellen Leben und an den Erkenntnissen der Wissenschaft zu ermöglichen und zu gewährleisten, daß er sich bilden und seine Persönlichkeit frei entfalten kann.[406] In den Bereichen Wissenschaft, Gesellschaft, Politik und Kultur kann die Informationsfreiheit also durchaus einen Anspruch auf Durchsetzung von Schrankenbestimmungen beinhalten.[407] Ausschließliche Urheberrechte sind Monopolrechte und die Rechtsinhaber in der Bemessung der Lizenzkosten für

---

[402] BVerfGE 27, S. 71, 81f.

[403] Sachs-*Bethge*, Art. 5 Rn. 52.

[404] So auch Wiegand, S. 302; Pichlmaier, CR 2003, S. 910, 913. Becker dagegen hält urheberrechtlich geschützte Werke wegen der an ihnen bestehenden Ausschließlichkeitsrechten schon gar nicht für „allgemein zugänglich" im Sinne des Art. 5 Abs. 1 S. 1 Halbsatz 2 GG. Da jeder (auch politische) Artikel aber dem Urheberrecht seines Autors unterliegt, blieben nach dieser Ansicht für die Information allerdings neben nicht schutzfähigen Sportergebnissen nur Quellen übrig, die aufgrund ihres hohen Alters bereits gemeinfrei sind oder amtliche Werke, die gem. § 5 UrhG nicht urheberrechtlich geschützt sind. Die Informationsfreiheit wäre damit ihres Wesensgehaltes beraubt.

[405] A.A. Hoeren, Krempl, heise online vom 29. Januar 2002, abrufbar unter http://www.heise.de/newsticker/meldung/24399. Für ein Überwiegend der Informationsfreiheit mit Rücksicht auf ihre besondere Legitimation und Bedeutung Kröger, DuD 2001, S. 723, 725; vgl. ders., S. 222ff.

[406] Vgl. Art. 2 Abs. 1 GG sowie Art. 27 Abs. 1 der allgemeinen Erklärung der Menschenrechte vom 10. Dezember 1948. Vgl. auch die amtliche Begründung des UrhG-Entwurfes vom 23. März 1962: „Als ein allgemeiner Grundsatz kann gelten, daß der Urheber insbesondere dort im Interesse der Allgemeinheit freien Zugang zu seinen Werken gewähren muß, wo dies unmittelbar der Förderung der geistigen und kulturellen Werte dient, die ihrerseits Grundlage für sein Werkschaffen sind." (Schulze, Materialien, S. 141).

[407] Vgl. dazu das Urteil des Tribunal de grande instance de Paris (3. Kammer) vom 23. Februar 1999, Jean Fabris ./. Sté France 2, mit Anmerkung Geiger, GRUR Int. 2001, S. 252-255.

die Nutzung ihrer Werke und Schutzgegenstände frei. Es besteht jedoch auch im gesellschaftlichen Interesse ein Bedürfnis, auch dem Einzelnen, der sich den käuflichen Erwerb eines eigenen Vervielfältigungsexemplars einer sehr teuren wissenschaftlichen Publikation nicht leisten kann, den Zugang zu ermöglichen.[408] Die in § 53 Abs. 2 S. 1 Nr. 1 UrhG erlaubnisfrei gestellte Vervielfältigung zum eigenen wissenschaftlichen Gebrauch ist dementsprechend in Form des § 95b Abs. 1 Nr. 6 lit. b) UrhG als durchsetzbare Schrankenbestimmung ausgestaltet worden.[409]

Auch bezüglich der Vervielfältigung zum privaten Gebrauch läßt das BMJ nicht unerwähnt, daß „ein Ausgleich zwischen geistigem Eigentum, Verbraucherschutz sowie der Informationsfreiheit zu suchen" sei.[410] Es stellt allerdings auch fest, daß eine Privatkopie keinen Zugang zu neuen Informationen schaffe, sondern lediglich die bereits bekannten Informationen verdoppele.[411]

Werke und Tonaufnahmen der Musik können unzweifelhaft zur Bildung und Entfaltung der Persönlichkeit beitragen. Dem Grundrecht auf freie Entfaltung der Persönlichkeit steht jedoch die Eigentumsgarantie des Art. 14 Abs. 1 S. 1 GG gegenüber. Sie ordnet den wirtschaftlichen Wert eines geschützten Werkes grundsätzlich dem Urheber zu.[412] Die urheberrechtlichen Schrankenbestimmungen sind daher grundsätzlich eng auszulegen,[413] gleichwohl ist auch die Sozialpflichtigkeit des geistigen Eigentums, Art. 14 Abs. 1 GG, zu berücksichtigen.[414] Die private Nutzung bestehender geistiger Werke ist eine wichtige Inspirationsquelle für zukünftige Schöpfungen und nahezu immer Voraussetzung für kreatives Schaffen. Solange Tonaufnahmen von Musikwerken aber zu sozialadäquaten Vergütungen käuflich erhältlich sind, insbesondere auch durch On-Demand-Dienste selektiv einzelne gewünschte Titel zu reduziertem Preis erworben werden können, kann die Informationsfreiheit nicht dem Wunsche dienen, diese Tonaufnahmen zu einer geringeren Vergütung zu erhalten.[415] Die Teilhabe an diesem Bereich des kulturellen Lebens und der freie Zugang zu Kulturgütern –

[408] BGHZ 17, S. 266; Schack, Rn. 494; vgl. Lischka, taz vom 10. Oktober 2002, S. 14.
[409] Vgl. Senftleben, der die Abkopplung privater Studienzwecke vom § 53 Abs. 1 UrhG und deren Durchsetzbarkeit fordert, CR 2003, S. 914, 919.
[410] BMJ, Pressemitteilung Nr. 74/03 vom 16. September 2003. Vgl. auch Grosheide, E.I.P.R. 2001, S. 321, 322ff.
[411] Pressemitteilung des BMJ vom 9. September 2004, S. 2, abrufbar unter http://www.bmj.bund.de/media/archive/749.pdf.
[412] BVerfGE 31, S. 229, 243 – Kirchen- und Schulgebrauch. Gleichwohl folgt aus Art. 14 Abs. 1 S. 1 GG nicht, daß jede nur denkbare Verwertungsmöglichkeit verfassungsrechtlich gesichert ist (BVerfGE 81, S. 12, 17).
[413] BGH, Urt. vom 24. Januar 2002 – I ZR 102/99, abrufbar unter http://www.bundesgerichtshof.de
[414] BGHZ 134, S. 250, 263; BVerfGE 31, S. 229, 242.; 79, S. 1, 25.
[415] Vgl. Hilty, ZUM Sonderheft 2003, S. 983, 1001; Poll/Braun, ZUM 2004, S. 266, 278.

im übrigen auch der Zugang zu Informationen – werden nicht dadurch gehindert, daß ein Werkstück käuflich erworben werden muß. Ein Recht auf unentgeltliche Information besteht nicht.[416]

Auch die auf die informationelle Selbstbestimmung gestützte Forderung nach einem Recht auf Privatkopie im Sinne einer unbeobachteten Nutzung von digitalen Kunstwerken kann höchstens gegen den Einsatz gewisser technischer Schutzmaßnahmen gerichtet sein, nicht jedoch auf einen Anspruch auf Vervielfältigung.[417]

Zumindest für die private Vervielfältigung von nicht vergriffenen Tonträgern kann also weder die in Art. 5 GG garantierte Informationsfreiheit noch die Sozialpflichtigkeit des Eigentums in Art. 14 Abs. 2 GG i. V. m. Art. 2 Abs. 1 GG als zwingend für die Schaffung eines durchsetzbaren Anspruches herangezogen werden. Ein Anspruch auf die Vornahme einer privaten Vervielfältigung kann lediglich für Tonaufnahmen bestehen, die nicht mehr im Handel oder über On-Demand-Angebote erhältlich sind. Zu diesen Werken und Aufnahmen muß aus den oben genannten Gründen der Zugang gewährleistet sein. Ein Eingriff in die ungestörte Auswertung dieser Tonaufnahmen durch die Rechtsinhaber ist hierbei nicht zu erkennen.

Ob die Frage nach dem freien Zugang zu Information und Kulturgütern für andere Werkarten gegebenenfalls anders beantwortet werden müßte, steht einer Sonderbehandlung der privaten Vervielfältigung von Tonträgern nicht entgegen, da das UrhG für diese Nutzungshandlungen bereits jetzt gesonderte Regelungen trifft.

2. *Grundrechte als Abwehrrechte gegen technische Schutzmaßnahmen*

Die Informationsfreiheit kann auch nicht als Abwehrrecht gegen technische Schutzmaßnahmen verstanden werden. Sie ist stets staatsgerichtet, technische Schutzmaßnehmen aber werden von privater Seite eingesetzt.[418] Eine Drittwirkung kommt ihr nicht zu.[419] Zwar besteht eine Schutzpflicht des Staates vor grundrechtsgefährdendem Handeln Dritter,[420] diese Ausstrahlung des Grundrechtsschutzes ist jedoch bedeutend schwächer und gewährt dem Gesetzgeber einen weiten Spielraum.[421] Soweit der käufliche Erwerb geschützter Tonauf-

---

[416] Wiegand, S. 335ff.; Diemar, S. 156f.; vgl. OLG Köln, DVBl. 1979, S. 523, 524.

[417] Für einen darauf begründeten Anspruch Dix am 30.1.2004 auf dem Symposium „DRM und Alternativen" der Humboldt-Universität zu Berlin

[418] Wandtke/Bullinger-*Wandtke/Ohst*, ErgBd., § 95b Rn. 4.

[419] Sachs-*Bethge*, Art. 5 Rn. 59.

[420] Sachs-*Bethge*, GG, Vorb. Art. 1 Rn. 32.

[421] Vgl. Sachs-*Bethge*, Art. 5 Rn. 59;Jarass/Pieroth-*Jarass*, Art. 5 Rn. 21; Wandtke/Bullinger-*Wandtke/Ohst*, ErgBd., § 95b Rn. 4.

nahmen aber zu sozialadäquater Vergütung möglich ist, gefährden auch technische Schutzmaßnahmen zur Verhinderung privater Vervielfältigungen den Zugang zu diesen Aufnahmen nicht. Das gleiche gilt für den Zugang zur freien Entfaltung der Persönlichkeit: Ein Recht auf kostenlosen Zugang zu Information und Kulturgütern gibt es nicht.[422]

Fraglich ist, ob die Tatsache, daß der Einsatz technischer Schutzmaßnahmen die Wirkung einer externen Institution entfalten und wie ein staatlicher Eingriff wirken kann, auch den Gesetzgeber direkt dazu verpflichtet, den Einsatz dieser Maßnahmen zur Wahrung der Grundrechte zu beschränken.[423] Auch dabei ist ihm jedoch ein gewisser Spielraum eingeräumt, von dem er in § 95b UrhG zugunsten mancher grundrechtlich fundierter Schranken Gebrauch gemacht hat.[424] Er hat sich bislang bezüglich der privaten Vervielfältigung von Bild- und Tonträgern noch nicht entschieden.[425]

II. Fehlende Kontrollmöglichkeit

Die Schrankenbestimmung des § 53 Abs. 1 UrhG ist auch aus der Not heraus entstanden, Vervielfältigungshandlungen im privaten Raum nicht verhindern und kontrollieren zu können.[426] Ein – wenngleich nicht durchsetzbares – Verbot hätte schließlich auch zur Konsequenz gehabt, daß eine Vergütung nicht hätte erhoben werden können. Angesichts der Möglichkeiten, die technische Schutzmaßnahmen den Rechtsinhabern heute eröffnen, wird daher argumentiert, es bestehe kein Anlaß mehr, diese Beschränkung des urheberrechtlichen Schutzes überhaupt beizubehalten. Es könnte dann in die freie Entscheidung des Rechtsinhabers gestellt werden, Lizenzbedingungen für die Nutzung seines Werkes zu bestimmen.

Auch mit Hilfe technischer Schutzmaßnahmen ist ein umfassender Schutz aber nach wie vor nicht zu gewährleisten. Nutzungshandlungen am ungeschützten Altbestand an Tonträgern können von DRM-Systemen nicht erfaßt werden. Hinsichtlich dieser Tonträger, die auch mittelfristig einen maßgeblichen Teil der privat vervielfältigten Schutzobjekte darstellen werden, wäre ein Verbot nicht nur wirkungslos, sondern ließe auch die Belastung mit einer pauschalen Vergü-

---

[422] Vgl. auch Wandtke/Bullinger-*Wandtke/Ohst*, ErgBd., § 95b Rn. 4f.; Diemar, S. 155f.; Diemar, GRUR 2002, S. 587, 592.

[423] Vgl. dazu „Charakter der technischen Schutzmaßnahmen“, S. 118.

[424] Siehe dazu „Durchsetzung von Schrankenbestimmungen, § 95b UrhG“, S. 100.

[425] Für eine Durchsetzungsmöglichkeit de lege ferenda Mayer, CR 2003, S. 274, 281.

[426] Amtliche Begründung des UrhG-Entwurfes vom 23. März 2003, in: Schulze, Materialien, S. 159f.; BVerfGE 31, S. 255, 268.

tung nicht mehr zu.[427] Bereits dieser Aspekt kann einem Verbot als so hinderlich gelten, daß die datenschutzrechtlichen Bedenken, die mit dem Versuch einer Kontrolle häuslicher Nutzungshandlungen entstehen, hier keiner weiteren Erörterung bedürfen.

4. Kapitel: Technische Maßnahmen zum Schutz des Urheberrechtes

1. Abschnitt: Für Tonträger eingesetzte Techniken

Zum Schutze geistigen Eigentums kommen verschiedenartige technische Maßnahmen zum Einsatz, deren Funktionsweise zur besseren Einordnung im folgenden dargestellt werden soll.[428]

A. Analoge Kopierschutzverfahren

Die Unterscheidung zwischen analogen und digitalen Tonsignalen ist nicht nur für die Wiedergabequalität von Bedeutung, sie bestimmt auch die Art der in Frage kommenden Kopierschutztechniken. Aus heutiger Sicht scheint analogen Aufzeichnungsgeräten und Speichermedien ein Kopierschutz zumindest ab der dritten Generation von Vervielfältigungsobjekten immanent, da der mit der analogen Vervielfältigung einhergehende Qualitätsverlust dann den heutigen Ansprüchen an Klang- und Bildqualität nicht mehr gerecht wird.

Technische Maßnahmen zur Verhinderung privater Vervielfältigung kamen im Filmbereich gleichwohl bereits für analoge Technik zur Anwendung. Grundsätzlich ist ein analog vorliegendes Tonsignal ungeschützt und kann entweder in analoger oder – nach einer Digitalisierung – auch in digitaler Form gespeichert werden. Um im Filmbereich die private Vervielfältigung analoger VHS-Kassetten einzudämmen, setzten viele Hersteller von Videokassetten seit 1987 auf die Schutzmechanismen der Firma Macrovision. Das dort eingesetzte Verfahren zur Verhinderung von Vervielfältigungen arbeitet mit zwei Methoden: Durch das erste Verfahren wird die automatische Aussteuerungsregelung des Rekorders („Automatic Gain Control“, ACG) gestört: Die ACG des Videorekorders sorgt dafür, daß Videosignale beim Kopieren mit dem richtigen Pegel,

---

[427] So auch das BMJ in seiner Pressemitteilung vom 9. September 2004 zum „Zweiten Korb“, abrufbar unter http://www.bmj.bund.de/media/archive/749.pdf.

[428] Vgl. auch Bechtold, in: Hoeren/Becker (Hrsg.), Handbuch Multimediarecht, Kap. 7 Rn. 3ff.; zum Kopierschutz von DVDs Knies, ZUM 2003, S. 286ff.

also weder zu hell noch zu dunkel weitergeleitet werden. Der Macrovision-Schutz streut hier Störimpulse ein. Die Folge sind unbrauchbare Kopien mit verfälschten Farben, Farbausfällen und Bildzusammenbrüchen. Das zweite, „Colorstripe" genannte Verfahren greift direkt in die Farbsignalverarbeitung des Aufnahmerekorders ein. Die stark veränderten Signale produzieren auf der Kopie Farbschwankungen und Übersättigungen.

Dieses Verfahren wird auch heute noch beim DVD-Video-Format eingesetzt, um das Kopieren analoger gewandelter Daten zu verhindern. So kann beispielsweise das Überspielen einer DVD-Video auf eine VHS-Kassette verhindert werden.

Für Tonträger sind dagegen keine Techniken verfügbar, mit deren Hilfe analoge Kopien unterbunden werden könnten.

B. Digital Rights Management-Systeme (DRMS)

Die technischen Schutzmaßnahmen, die im digitalen Bereich zur Anwendung gelangen, werden allgemein als Systeme zum Digitalen Rechtemanagement (oder Digital Rights Management = DRM) bezeichnet. Eine genaue Abgrenzung zwischen den verschiedenen Arten findet selten statt und wird mit der Fortentwicklung der DRM-Systeme auch zunehmend schwieriger.[429]

Der Einsatz von Digital Rights Management-Systemen besteht technisch aus zwei Komponenten: Kryptographie und Wasserzeichen. Kryptographische Technologien sollen dazu dienen, digitale Daten an einen bestimmten Datenträger zu binden und somit zu verhindern, daß die Dateien beliebig weitervervielfältigt werden. Dazu wird entweder der Zugang zu den digitalen Daten komplett verhindert oder er erfordert einen bestimmten sog. Schlüssel. Kryptographie kann mit diesen Schlüsseln auch ein Authentifizierungssystem bereitstellen, mit dessen Hilfe sich ein Nutzer als berechtigter Inhaber einer gesetzlichen oder individuell vereinbarten Lizenz ausweisen kann. Sie bieten sowohl Absender als auch Empfänger die Sicherheit, daß der Inhalt der Kommunikation während der Übertragung nicht an Dritte gelangen kann.

Die üblicherweise als *Kopierschutz* bezeichneten Techniken arbeiten entweder mit kryptographischen Mitteln oder sie suchen mit anderen technischen Mitteln die Verwendung in Vervielfältigungsgeräten zu verhindern. In kompatiblen Systemen können auch Techniken eingesetzt werden, mit denen den Vervielfältigungsgeräten die Rechtmäßigkeit oder Rechtswidrigkeit einer Nutzungshandlung signalisiert wird. Auch diese Techniken, die der bloßen Zugangskontrolle dienen, kontrollieren die Einhaltung der vom Rechtsinhaber gewährten Lizenzen

---

[429] Vgl. auch Arlt, GRUR 2004, S. 548ff.

im digitalen Umfeld und sind damit *Digital Rights Management* Systeme. In einem engeren Sinne werden unter DRM-Systemen häufig nur solche Systeme verstanden, die eine individuelle Lizenzierung und Abrechnung ermöglichen.[430]

Eine gewisse Sonderrolle kommt den zur Rechtewahrnehmung erforderlichen Informationen, oft Metadaten genannt, zu. Dabei handelt es sich in der Regel um Wasserzeichen, die als solche weder der Zugangskontrolle noch der Kontrolle der Nutzungsmodalitäten dienen. Zunehmend werden bei der Fortentwicklung technischer Schutzmaßnahmen die verschiedenen Elemente kombiniert, so daß die Grenzen zwischen bloßen Kopierschutztechniken und komplexen DRM-Systemen zunehmend verschwinden.[431]

Im folgenden soll zunächst auf die Kopierschutztechnologien eingegangen und im Anschluß die Funktionsweise von Systemen zum digitalen Rechtemanagement im engeren Sinne vorgestellt werden.[432] Im weiteren Verlauf der Arbeit soll der Begriff Digital Rights Management Systeme – soweit nicht ausdrücklich anders spezifiziert – der Übersichtlichkeit halber in einem weiteren Sinne gebraucht werden und alle Arten technischer Maßnahmen zum Schutze in digitaler Form vorliegender Inhalte umfassen.

I. Serial Copy Management System (SCMS)

Das als „Serial Copy Management System“ (SCMS)[433] bezeichnete Verfahren bezweckt die vertikale Begrenzung der digitalen Vervielfältigung auf eine Generation. Dazu kann vom Rechtsinhaber eine Information auf dem Originalmedium gesetzt werden, die dem Vervielfältigungsgerät Aufschluß darüber gibt, ob eine zweite Generation von Vervielfältigungen erlaubt sein soll. Wenn nicht, so wird auf dem Vervielfältigungsexemplar ein „Copy Bit“ gesetzt, das das Medium als Kopie identifiziert. SCMS-kompatible Geräte verweigern dann die erneute Vervielfältigung dieses Tonträgers.[434] SCMS beschränkt die Anzahl der ersten Generation von Vervielfältigungsobjekten jedoch nicht. Der Einsatz des Serial Copy Management Systems ist vom US-amerikanischen Audio Home Recording Act[435] vorgeschrieben.[436] Es kommt vor allem bei MiniDisc, DAT und (Audio)-CD-R/-RW und digitalen Audio-Schnittstellen zum Einsatz.

---

[430] Loewenheim-*Melichar*, § 45 Rn. 29; Leupold/Demisch, ZUM 2000, S. 379, 388f.; Diemar, S. 149.

[431] Vgl. Arlt, GRUR 2004, S. 548, 549, der in diesem Zusammenhang darauf hinweist, daß eine Zugangskontrolle stets auch auf die nachfolgende Nutzung ausstrahlt.

[432] Eine solche Einteilung schlägt auch Arlt vor, GRUR 2004, S. 548, 549.

[433] http://www.riaa.com/issues/audio/history.asp.

[434] Davies/Hung, S. 113

[435] Audio Home Recording Act vom 28. Oktober 1992, Pub. L. No. 102-563, Sec. 2,106 Stat. 4237 (1992).

[436] 17. U.S.C. § 1002(a); vgl. Wiegand, Geräteabgabe, S. 67ff.; Gottschalk, GRUR Int. 2002, S. 95, 98.

II. Kopierschutztechnologien auf Musik-CDs

Eine gebräuchliche Möglichkeit, digitale Vervielfältigungen ganz zu unterbinden, besteht darin, bereits das digitale Auslesen der auf dem Tonträger gespeicherten Daten zu verunmöglichen. Da die meisten Vervielfältigungshandlungen mit PC-Komponenten vorgenommen werden, versuchten die für Audio-CDs zur Anwendung kommenden Kopierschutztechnologien zunächst, die Lesbarkeit der Träger in Computerlaufwerken zu verhindern. Dazu wurden teils künstliche Fehler in die Signale eingestreut, die von der Fehlerkorrektur eines CD-Players ignoriert werden, an denen die sensiblere bit-genaue Leseeinheit eines CD-ROM-Laufwerkes aber scheitert.[437] Dieses Verfahren führt jedoch in allen Abspielgeräten zu teils deutlichen Qualitätseinbußen.

Die am häufigsten eingesetzten Techniken sind Cactus Data Shield der Firma Macrovision[438] und das von Sony entwickelte Key2Audio.

Cactus Data Shield setzt auf die Manipulation des Inhaltsverzeichnisses der CD, des sogenannten Table of Content (ToC). Durch falsche Angaben wie die Deklarierung von Audiotracks als Datentracks wird beispielsweise der Laser in falsche Sektoren gelenkt und bricht den Lesevorgang vorzeitig ab. Die Angaben, wo die einzelnen Titel der CD zu finden sind, liegen verschlüsselt in einer zweiten Datensession. Um dem CD-ROM-Laufwerk den Zugriff auf die erste Session zusätzlich zu erschweren, liegt bei Cactus Data Shield der Startblock an einer falschen Position, und die ersten Sektoren sind defekt.[439]

CD-Player lesen immer nur die erste Session und lassen sich von einer zweiten also nicht beirren. PC-Laufwerke lesen dagegen grundsätzlich nur die letzte Session, so daß solche Tonträger in vielen Laufwerken als Datenträger erscheinen und keinen Zugriff auf die Musik in der ersten Session ermöglichen. Solche Datensessions werden dann im besten Fall dazu eingesetzt, den Nutzern Mehrwert, wie ein Musikvideo, anzubieten. Vielfach wird auf der Datensession auch der Inhalt des Tonträgers in geschützter komprimierter Form zusammen mit einem Softwareplayer vorgehalten, damit die Musik auch am PC abgespielt werden kann.[440] Die Klangqualität dieser komprimierten Dateien kann jedoch selten mehr als durchschnittlichen Qualitätsansprüchen gerecht werden. Mit der derzeit aktuellen Version Cactus Data Shield 300 kann der Rechtsinhaber auch spezifizieren, ob der Nutzer die mit Windows Media komprimierten Dateien auf seinen PC speichern oder gar brennen darf.

Das von Sony entwickelte Key2Audio funktioniert ähnlich. Zusätzlich wird bereits bei Originaltonträgern das Copy Bit des vorstehend erwähnten Serial Copy

[437] Z.B. bei SafeAudio.
[438] Früher Midbar.
[439] http://www.brennmeister.de/forum/jump2post.php?post=652980.
[440] So z.B. bei Cactus Data Shield 300 von Macrovision (http://www.macrovision.com) und Mediamax M4 der Firma SunnComm (http://www.sunncomm.com)

Management Systems (SCMS) gesetzt, so daß auch MiniDisc-Rekorder die digitale Überspielung verweigern. Key2Audio ließ sich zu Anfang allerdings durch eine einfache Filzstiftmarkierung auf der CD umgehen.[441]

III. Copy Protection for Recordable Media (CPRM) und Copy Protection for Pre-recorded Media (CPPM)

„Copy Protection for Recordable Media" (CPRM) und „Copy Protection for Pre-recorded Media" (CPPM) sind von der von Intel, IBM, Toshiba und der Panasonic-Konzernmutter Matsushita gemeinsam gegründeten Firma 4C Entity[442] entwickelte Datenverschlüsselungssysteme. Sie sollen im Fall von CPRM das digitale Kopieren von DVD-RAM und DVD-RW und SD-Cards, im Fall von CPPM das digitale Kopieren von DVD-Audio unmöglich machen.[443]

In Japan beziehen viele Fernsehstationen sogenannte Copy Control Information (CCI) in ihr digitales TV-Programm ein, die die Zahl der möglichen Kopien begrenzt. Speichermedien mit CPRM können nur auf Abspielgeräten wiedergegeben werden, die CPRM unterstützen. Mithilfe CPRM-fähiger Software wie PowerDVD können CPRM-geschützte Discs auch am PC abgespielt werden. Die Applikation verhindert dabei das Abspielen rechtswidrig kopierter Inhalte.

IV. Technische Schutzmaßnahmen der SACD

Für das SACD-Format haben die Patentinhaber die Möglichkeiten der unlizenzierten digitalen Vervielfältigung mit Hilfe mehrerer Schutzmechanismen unterbunden. Zunächst gibt es keine frei erhältlichen Geräte zur Herstellung von SACDs. Die Patentinhaber vergeben keine Lizenzen zu ihrer Herstellung, die zur Produktion benötigten Geräte werden lediglich vermietet. Dadurch wird auch die Entstehung eines Marktes für Gebrauchtgeräte unterbunden. SACDs sind mit einem Wasserzeichen (Pit Signal Processing Physical Disc Mark oder PSP-PDM) versehen, das sowohl zum Erkennen als auch zur Entschlüsselung der Daten gelesen werden muß. PC-Laufwerke sind aber nicht in der Lage, dieses Format zu entschlüsseln, da die erforderlichen Algorithmen nur in fertigen Chips implementiert und nicht frei lizenzierbar sind. Auch eine Unterstützung von Softwareplayern ist nicht vorgesehen, um mit der Weitergabe der zum Lesen benötigten Kryptographie-Schlüssel eine weitere Sicherheitslücke zu vermeiden. Es wird keine „SACD-Brenner" oder ähnliche Geräte geben, die zur

---

[441] heise online vom 25. Mai 2002, abrufbar unter http://www.heise.de/newsticker/meldung/27659.
[442] http://www.4centity.com.
[443] Zu den technischen Details Al-Dairani/Ovtscharov/Siefkes/Thomasius, abrufbar unter http://page.mi.fu-berlin.de/~siefkes/cms/cms.html, 11. Juli 2001.

privaten Vervielfältigung oder für illegale Pressungen verwendet werden könnten. Lediglich der CD-Audio-Layer von hybriden CD/SACDs kann wie eine CD vervielfältigt werden.

V. DRM-Systeme im engeren Sinne

1. Datenträgergebundene Systeme

Die Einsatzmöglichkeiten von DRM-Systemen sind vielfältig und gehen weit über die reine Kopierschutzfunktion hinaus, auf die sie in der öffentlichen Debatte oft reduziert werden. DRM-Systeme ermöglichen vielmehr die Kontrolle der Nutzungshandlungen geschützter Werke, eröffnen die vertraglich vereinbarte Nutzungsmöglichkeit und dienen der Kontrolle von Nutzungsbeschränkungen.[444] Damit werden sehr viel individuellere Lizenzierungsmöglichkeiten eröffnet als dies bisher möglich war, da dem Rechtsinhaber mit Veräußerung eines Werkexemplars die Kontrolle über die damit vorgenommenen Nutzungshandlungen weitgehend entzogen war. DRM-Systeme geben dem Rechtsinhaber Mittel an die Hand, Art und Umfang der Werknutzung zu bestimmen oder, neben solcher Kontrolle, eine individuelle Vergütungsmöglichkeit einzuführen.

So ist es mit DRM-Systemen möglich, ein präzise bestimmbares Bündel von Nutzungsrechten zu lizenzieren und solche differenzierten Angebote auch preislich entsprechend zu staffeln.

Für eine online vertriebene digitale Musikdatei läßt sich beispielsweise die Nutzungsdauer auf einen bestimmten Zeitraum beschränken. Es kann darüber hinaus bestimmt werden, wie oft sie auf CD gebrannt und auf mobile Geräte kopiert werden darf. Auch eine Einschränkung auf einen Benutzer oder eine Benutzergruppe kann erfolgen.[445]

---

[444] Schippan, ZUM 2004, S. 190; vgl. Guggemoos, ZUM 2004, S. 183ff.

[445] Vgl. Neubauer/Herre/Brandenburg, in: Moser/Scheuermann (Hrsg.), Handbuch der Musikwirtschaft, S. 144, 148.

Lizenzangaben für den Download eines Titels bei dem Downloaddienst popfile.de der Universal Music GmbH

Darüber hinausgehende Nutzungen des Werkes können dann entweder technisch verhindert oder aber gesondert vergütet werden. Für einen Aufpreis kann der Nutzer beispielsweise die Nutzungsdauer verlängern oder eine Lizenz für einen weiteren Vervielfältigungsvorgang auf CD-Audio erwerben. DRM-Systeme ermöglichen auch Superdistribution, den Vertrieb durch Fans: Eine Musikdatei kann an einen Dritten weitergegeben werden, ohne daß der Kopierschutz dabei verloren geht. Dieser Dritte kann das Musikstück dann nur kurz, ausschnittsweise oder in verminderter Qualität anhören und sich daraufhin entscheiden, die Aufnahme zu kaufen oder kostenpflichtig freischalten zu lassen.[446]

Die Einsatzmöglichkeiten von Systemen zum Digitalen Rechtemanagement sind auch bei weitem nicht nur prohibitiver Natur, sondern können zum Angebot von Mehrwert genutzt werden.[447]

Die von *Rohleder* vorgeschlagene Bezeichnung als Lizenzmanagementsystem[448] ist trotzdem irreführend. DRM-Systeme haben auch den Zweck, den Bereich der privaten Vervielfältigung unter Kontrolle der Rechtsinhaber zu bringen. Dort geht es eben nicht um das Management von Lizenzen: Die private Vervielfältigung ist eine gesetzliche Lizenz, die eines *Managements* der Rechtsinhaber nicht bedarf, ja eine Erlaubnis ist, die nicht zur Disposition der Rechtsinhaber steht, weil das urheberrechtliche Vervielfältigungsrecht hierfür kein Verbots-

---

[446] Ulbricht, in: Moser/Scheuermann (Hrsg.), Handbuch der Musikwirtschaft, S. 130.

[447] Vgl. Bechtold, in: Becker/Buhse/Günnewig/Rump (Hrsg.), Digital Rights Management – Technological, Economic, Legal and Political Aspects, S. 597f.; Guggemoos, ZUM 2004, S. 183, 184. Dazu auch unter „DRM-Systeme im engeren Sinne", ab S. 91.

[448] Rohleder, ZUM 2004, S. 203.

recht vorsieht. Darüber hinausgehende Vervielfältigungshandlungen sollen in der Regel unterbunden werden, so daß auch hier eben keine Lizenzen erteilt werden sollen. Lediglich dort, wo DRM-Systeme Nutzungshandlungen über das gesetzlich zulässige Maß hinaus lizenzieren, kann von einem Lizenzmanagementsystem gesprochen werden. Denselben Aspekt des Einsatzes von DRM-Systemen hat *Schippan* im Blick, wenn er sie als „vollautomatisiertes, elektronisches Vertriebs- und Abrechensystem für digitale Inhalte“ beschreibt.[449] DRM-Systeme werden sich mehr und mehr zu Lizenzmanagementsystemen entwikkeln, derzeit wird ihnen eine solche Bezeichnung aber nicht gerecht.

2. *Rights Locker Architekturen*

Ein wichtiger Einsatzbereich für DRM-Systeme vor allem im Online-Bereich sind sogenannte Rights Locker-Architekturen.[450] Dahinter steckt das Bestreben der Nutzer, die von ihnen erworbene Musik immer und überall nutzen zu können, unabhängig von der verwendeten Plattform und dem mitgeführten Gerät. Dazu werden die vom Nutzer erworbenen Lizenzen an zentraler Stelle auf einem Netzwerkserver gespeichert. Wenn der Nutzer das Musikstück, für dessen Nutzung er bezahlt hat, nun hören möchte, so schickt sein Abspielgerät, z.B. ein Computer, PDA oder Mobiltelefon, eine entsprechende Anfrage an den Server, der die Lizenz verifiziert und das Musikstück dann zum Abspielgerät streamt. Die Verwendung physischer Tonträger wird damit gänzlich überflüssig. Die Nutzung geschützter Inhalte ist somit nicht mehr an den Träger, sondern nur noch an die Rechte des Nutzers gebunden. Damit können Rechte auch nicht in Form lokal gespeicherter Schlüssel bei einem Computercrash verloren gehen. Auch hindert ein begrenzter Speicherplatz des Abspielgeräts nicht mehr an der mobilen Nutzung aller lizenzierten Titel.

VI. Wasserzeichen und Fingerprinting

Alternativ oder komplementär zu kryptographischen Technologien können sogenannte Wasserzeichen eingesetzt werden. Damit lassen sich für den Menschen nicht wahrnehmbare Zusatzinformationen in digitale Dateien einbetten.[451] Diese Wasserzeichen sind robust genug, um gegen Signalmodifikationen resistent zu sein. Sie können also nur unter deutlichem Qualitätsverlust entfernt werden, beeinflussen sonst die Benutzbarkeit der markierten Inhalte aber nicht. Die so mit und in den Tonaufnahmen gespeicherten Daten können Informationen über die

---

[449] Schippan, ZUM 2004, S. 190.

[450] Dazu ausführlich Bechtold, in: Becker/Buhse/Günnewig/Rump (Hrsg.), Digital Rights Management – Technological, Economic, Legal and Political Aspects, S. 597, 600ff.

[451] Neubauer/Herre/Brandenburg, in: Moser/Scheuermann (Hrsg.), Handbuch der Musikwirtschaft, S. 144, 150f.; Gass, ZUM 1999, S. 815ff.

Rechtsinhaber enthalten und Auskunft über den Lizenznehmer und die ihm gewährten Lizenzen geben. Wasserzeichen gewähren keinen direkten Schutz vor Rechtsverletzungen. Sie ermöglichen aber die Verfolgung von Rechtsverstößen, da sie nachvollziehbar machen, wer der Rechtsinhaber ist und ggf. auch von wem die Rechtsverletzung ausgeht. Informationen können nur eingebettet werden, wenn bei der Verteilung auch Zugriff auf das Audiomaterial besteht. Bereits vertriebenes Material läßt sich also nicht mehr markieren.

Ein anderes Verfahren zur Identifizierung urheberrechtlich geschützter Inhalte stellt das Fingerprinting dar. Fingerprinting-Verfahren speichern wiedererkennbare Muster von Audiosignalen. Anhand dieser Muster kann beispielsweise das Internet mit „Web Crawlern" nach der rechtswidrigen Nutzung bestimmter Inhalte durchsucht werden. Es lassen sich auch Filter an Schnittstellen einrichten, um solche rechtswidrige Nutzung zu verhindern. Anders als Wasserzeichen handelt es sich bei Fingerprinting um nicht-invasive, also nicht signalverändernde Verfahren.[452] Daher ist Fingerprinting auch zur Identifizierung von Inhalten verwendbar, auf die bei Verteilung nicht zugegriffen werden konnte.[453]

2. Abschnitt: Der Schutz technischer Maßnahmen nach dem UrhG

Der Schutz technischer Maßnahmen geht auf die 1996 abgeschlossenen WIPO-Verträge WCT und WPPT zurück.[454] Er wurde in die Art. 6 und 7 der InfoSoc-Richtlinie und nahezu unverändert in das deutsche Urheberrechtsgesetz übernommen. Das Bundesjustizministerium plant nicht, diese Vorschriften durch den „Zweiten Korb" zu ändern.[455]

A. Schutz technischer Maßnahmen vor Umgehung, § 95a UrhG

Eine der wichtigsten Neuerungen findet sich in dem im Jahre 2003 eingeführten § 95a UrhG. Diese Vorschrift setzt Art. 6 der InfoSoc-Richtlinie um. Geschützt werden „wirksame technische Maßnahmen zum Schutz eines nach diesem Gesetz geschützten Werkes oder eines anderen nach diesem Gesetz geschützten Schutzgegenstandes". Dadurch wird deutlich, daß technische Maßnahmen zum

[452] Neubauer/Herre/Brandenburg, in: Moser/Scheuermann (Hrsg.), Handbuch der Musikwirtschaft, S. 144, 152f.

[453] Zu weiteren Unterschieden in der Anwendung siehe Neubauer/Herre/Brandenburg, in: Moser/Scheuermann (Hrsg.), Handbuch der Musikwirtschaft, S. 144, 150ff.

[454] Art. 11, 12 WCT für das Urheberrecht und Art. 18, 19 WPPT für die Leistungsschutzrechte der ausübenden Künstler.

[455] Pressemitteilung des BMJ vom 9. September 2004, S. 2, abrufbar unter http://www.bmj.bund.de/media/archive/749.pdf.

Schutze etwa gemeinfreier Werke nicht den Schutz des § 95a UrhG genießen.[456] Umfassender als es die WIPO-Verträge und die InfoSoc-RL vorsehen, schützt § 95a UrhG aber auch rein nationale Leistungsschutzrechte.[457]

Diese „dürfen ohne Zustimmung des Rechtsinhabers nicht umgangen werden, soweit dem Handelnden bekannt ist oder den Umständen nach bekannt sein muß, daß die Umgehung erfolgt, um den Zugang zu einem solchen Werk oder Schutzgegenstand oder deren Nutzung zu ermöglichen".

Was unter technischen Maßnahmen zu verstehen ist, definiert Absatz 2 als „Technologien, Vorrichtungen und Bestandteile, die im normalen Betrieb dazu bestimmt sind, geschützte Werke oder andere nach diesem Gesetz geschützte Schutzgegenstände betreffende Handlungen, die vom Rechtsinhaber nicht genehmigt sind, zu verhindern oder einzuschränken". Damit sind technische Vorrichtungen, die die Nutzung nicht geschützter Werke und Schutzgegenstände kontrollieren, schon gar keine technischen Maßnahmen im Sinne des UrhG.[458] Dies hat zur Folge, daß solche Sperren nicht durch § 95a UrhG geschützt sind und also folgenlos umgangen werden dürfen. Im Gegenzug sind die Verwender dieser Zugangs- und Nutzungskontrollen nicht gem. § 95b UrhG zur Zugangsgewährung verpflichtet.[459]

Die Maßnahmen sind nach der gesetzlichen Definition wirksam, „soweit durch sie die Nutzung eines geschützten Werkes oder eines anderen nach diesem Gesetz geschützten Schutzgegenstandes von dem Rechtsinhaber durch eine Zugangskontrolle, einen Schutzmechanismus wie Verschlüsselung, Verzerrung oder sonstige Umwandlung oder einen Mechanismus zur Kontrolle der Vervielfältigung, die die Erreichung des Schutzziels sicherstellen, unter Kontrolle gehalten wird".[460] Eine solche sehr weite Definition der Wirksamkeit fehlte in den WIPO-Verträgen. So war dort im „Wirksamkeitserfordernis" wohl das Bestreben zu erkennen, die Rechtsinhaber zur Entwicklung effektiver Schutzmaßnahmen zu bewegen und sich nicht bei Einsatz laxer Technologien auf den rechtlichen Schutz zu verlassen.[461]

Der deutsche Gesetzgeber hat die Definition technischer Maßnahmen nahezu wörtlich der InfoSoc-Richtlinie übernommen und damit die Harmonisierungsbestrebungen nicht unterlaufen. Allerdings ist zu bezweifeln, ob die Definition der

---

456 Amtliche Begründung, BT-Drucks. 15/38, S. 26; Wiegand, S. 297f.; die von Schack, Rn. 481b, insoweit geäußerten Bedenken relativieren sich damit.

457 Dabei handelt es sich um die Leistungsschutzrechte an bestimmten Ausgaben (§§ 70f. UrhG), an Lichtbildern (§ 72 UrhG) und des Veranstalters (§ 81 UrhG); vgl. Loewenheim-*Peukert*, § 33 Rn. 8.

458 Loewenheim-*Peukert*, § 34 Rn. 2.

459 Loewenheim-*Peukert*, § 36 Rn. 4.

460 § 95a Abs. 2 S. 2 UrhG.

461 Ulbricht, in: Moser/Scheuermann (Hrsg.), Handbuch der Musikwirtschaft, S. 130, 137.

Wirksamkeit überhaupt klar genug ist, um eine einheitliche Rechtsentwicklung im Gebiet der Europäischen Union zu gewährleisten.

In ihr liegt nämlich ein gewisser Widerspruch: Wenn die Vorschrift für die Gewährung rechtlichen Schutzes auf die Wirksamkeit der technischen Schutzmaßnahmen abstellt, deren Umgehung und Unwirksamwerden geschützt werden soll, so stellt sich die Frage, wann eine technische Maßnahme „wirksam“ im Sinne des § 95 a UrhG ist. *Spindler* formuliert das Dilemma so: „Systeme, die nicht umgangen werden können, bedürfen keines Schutzes, Systeme, die nicht wirksam sind, wären nicht schützenswert.“[462] Er folgt daher *Hoeren*, der auf den Durchschnittsnutzer abstellt, der einer Schutzmaßnahme ohne besondere technische Kenntnisse entgegentritt.[463] Dies trifft auch die Intention des Gesetzgebers, der es als § 95a Abs. 1 UrhG immanent ansieht, daß technische Maßnahmen grundsätzlich auch dann wirksam sein können, wenn ihre Umgehung möglich ist.[464] Damit alleine kann die Wirksamkeit jedoch noch nicht näher bestimmt werden. Dieser Ansatz ermöglicht es allenfalls, die Wirksamkeit als Kriterium überhaupt beizubehalten.

Peukert hält es einschränkend für notwendig, daß zur Umgehung ein aktives Handeln wie eine Entschlüsselung oder Entzerrung erforderlich ist.[465] Das Benutzen von nach § 95a Abs. 3 UrhG zulässigen Allzweckmitteln soll daher nicht zu einem Verstoß gegen § 95a Abs. 1 UrhG führen.

Auch hier kann ein hermeneutischer Zirkel nicht ausgeschlossen werden, ist das „Allzweckmittel“ doch nur dann gem. § 95a Abs. 3 UrhG zulässig, wenn es nicht der Umgehung „wirksamer“ technischer Maßnahmen dient. Auf den Einsatz eines zulässigen Mittels abzustellen hat jedoch den Vorteil, daß die Funktionsweise dieser Mittel besser untersucht und bewertet werden kann als die subjektive Kenntnis einzelner Nutzer oder auch der „Durchschnittsnutzer“. Hier kann danach unterschieden werden, ob eine Software von einem Kopierschutz nicht irritiert wird oder ob sie zielgerichtet eine bestimmte technische Maßnahme auszuhebeln sucht.

Der Ansicht von *Peukert* ist daher weitgehend zuzustimmen. Eine technische Schutzmaßnahme kann jedenfalls dann nicht als wirksam erachtet werden, wenn sie nicht geeignet ist, ein zulässiges Standardbrennprogramm oder ein vergleichbares Mittel an der Vervielfältigung zu hindern.[466]

---

[462] Spindler, GRUR 2002, S. 105, 116.

[463] Spindler, GRUR 2002, S. 105, 116; Hoeren, MMR 2000, S. 515, 520; zustimmend Kröger, CR 2001, S. 316, 322; auch Jaeger/Kreutzer, Stellungnahme der ifrOSS vom 11. Dezember 2002; Goldmann/Liepe, ZUM 2002, S. 362, 368.

[464] BT-Drucks. 15/38, S. 26.

[465] Loewenheim-*Peukert*, § 34 Rn. 12.

[466] Vgl. Wand, S. 166f., der zum Diskussionsentwurf der UrhG-Änderung, der die „Wirksamkeit“ noch nicht enthielt, meinte, eine „gewisse objektive Ernsthaftigkeit“ der technischen Maßnahme sollte Voraussetzung des Schutzes sein. Vgl. auch Pleister/Ruttig, MMR 2003, S. 763, 765.

Ein weiteres Problem stellt sich bei 1:1-Kopien, bei denen ein Tonträger als „digitaler Klon“ mitsamt dem Kopierschutz kopiert wird und dann auch die Kopie den Kopierschutz aufweist. Solche Kopien können beispielsweise von CDs angefertigt werden, indem die Vervielfältigungssoftware die CD nicht entsprechend dem auf ihr definierten Format erkennt und liest, sondern eine absolut identische Kopie aller auf ihr gespeicherten Daten vornimmt. Fraglich ist, ob die technische Schutzmaßnahme dabei umgangen wird. Sinn und Zweck des § 95a UrhG besteht darin, die vom Rechtsinhaber gewählte technische Nutzungsbeschränkung rechtlich zu schützen. Eine 1:1-Kopie vervielfältigt die kopiergeschützte Vorlage jedoch entgegen dem ausdrücklichen Willen des Rechtsinhabers unter Nichtbeachtung der technischen Schutzmaßnahmen und ist daher nur eine andere Form der Umgehung.[467]

Absatz 3 des § 95a UrhG in Umsetzung des Art. 6 Abs. 2 InfoSoc-RL schafft schließlich den zu Absatz 1 komplementären Schutz vor Vorbereitungshandlungen für eine Umgehung. Er untersagt alle Vorrichtungen, Erzeugnisse oder Bestandteile und Dienstleistungen, die die Umgehung technischer Maßnahmen im Vorfeld fördern. Dies betrifft beispielsweise Software und Geräte zur Umgehung von Kopierschutzmaßnahmen, soll insbesondere aber die Verbreitung von Anleitungen zur Umgehung unterbinden.[468] Damit wird der Tatsache Rechnung getragen, daß auch technische Maßnahmen erfahrungsgemäß keinen absoluten Schutz bieten können. Solange die Umgehungsmethoden jedoch nicht allgemein bekannt werden, und Dritte den Nutzern keine einfach anzuwendenden Umgehungswerkzeuge an die Hand geben können, erreicht auch eine unvollkommene technische Schutzmaßnahme beim überwiegenden Teil der Nutzer die erhoffte Wirkung.[469]

Auf Basis des § 95a Abs. 3 UrhG haben die Rechteinhaber verschiedene, auch private Personen wegen Vorbereitungshandlungen kostenpflichtig anwaltlich abmahnen lassen. Dies wirft die Frage auf, ob § 95a UrhG geeignet ist, den Rechtsinhabern individuelle zivilrechtliche Abwehransprüche zu verschaffen, die sie nach den §§ 97ff i. V. m. § 95a UrhG durchsetzen können. *Spieker* lehnt einen solchen Anspruch der Tonträgerhersteller grundsätzlich ab und verweist zur Rechtsdurchsetzung auf die Straf- und Bußgeldvorschriften der §§ 108b Abs. 2 und 111a UrhG.[470] Zivilrechtliche Abwehransprüche sieht er lediglich in §§ 823, 1004 BGB begründet,[471] mit der Folge, daß Aktivlegitimation, Zurech-

---

[467] So auch Arlt, GRUR 2004, S. 548, 550; Ernst, CR 2004, S. 30, 40.
[468] Das Verbreiten von Anleitungen wird als „Dienstleistung“ i.S.d. § 95a Abs. 1 UrhG verstanden, BT-Drucks. 15/38, S. 26.
[469] Vgl. Krüger, GRUR 2004, S. 204, 205; Loewenheim-*Peukert*, § 33 Rn. 22.
[470] Spieker, GRUR 2004, S. 475ff.
[471] Vgl. OLG Frankfurt am Main, NJW 1996, S. 264f. – Piratenkarte.

nungszusammenhang zwischen Umgehungs- und Vorbereitungshandlung sowie der konkrete Schaden im Einzelfall darzulegen sind.

Unstreitig handelt es sich beim Umgehungsschutz nicht um ein neues Leistungsschutzrecht.[472] Der Zweck des § 95a UrhG ist jedoch ganz konkret nicht der abstrakte Schutz öffentlicher Güter, sondern unmittelbar der individuelle Schutz der Rechtsinhaber. Schon die Effektivität und die erforderliche Angemessenheit[473] des Rechtsschutzes gebieten es daher, daß Maßnahmen im Vorfeld einer Verletzung der Leistungsschutzrechte aus § 85 UrhG mit dem in den §§ 97ff. UrhG vorgesehenen Instrumentarium begegnet werden kann.

Spieker argumentiert, die Umgehung technischer Schutzmaßnahmen sei allenfalls Vorbereitungshandlung zur Verletzung von Urheber- und Leistungsschutzrechten und jedenfalls keine Verletzung von § 85 UrhG.[474] Dies sei auch gerechtfertigt, da Vorbereitungshandlungen im Strafgesetzbuch nur in Ausnahmefällen geahndet würden, weil damit noch nicht einmal der Eintritt ins Versuchsstadium erreicht sei. Er verkennt damit aber die Intensität des Eingriffs, der in solchen Vorbereitungshandlungen liegt, die gegen § 95a UrhG verstoßen. So liegt in der Umgehung der technischen Schutzmaßnahme die Überwindung des (gesetzlich geschützten!) Hindernisses, das rechtswidrige Vervielfältigungshandlungen verhindern soll. Die darauf folgende Vervielfältigungshandlung ist hinsichtlich ihrer „kriminellen Energie" geringer einzuschätzen als die Umgehung, die Umgehung aber sehr wohl der erste Schritt dazu. Niemand käme auf den Gedanken, den Hauseinbruch als straflose Vorbereitungshandlung zum Diebstahl zu werten oder das Beseitigen der Sicherheitsmaßnahmen einer besonders gesicherten Preziose nicht als Eintritt in das Versuchsstadium anzusehen.

Jedenfalls ist in richtlinienkonformer Auslegung von einem zivilrechtlichen Abwehrrecht der Rechtsinhaber auszugehen, denn Art. 8 Abs. 2 InfoSoc-RL verpflichtet die Mitgliedsstaaten dazu,

> sicherzustellen, daß Rechtsinhaber, deren Interessen durch eine in seinem Hoheitsgebiet begangene Rechtsverletzung beeinträchtigt werden, Klage auf Schadenersatz erheben und/oder eine gerichtliche Anordnung sowie gegebenenfalls die Beschlagnahme von rechtswidrigem Material sowie von Vorrichtungen, Erzeugnissen oder Bestandteilen im Sinne des Artikels 6 Absatz 2 beantragen können.

Die Umgehung technischer Schutzmaßnahmen ist unstreitig eine Rechtsverletzung, die die Interessen der Rechtsinhaber beeinträchtigt. Vorzusehen ist sogar die Möglichkeit, die Beschlagnahme beantragen zu können.

---

[472] Wandtke/Bullinger-*Wandtke/Ohst*, ErgBd., § 95a Rn. 4; Loewenheim-*Peukert*, § 33 Rn. 11; Dreier, ZUM 2002, S. 28, 38.

[473] Vgl. Art. 6 Abs. 1 InfoSoc-RL.

[474] Spieker, GRUR 2004, S. 475, 478.

Ergänzend kann hierzu auch Abs. 3 herangezogen werden, nach dem sicherzustellen ist, daß „die Rechtsinhaber gerichtliche Anordnungen gegen Vermittler beantragen können, deren Dienste von einem Dritten zur Verletzung eines Urheberrechts oder verwandter Schutzrechte genutzt werden". Zwar sind mit Vermittlern in erster Linie Provider gemeint, die Schutzrichtung ist jedoch identisch: Wenn Rechtsinhaber gerichtlich gegen Personen vorgehen können, deren Dienste zur Urheberrechtsverletzung genutzt werden, so doch erst recht gegen Personen, deren Vorbereitungshandlungen die Förderung und Ermöglichung rechtsverletzenden Handelns bezwecken.

Die Möglichkeit eines zivilrechtlichen Abwehranspruches der Rechtsinhaber gegen abstrakte Vorbereitungshandlungen im Sinne des § 95a Abs. 3 UrhG muß daher gem. den §§ 97ff. UrhG gewährleistet sein.[475] Dies muß auch gegenüber Privatpersonen gelten, gegen die § 1 UWG keinen Anspruch bieten kann.[476]

Ein deliktischer Unterlassungsanspruch aus §§ 823, 1004 BGB steht neben den Ansprüchen aus §§ 85, 95a, 97ff. UrhG. Die Rechtsinhaber sind hier im Einzelfall auch aktivlegitimiert, da durch die Umgehung der technischen Schutzmaßnahmen die Schädigung ihrer Schutzgüter unmittelbar bevorsteht.[477]

B. Schutz der zur Rechtewahrnehmung erforderlichen Informationen, § 95c UrhG

§ 95c UrhG statuiert einen Schutz von elektronischen Informationen für die Rechtewahrnehmung vor Entfernung und Veränderung. Sie werden in Abs. 2 definiert als „elektronische Informationen, die Werke oder andere Schutzgegenstände, den Urheber oder jeden anderen Rechtsinhaber identifizieren, Informationen über die Modalitäten und Bedingungen für die Nutzung der Werke oder Schutzgegenstände sowie die Zahlen und Codes, durch die derartige Informationen ausgedrückt werden." Damit werden vor allem sogenannte Wasserzeichen,[478] aber auch die bloße Nennung von Rechtsinhabern oder Lizenzbedingungen erfaßt. Unbeachtlich für den Schutz ist, ob diese Informationen dem einzelnen Verwerter wahrnehmbar oder zugänglich sind. Im Gegenteil wird es sich gerade bei Wasserzeichen häufig um Informationen handeln, die eben nur der Rechteinhaber erkennen kann.

---

[475] So auch Pleister/Ruttig, ZUM 2003, S. 763, 765ff.; ohne Begründung auch Wandtke/Bullinger-*Wandtke/Ohst*, ErgBd., § 95a Rn. 89.

[476] Bei Umgehung technischer Schutzmaßnahmen haben neben urheberrechtlichen Bestimmungen auch § 1 UWG angewandt: BGH CR 1996, S. 79 – AutoCAD; OLG Frankfurt/Main, NJW 1996, S. 264f. – Piratenkarte; OLG München, CR 1993, S. 31. Vgl. auch Wand, S. 158ff.

[477] Wandtke/Bullinger-*Wandtke/Ohst*, ErgBd., § 95a Rn. 89; a.A. Spieker, GRUR 2004, S. 475, 481.

[478] Siehe oben S. 93.

Verboten sind diese Handlungen auch nur dann, wenn die Entfernung oder Veränderung wissentlich unbefugt erfolgt, und dem Handelnden bekannt ist, daß er dadurch die Verletzung von Urheberrechten oder verwandten Schutzrechten veranlaßt, ermöglicht, erleichtert oder verschleiert.

§ 95c Abs. 3 UrhG enthält ein umfassendes Verwertungsverbot für Werke oder sonstige Schutzgegenstände, bei denen Informationen für die Rechtewahrnehmung unbefugt entfernt oder geändert wurden.[479]

C. Durchsetzung von Schrankenbestimmungen, § 95b UrhG

Technische Schutzmaßnahmen können auch solche Nutzungshandlungen verhindern, die das Urheberrecht vom Zustimmungserfordernis des Rechtsinhabers ausnimmt. Der Gesetzgeber hat daher die Rechtsinhaber in § 95b UrhG verpflichtet, den Begünstigten gewisser abschließend aufgezählter Schrankenbestimmungen den Zugang zum Werk oder Schutzgegenstand trotz des Einsatzes technischer Maßnahmen zu ermöglichen, indem sie diesen die notwendigen Mittel dazu zur Verfügung stellen. In welcher Form dies zu geschehen hat, ist bewußt undefiniert geblieben, um weiten Gestaltungsspielraum zu eröffnen.[480] Diese Norm entspricht der Verpflichtung des Art. 6 Abs. 4 Unterabsatz 1 der InfoSoc-RL und soll angesichts der durch technische Maßnahmen faktisch möglichen Nutzungsbeschränkung die Wirksamkeit der genannten Schrankenbestimmungen erhalten.

Die Rechtsinhaber sollen – auch das sieht bereits Art. 6 Abs. 4 Unterabsatz 1 der InfoSoc-RL vor – zunächst die Möglichkeit erhalten, freiwillige Maßnahmen einzuführen, die den Begünstigten der in § 95b Abs. 1 UrhG genannten Schrankenbestimmungen die ihnen erlaubte Nutzung ermöglichen. Nur wenn dies nicht in zufriedenstellendem Maße, auch etwa durch Abkommen mit Verbänden, geschieht, so haben die Begünstigten gem. § 95b Abs. 2 UrhG ein individuell einklagbares Recht auf Zugangsgewährung. Um den Beteiligten im Vorfeld die Möglichkeit zum Abschließen entsprechender Vereinbarungen zu geben, ist § 95b Abs. 2 UrhG erst zum 1. September 2004 in Kraft getreten. Diese Fristregelung zugunsten einer einvernehmlichen Einigung ist zu begrüßen.

Da die individuelle Klagemöglichkeit wegen der Geringfügigkeit einzelner Fälle und der damit verbundenen Kosten häufig ungenutzt bleiben wird, ist zur effektiven Durchsetzung auch eine Verbandsklage möglich.[481] Auch hat ein Urteil in einem solchen Verfahren eine Verbindlichkeit, die über den Einzelfall hinausgeht.

---

[479] Eingehender Loewenheim-*Peukert*, § 35 Rn. 15ff.
[480] BT-Drucks. 15/38, S. 27.
[481] Vgl. BT-Drucks. 15/38, S. 27.

Zusätzlich zur Durchsetzung durch Zivilklage erfüllt eine Zuwiderhandlung der Rechtsinhaber gegen ihre Pflicht aus § 95b UrhG den Ordnungswidrigkeitstatbestand des § 111a Abs. 1 Nr. 2 UrhG, der mit Geldbuße bis zu 10.000,- Euro geahndet werden kann.

Diese Durchsetzbarkeit gilt ausweislich des § 95b Abs. 1 Nr. 6 UrhG jedoch nicht für die private Vervielfältigung auf Bild- oder Tonträgern. Auf die Möglichkeit der privaten Vervielfältigung besteht damit ausdrücklich kein Anspruch.

Dieser von *Hoeren* „schlichtweg unerträglich und verfassungswidrig“[482] genannte Umstand ist zunächst der raschen Umsetzung der zwingenden Bestimmungen der InfoSoc-RL geschuldet: Da die Beibehaltung einer Schranke zugunsten der privaten Vervielfältigung von Bild- und Tonträgern sowie ihre Durchsetzbarkeit in Art. 5 Abs. 2 lit. b) und Art. 6 Abs. 4 Unterabsatz 2 InfoSoc-RL fakultativ sind und bereits in der Diskussion um den ersten Korb der Urheberrechtsgesetzesänderung hoch umstritten waren, hat der Gesetzgeber diese Punkte zunächst ausgeklammert.

Die Durchsetzbarkeit von Schrankenbestimmungen ist gemäß Abs. 3 ferner ausgeschlossen, „soweit Werke und sonstige Schutzgegenstände der Öffentlichkeit auf Grund einer vertraglichen Vereinbarung in einer Weise zugänglich gemacht werden, daß sie Mitgliedern der Öffentlichkeit von Orten und zu Zeiten ihrer Wahl zugänglich sind.“ Diese nicht direkt verständliche Formulierung ist der direkten Umsetzung des Art. 6 Abs. 4 Unterabsatz 4 InfoSoc-RL geschuldet. Es gilt also, daß für DRM-geschützte Tonaufnahmen, die online aufgrund einer vertraglichen Vereinbarung übertragen wurden, keine Mittel zur Nutzung der Schrankenbestimmungen zur Verfügung gestellt werden müssen. Betroffen sind davon nur individuelle Übertragungen wie On-Demand-Dienste, Datenbanken und Informationsabrufdienste, bei denen eine urheberrechtliche Vereinbarung zwischen den Beteiligten getroffen wird. Die Vorschrift soll verhindern, daß das mit § 95a UrhG geförderte sichere Umfeld für die Erbringung interaktiver Dienste auf Abruf gefährdet wird.[483]

Die Einschränkung des § 95b Abs. 3 UrhG bezieht sich, wie die Formulierung „soweit“ verdeutlicht, auch nur auf derart übertragene Werke und Schutzgegenstände.[484] Sind sie hingegen auch offline zugänglich, so gelten bezüglich dieser Werkträger die Bestimmungen der § 95b Abs. 1 und 2 UrhG.[485] Sofern keine technischen Schutzmaßnahmen eingesetzt werden, finden die Schrankenbestimmungen aber selbstverständlich auch auf öffentlich zugänglich gemachte Werke und Schutzgegenstände Anwendung.[486]

---

[482] Hoeren, Internetrecht, Stand Juli 2004, S. 110.
[483] Erwägungsgrund (53) der InfoSoc-RL.
[484] Dreier/Schulze-*Dreier*, § 95b Rn. 18; vgl. Reinbothe, GRUR Int. 2001, S. 733, 742.
[485] Gegen eine solche Unterscheidung Grassmuck, ZUM Sonderheft 2003, S. 1014, 1015.
[486] Dreier/Schulze-*Dreier*, § 95b Rn. 18.

D. Kennzeichnungspflichten, § 95d UrhG

Aus Gründen der Lauterkeit des Wettbewerbes und um Nutzer auf die ggf. durch DRM-Systeme eingeschränkte Nutzbarkeit der Schutzgegenstände hinzuweisen, sind Werke und andere Schutzgegenstände, die mit technischen Maßnahmen geschützt sind, gemäß § 95d Abs. 1 UrhG deutlich sichtbar mit Angaben über die Eigenschaften der technischen Maßnahmen zu kennzeichnen.[487] Dabei sind sowohl auf der Verpackung als auch auf dem Werkträger selbst die technischen Verwendungsbeschränkungen oder der Umfang der möglichen Nutzung anzugeben.[488] Bei Tonträgern ist auch anzugeben, wenn sie nicht auf eine andere CD kopiert werden können.[489] Diese Kennzeichnungspflicht gilt gem. § 137j Abs. 1 UrhG für alle seit dem 1. Dezember 2003 neu in Verkehr gebrachten Werke und Schutzgegenstände. Wer gegen die Kennzeichnungspflicht verstößt, handelt gem. § 111a Abs. 1 Nr. 3 UrhG ordnungswidrig.

Um die Durchsetzung von Ansprüchen aus § 95b UrhG zu ermöglichen, sind gemäß Abs. 2 Werke und Schutzgegenstände, die mit technischen Schutzmaßnahmen versehen sind, als flankierende Maßnahme mit Namen oder Firma und zustellungsfähiger Anschrift des Verwenders zu kennzeichnen. Wie § 95b Abs. 2 ist auch § 95d Abs. 2 UrhG erst am 1. September 2004 in Kraft getreten, da auch die Schrankenbestimmungen erst ab diesem Datum durchsetzbar sind. Sofern gem. § 95b Abs. 3 UrhG die Durchsetzbarkeit von Schrankenbestimmungen bei online übertragenen Werken und Schutzgegenständen nicht gegeben ist, besteht auch keine Kennzeichnungspflicht nach § 95d Abs. 2 UrhG.

3. Abschnitt: Bewertung

Mit den derzeit zum Einsatz kommenden Kopierschutztechniken läßt sich die Gewährleistung umfassenden Schutzes urheberrechtlich geschützter Werke noch nicht ausreichend mit Kompatibilität und Benutzerfreundlichkeit vereinen.

Dies geht sowohl zu Lasten der Rechtsinhaber, welche neue technische Schutzmaßnahmen mit erheblichem Kostenaufwand testen und ihre Einführung rechtfertigen, als auch zu Lasten der Nutzer, die sich in der Nutzung ihrer erworbenen Tonträger eingeschränkt sehen. Bisher sind erst sehr wenige Angebote mit Mehrwert erhältlich, durch die der Nutzen von DRM-Systemen erfahrbar gemacht worden wäre.[490] Von vielen Tonträgerherstellern wird dennoch meist

---

[487] BT-Drucks. 15/38, S. 28; Dreier/Schulze-*Dreier*, § 95d Rn. 1f.

[488] Dreier/Schulze, § 95d Rn. 5.

[489] Wandtke/Bullinger-*Wandtke/Ohst*, ErgBd., § 95d Rn. 6.

[490] So veröffentlichte Universal Music beispielsweise am 26. Juli 2004 den Rammstein-Singletonträger „Mein Teil“ mit einem sogenannten „Rammstein-Monitor“ als interaktivem multimedialem Mehrwert. Dabei kommt das von der Sony DADC Austria AG angebotene

am Einsatz auch unvollkommener Schutzmaßnahmen festgehalten, um die Marktakzeptanz von DRM-Systemen nicht zu gefährden. Ferner soll nicht die Aufgabe des Schutzes eigener Rechtspositionen signalisiert werden. Dadurch würde vor allem die Einführung zukünftiger, wirkungsvollerer Schutzmaßnahmen erschwert.

A. Probleme von DRM-Systemen

Die Historie der auf dem Markt befindlichen Systeme zum Digitalen Rechtemanagement ist vor allem in ihrem Hauptanwendungsgebiet, dem Schutz musikalischer Tonaufnahmen auf CDs, von Problemen geprägt.

Mit technischen Schutzmaßnahmen versehene CDs entsprechen technisch nicht dem Red Book Standard[491] für Audio-CDs. Es ist aber die Einhaltung dieses Standards, die die absolute Kompatibilität jeder CD-Audio mit jedem CD-Player garantiert.[492]

Musik-CDs, deren DRM-System eine zusätzliche Datensession enthält, oder die durch andere Techniken wie beispielsweise ein manipuliertes Inhaltsverzeichnis („Table of Content", TOC)[493] so konzipiert sind, daß sie nicht in PC-Laufwerken ausgelesen werden können, führen auch in einer Vielzahl von Audio-CD-Playern zu Abspielproblemen.[494] Manche kopiergeschützten Audio-CDs brachten CD-ROM-Laufwerke in Apple-Rechnern gar derart durcheinander, daß diese sich weigerten, die CDs wieder auszuwerfen.[495] Allerdings wurde auf diesen CDs darauf hingewiesen, daß sie nicht in PC und Macs abspielbar waren.

Auch die online vertriebenen Musikstücke verwenden teils proprietäre DRM-Systeme, die eine universelle Nutzung behindern.[496]

Format n-cd (networked CD) zum Einsatz, das es ermöglicht, mittels eines auf dem Tonträger vorhandenen individuellen Codes einen Tonträger über das Internet als gekauftes Original zu identifizieren und dann in einem absolut geschützten Umfeld Fotos, Videos, Informationen und andere „added values" anzubieten. Jede weitere das Rammstein-Album begleitende Tonträgerveröffentlichung bietet dem Konsumenten dann weiteren Zugang zu diesen Inhalten.

491 Siehe oben S. 12, dort insbes. Fußnote 38.

492 Der Pressesprecher der deutschen Phonoverbände zeigte sich zeitweilig ungerührt von der Verletzung des Standards für Audio-CDs, heise online vom 10. April 2003, abrufbar unter http://www.heise.de/newsticker/meldung/36043.

493 Siehe S. 89.

494 Vgl. Neubauer/Herre/Brandenburg, in: Moser/Scheuermann (Hrsg.), Handbuch der Musikwirtschaft, S. 144, 145.

495 Dieses Problem trat bei den Tonträgern Celine Dion – "A New Day Has Come", "Laundry Service" von Shakira und "J To Tha L-O" von Jennifer Lopez auf, heise online vom 14. Mai 2002, abrufbar unter http://www.heise.de/newsticker/meldung/27381.

496 Vgl. Neubauer/Herre/Brandenburg, in: Moser/Scheuermann (Hrsg.), Handbuch der Musikwirtschaft, S. 144, 145.

I. Sachmängelhaftung

In den Anfängen waren mit Kopierschutz versehene CDs häufig nicht als solche gekennzeichnet oder aber die Kennzeichnung war nicht deutlich genug angebracht oder befand sich im Innern der Verpackung, so daß der Kunde beim Kauf häufig nicht darum wissen konnte. Trotzdem waren die Tonträger mit dem Compact Disc Logo gekennzeichnet.[497] Da der Käufer deshalb davon ausgehen mußte, daß die erworbene CD dem Red Book-Standard entsprach, lag hier regelmäßig ein Sachmangel im Sinne des § 434 Abs. 1 BGB vor, der zum Rücktritt berechtigte.[498] Seitdem mit einem Kopierschutz versehene CDs gem. § 95d UrhG deutlich als solche zu kennzeichnen sind und auf der Verpackung darauf hingewiesen wird, daß vereinzelt Abspielprobleme auftreten können, haben sich Gewährleistungsansprüche aus diesem Grund weitgehend erledigt.[499]

II. Technische Schwierigkeiten

Da manche Kopierschutztechniken damit arbeiten, künstlich Datenfehler einzubauen, die zwar von der Fehlerkontrolle eines Audio-CD-Players ignoriert werden, in den weniger toleranten CD-ROM-Laufwerken aber ein digitales Auslesen der Daten verhindern oder stören, kann auch die Klangqualität des Tonträgers leiden.[500] Auch eine gut funktionierende Fehlerkontrolle muß fehlende Daten interpolieren, also selbst hinzufügen. Kommen zu diesen absichtlich eingefügten Fehlern noch Kratzer auf der Oberfläche hinzu, so treten Störgeräusche bis hin zur Nichtabspielbarkeit auch in herkömmlichen Abspielgeräten deutlich früher als bei nach Red Book-Standard hergestellten Tonträgern auf.

---

[497] Interessant hierzu die Stellungnahme von Philips, Entwickler der CD, der sich gegen die Verwendung des Compact Disc Logos auf kopiergeschützten CDs ausgesprochen hat: heise online vom 27. Mai 2003, abrufbar unter http://www.heise.de/newsticker/meldung/37154. Dazu auch Financial Times Deutschland vom 9. Januar 2002, abrufbar unter http://www.ftd.de/tm/hs/8935468.html.

[498] Wandtke/Bullinger-*Wandtke/Ohst*, ErgBd., § 95a Rn. 33; Goldmann/Liepe, ZUM 2002, S. 362, 371f.; Wiegand, MMR 2002, S. 722, 723. Die französische Wettbewerbsbehörde Direction Générale de la Concurrence (DGCC) hat im August 2004 EMI France und den französischen Einzelhändler Fnac verklagt, weil diese mit Kopierschutz versehene CDs verkaufen, die zum einen nicht dem RedBook-Standard entsprechen und zum anderen damit gegen das gesetzlich festgeschriebene Recht auf Privatkopie verstoßen werde, heise online vom 26. August 2004, abrufbar unter http://www.heise.de/newsticker/meldung/50396.

[499] Vgl. Wiegand, MMR 2002, S. 722, 723; siehe auch heise online vom 10. April 2003, abrufbar unter http://www.heise.de/newsticker/meldung/36043; heise online vom 21. September 2002, abrufbar unter http://www.heise.de/newsticker/meldung/30903.

[500] ZDNet, Test: CD-Kopierschutz verringert Klangqualität, abrufbar unter http://news.zdnet.de/story/0,,t101-s2102814,00.html.

Auch werden in manchen CD- oder DVD-Playern mitunter günstigere PC-CD-ROM-Laufwerke verbaut, die dann den eigentlich für den PC gedachten Beschränkungen hinsichtlich der Abspielbarkeit unterliegen. Auch die in Auto-CD-Playern oder gerade in besonders hochwertigen CD-Playern eingesetzten Laufwerke haben häufig Probleme mit älteren technischen Schutzmaßnahmen.[501] In der Musikindustrie ist man sich dieses Problems bewußt und hat in den letzten Jahren den Schwerpunkt der Entwicklung auf umfassende Kompatibilität mit Abspielgeräten gelegt.

Kompatibilität wird nicht nur mit Abspielgeräten sondern auch mit PC-Betriebssystemen herzustellen sein. Derzeit ist die Nutzung DRM-geschützter Musik-CDs am PC vor allem Anwendern von Microsoft-Betriebssystemen vorbehalten, da viele DRM-Systeme das Windows Media DRM einsetzen.[502] Neuere Kopierschutztechnologien gewährleisten weitgehend auch eine Abspielbarkeit unter Mac OS.

B. Datenschutz

Effektive Rechteverwaltung ist besonders im Online-Bereich oft nur durch eine individualisierte Nutzungserfassung möglich. Dadurch werden Fragen nach der Einhaltung der datenschutzrechtlichen Bestimmungen aufgeworfen, insbesondere da über die zur Lizenzierung erforderlichen Nutzungserfassungen hinaus auch Nutzerprofile angelegt werden können.

Erfolgen Lizenzierungen beispielsweise über sog. Rights Locker Systeme[503], so wird neben dem Inhalt sowie der Art und Häufigkeit der Musiknutzung auch der Aufenthaltsort des Nutzers bekannt. Der Musikkonsument kann so schnell zum „gläsernen Verbraucher“ werden.[504]

---

[501] 21 % der Nutzer berichten von Abspielproblemen mit kopiergeschützten CDs, GfK Kopierschutzstudie 2004.

[502] Laut der Kopierschutzstudie 4/2004 der GfK berichten 41,9 % der Nutzer, die kopiergeschützte Musik-CDs abgespielt haben, von Abspielproblemen unter dem Betriebssystem MS Windows, 2,7 % hatten diese Probleme unter den Betriebssystemen Mac OS oder Linux. Angesichts der noch verhältnismäßig geringen Verbreitung, die diese beiden Betriebssysteme haben, ist diese Zahl jedoch beachtlich. Windows Media DRM wird beispielsweise vom aktuelle Cactus Data Shield 300 von Macrovision eingesetzt, http://www.macrovision.com.

[503] Siehe S. 93; ausführlich: Bechtold, in: Becker/Buhse/Günnewig/Rump (Hrsg.), Digital Rights Management – Technological, Economic, Legal and Political Aspects, S. 597, 600ff.

[504] Grassmuck, ZUM Sonderheft 2003, S. 1014, 1015; Heidemann-Peuser, ZUM Sonderheft 2003, S. 1027f..

Beim Einsatz von DRM-Systemen ist daher die Einhaltung der datenschutzrechtlichen Bestimmungen und ihre Durchsetzbarkeit dringend zu beachten.[505] Insbesondere ist bei Angeboten, die sich an den deutschen Markt richten, aber über ausländische Anbieter abgewickelt werden, sicherzustellen, daß die deutschen Nutzer nach deutschen Datenschutzbestimmungen geschützt sind. Auch die Durchsetzungsrichtlinie[506] erkennt dieses Schutzbedürfnis. Es heißt dort in Erwägungsgrund (2): „Andererseits darf der Schutz geistigen Eigentums weder die freie Meinungsäußerung noch den freien Informationsverkehr oder den Schutz personenbezogener Daten behindern, auch nicht im Rahmen des Internet."

C. Wettbewerbsrecht

Der Einsatz von DRM-Systemen ist auch aus kartellrechtlicher Perspektive zu überprüfen. Insbesondere kann ihr Einsatz Dritten den Marktzutritt unzulässig erschweren.[507] Vom Schutz ausgenommen sind Schutzmechanismen daher, soweit sie allein zum Zweck der Marktzugangsbeschränkung eingerichtet wurden.[508] *Schack* denkt aus kartellrechtlicher Sicht im Zusammenhang mit DRM-Systemen und vereinbarten Verwendungsbeschränkungen bei gleichförmigen AGB der Anbieter auch mögliche Konditionenkartelle (§ 2 Abs. 2 GWB) oder Konditionenempfehlungen (§ 22 Abs. 3 Nr. 2 GWB) sowie vertikale Konditionenbindungen (§ 14 GB) an.[509] Eine kartellrechtliche Untersuchung kann auch hier jedoch nicht vorgenommen werden.[510]

4. Abschnitt: Marktsituation

Die Marktakzeptanz der technischen Schutzmaßnahmen ist sehr unterschiedlich. Der Einsatz von Kopierschutztechniken auf körperlichen Tonträgern war im März 2004 55,7 % aller Deutschen bekannt.[511]

---

505 Vgl. Erwägungsgrund (57) der InfoSoc-Richtlinie. Kritisch zur Beachtung des Datenschutzes in der InfoSoc-Richtlinie Kröger, CR 2001, S. 316, 323.

506 Siehe dazu S. 55.

507 Man denke an den Schutz technischer Plattformen durch DRM. Dadurch kann von Dritten hergestellte Software ausgeschlossen werden, das gleiche gilt für dritte Zubehör-Anbieter (so geschehen bei Lexmark-Druckerpatronen, heise vom 30. Oktober 2003, abrufbar unter http://www.heise.de/newsticker/meldung/41549) und Reparaturdienste, denen der Zugang zu Gerätesoftware nicht möglich ist.

508 Wandtke/Bullinger-*Wandtke/Ohst*, ErgBd., § 95a Rn. 5.

509 Schack, ZUM 2002, S. 497, 506.

510 Zur kartellrechtlichen Beurteilung von Lizenzvertragssystemen siehe Dreiss, S. 75ff.

511 Kopierschutzstudie 4/2004, GfK Panel Services Consumer Research GmbH.

Auf die Frage, wie sie sich verhalten bzw. verhalten würden, wenn sie bemerken, daß die Musik-CD, die sie kaufen wollen, einen Kopierschutz hat, antworteten 68% der Personen[512], sie würden die Musik-CD kaufen, weil sie der Kopierschutz nicht störe. Allerdings gibt diese hohe Zahl keinen Aufschluß darüber, ob der Kopierschutz die Befragten nicht stört, weil er die Nutzung nicht behindert und sie keine Kopien anfertigen wollen, oder, was ebenso wahrscheinlich ist, weil er eine große Zahl der Befragten gar nicht an der Vornahme der Vervielfältigung zu hindern vermag.

Von den 20 % der Personen, die bereits Abspielprobleme mit kopiergeschützten CDs hatten, waren aber nur noch 41,6 % bereit, die CD trotzdem zu kaufen, weil der Kopierschutz sie nicht störe. 29,7 % dieser Personen dagegen wollten aus demselben Grund vom Kauf Abstand nehmen.

Die Antworten waren auf die gesamte befragte Personenmenge insgesamt wie folgt verteilt:

Ich kaufe die Musik-CD, weil mich der Kopierschutz nicht stört	64,3 %
Ich kaufe die Musik-CD, da es keine Alternative gibt, aber ich ärgere mich darüber	13,2 %
Ich kaufe die Musik-CD nicht, da ich mit Abspielproblemen rechne	10,2 %
Ich kaufe die Musik-CD, weil ich die Musik-CD wahrscheinlich nicht als Kopie bekommen kann	7,5 %
Kopierschutz bei Musik-CDs ist eine Unverschämtheit und ich würde sie bestimmt nicht kaufen	6,4 %
Ich kaufe diese Musik-CD nicht, sondern eine ähnliche Musik-CD ohne Kopierschutz	5,3 %
Ich kaufe die Musik nicht, weil ich sie nicht kopieren/brennen kann	5,2 %
Ich kaufe die Musik nicht, da ich sie nicht auf die Festplatte meines PCs überspielen kann	4,2 %

Quelle: Kopierschutzstudie 4/2004, GfK

Unterstellt man den erwähnten Anteil der Befragten, der sich durch den leicht zu umgehenden Kopierschutz auch nicht an der Vervielfältigung gehindert sieht, so wird deutlich, daß Kopierschutz auf Tonträgern bei einem erwähnenswerten Anteil der Nutzer wegen der damit verbundenen Restriktionen weitgehend abgelehnt wird. Diese Restriktionen beruhen nicht zuletzt auf technischen Schwie-

[512] Basis für diese Werte waren alle Personen, die diese Frage beantwortet haben, nicht alle befragten Personen und nicht nur diejenigen, denen der Einsatz von Kopierschutz auf Musik-CDs bekannt ist.

rigkeiten und bewußt in Kauf genommenen Inkompatibilitäten. Die Aussagekraft dieser vom rechtsdogmatischen Standpunkt zunächst nicht bedeutend scheinenden Werte wird in der institutionenökonomischen Betrachtung im weiteren Verlauf dieser Untersuchung deutlich werden.[513] In den USA und Großbritannien war die Musikindustrie wegen der Abspielprobleme schon länger zurückhaltend mit dem Einsatz von Kopierschutzsystemen,[514] auch in Deutschland erfolgt ihr Einsatz zur Zeit verhalten.

Anders gestaltet es sich im Online-Bereich: Hier ist inzwischen eine Vielzahl legaler Download-Angebote am Markt, die nahezu alle mit Digital Rights Management arbeiten.[515] Trotzdem sind die Angebote erfolgreich und auf dem besten Wege, die rechtswidrigen Tauschbörsenangebote zu verdrängen.[516] Allerdings erlauben die dort eingesetzten DRM-Systeme in einem gewissen Rahmen die universelle Nutzung auf mobilen Playern und mitunter auch das Brennen der Titel auf CD.[517] An die Funktionalität einer online erstandenen Musikdatei werden aber offenbar andere Anforderungen gestellt als an eine Musik-CD. So hat es der Popularität von Apples Musik-Online-Shop iTunes[518], der dem Unternehmen in erster Linie als Marketinginstrument für sein mobiles Abspielgerät iPod dient, nicht geschadet, daß iPod und iTunes mit einem proprietären DRM-geschützten System arbeiten.

Weitgehend unbemerkt etablieren sich auch DRM-Systeme in Hardware, so vor allem in mobilen MP3-Playern wie dem i-pod, aber auch in Form von geschützten digitalen Schnittstellen an hochwertigen DVD-Playern und HDTV-Geräten[519].

---

513 Siehe dazu ab S. 114.

514 Musikwoche Online vom 4. Juni 2004, abrufbar unter http://www.musikmarkt.de; heise online vom 3. April 2003, abrufbar unter http://www.heise.de/newsticker/meldung/35856; Financial Times Deutschland 9. Januar 2002, abrufbar unter http://www.ftd.de/tm/hs/8935468.html.

515 Beispielhaft seien genannt: i-tunes von Apple (http://www.apple.com/de/itunes), Popfile der Universal Music GmbH (http://www.popfile.de), Musicload von T-Online (http://www.musicload.de), Cokemusic von Coca-Cola (http://www.cokemusic.de), Napster (http://www.napster.com), sowie die Download-Angebote von Media Markt (http://www.mediamarkt.de), AOL (http://www.aol.de), und Karstadt (http://www.karstadt.de).

516 Schmidt, FAZ vom 9. August 2004, S. 15.

517 Dies ist zur Zeit u.a. bei Popfile, iTunes, Musicload und Cokemusic möglich.

518 http://www.apple.com/de/itunes. Weltweit hatte Apple im Juli 2003 bereits mehr als 100 Millionen Songs online verkauft, heise online vom 31. August 2004, abrufbar unter http://www.heise.de/newsticker/meldung/50549.

519 High Density TV = Hochauflösendes Fernsehen.

5. Abschnitt: Auswirkungen technischer Schutzmaßnahmen

A. Einfluß technischer Schutzmaßnahmen auf die Musikpiraterie

I. Kommerzielle Musikpiraterie

Es ist leider festzustellen, daß Kopierschutzmaßnahmen nicht geeignet sind, professionelle Piraterie[520] zu verhindern.[521] Hohem technischen Sachverstand gepaart mit der nötigen kriminellen Energie vermag keine technische Schutzmaßnahme standzuhalten. Selbst wenn damit eine digitale Kopie unmöglich gemacht werden könnte, so verbleibt doch die Möglichkeit, mit entsprechend höherem Aufwand eine analoge Kopie zu machen und diese wieder zu digitalisieren. Wie oben gezeigt, muß das digital vorliegende Tonsignal wieder entschlüsselt und analogisiert werden, um die Musik dem Hörer wahrnehmbar zu machen.[522] Mit hochwertiger Ausrüstung ist auch bei diesem Verfahren ein klanglich hochwertiges Vervielfältigungsexemplar herstellbar, das als Muster für massenhafte rechtswidrige Vervielfältigungen in einem ukrainischen Preßwerk oder einer CD-R-Produktionsanlage in Rußland dienen kann.[523] Diese Form der urheberrechtlich relevanten Verletzungshandlung wird also weder durch technische Schutzmaßnahmen unterbunden noch bedarf es, um sie strafrechtlich ahnden zu können, des sanktionsbewehrten Schutzes gegen die Umgehung technischer Schutzmaßnahmen.

Im Gegenteil besteht die Gefahr, daß aufgrund fehlender Akzeptanz kopiergeschützter CDs ein Markt für Musikpiraterieprodukte in Deutschland überhaupt erst geschaffen wird.[524] Auch eine professionelle Raubkopie bietet gegenüber einer selbstbeschriebenen CD-R kaum Mehrwert an Booklet, Haptik oder Qualität. Da in Deutschland auch digitale private Kopien erlaubt und populär sind, konnten sich professionelle Raubkopien nie durchsetzen. Soweit sich eine Raubkopie aber vom Original dadurch abhöbe, daß sie absolute technische Kompatibilität mit allen Abspielgeräten gewährleistete und ungeschützt kopierbar wäre, würde sie für jene Kreise interessant, die wegen schlechter Erfahrun-

---

520 Kommerzielle Musikpiraterie ist immer mehr im Bereich organisierter Kriminalität angesiedelt, vgl. Erwägungsgrund (9) der Durchsetzungsrichtlinie.

521 Vgl. Ulbricht, in: Moser/Scheuermann (Hrsg.), Handbuch der Musikwirtschaft, S. 130, 133.

522 Siehe „Einführung: Das digitale Tonsignal", S. 10; vgl. Ulbricht, in: Moser/Scheuermann (Hrsg.), Handbuch der Musikwirtschaft, S. 130, 133

523 Vgl. Stein, in: Moser/Scheuermann (Hrsg.), Handbuch der Musikwirtschaft, S. 17, 18.

524 So argumentiert auch der Deutsche Journalistenverband e.V. (DJV), siehe 2. Vergütungsbericht, UFITA 2000 III, S. 691, 731.

gen mit technischen Schutzmaßnahmen vom Kauf eines Originals Abstand nehmen.

Ohnehin sind die als Musikpiraterie bezeichneten kommerziellen Urheberrechtsverletzungen in Deutschland ein Problem, das sich kaum durch den Einsatz von Kopierschutztechniken lösen läßt. In der Praxis treten hier, neben illegalen Download-Angeboten, meist Fälle auf, in denen kleinere Label Tonträger mit zumindest teilweise unlizenzierten Tonaufnahmen aus fremdem Repertoire im Handel veröffentlichen. Einen offenen Markt für Raubkopien aktueller Tonträger, wie man ihn von Märkten Asiens, Osteuropas, aber auch von Straßenhändlern in Südeuropa kennt, gibt es in Deutschland derzeit nicht.[525]

Die über Internetauktionsbörsen wie Ebay[526] angebotenen Raubkopien sind in der Regel nicht als solche gekennzeichnet, so daß man auch hier eigentlich nicht von einem Markt für Raubkopien sprechen kann, sondern regelmäßig auch ein Betrug zu Lasten des Käufers vorliegt.

II. Filesharing

Abseits der kommerziellen Musikpiraterie stellt die Tatsache, daß Musikwerke in digitaler Form rechtswidrig öffentlich zugänglich gemacht werden, eine große Bedrohung der Märkte für die kommerzielle Musikverwertung dar. Das Anbieten eigener Dateien in Filesharing-Netzwerken erfolgt zwar regelmäßig ohne eigene kommerzielle Interessen[527], verletzt jedoch unzweifelhaft das neu eingeführte Recht der öffentlichen Zugänglichmachung aus § 19a UrhG.[528]

Ein in diesem Zusammenhang großes Problem ist die schnelle Verbreitung von Dateien. Es hat sich oft gezeigt, daß eine einzige rechtswidrig angebotene Datei innerhalb kürzester Zeit von anderen Nutzern auf die eigene Festplatte kopiert und umgehend wieder im Netzwerk angeboten wurde.[529] Beobachtungen

---

[525] Die IFPI hat für das Jahr 2003 erstmals eine „Top Ten" der Märkte veröffentlicht, die durch Musikpiraterie am stärksten betroffen sind. Es handelt sich dabei um Brasilien, China, Mexiko, Paraguay, Polen, Rußland, Spanien, Taiwan, Thailand und die Ukraine. In Europa sind am stärksten Griechenland (über 50 % des Gesamtmarktes), Zypern, Italien, Spanien und Portugal (jeweils zwischen 25 und 50 %) sowie Belgien, Finnland und die Niederlande (10-25 %) von Musikpiraterie betroffen. Deutschland liegt nicht näher spezifiziert bei unter 10 % (IFPI, „the recording industry commercial piracy report 2003", S. 4 und 7, abrufbar unter www.ifpi.de).

[526] http://www.ebay.de.

[527] Anders bei Angeboten auf Webseiten oder FTP-Servern mit eingeblendeter Werbung.

[528] Dreier/Schulze-*Dreier*, § 53 Rn. 11.

[529] Man denke hierbei an die schnelle Verbreitung neuester Spielfilme aus Hollywood, deren ihnen zur Beurteilung zugegangene sog. Screening-Copies einzelne Mitglieder der Academy of Motion Picture Arts and Sciences rechtswidrig vor Veröffentlichung im Internet angeboten haben. Vgl. heise online vom 1. Oktober 2003, abrufbar unter

des Angebots in P2P-Netzwerken bestätigen, daß einzelne Tonaufnahmen zwar von vielen verschiedenen Nutzern angeboten werden, insgesamt aber nur wenige unterschiedliche Dateien im Umlauf sind.[530] Das läßt erkennen, daß die angebotenen Dateien aus wenigen einzelnen Quellen stammen. Technische Schutzmaßnahmen sind bisher immer, zumindest durch technisch versierte Hacker oder Cracker, zu umgehen gewesen. Einzelne Werkexemplare können also, auch bei einem sehr effektiven Kopierschutz, weiterhin in Online-Tauschbörsen gelangen und dort Verbreitung finden. Auch in der Vergangenheit hat der Einsatz von Kopierschutztechniken auf Tonträgern nicht verhindern können, daß die derart geschützten Tonaufnahmen in P2P-Netzwerken angeboten wurden.

In Anbetracht dessen ist festzustellen, daß die Einführung technischer Schutzmaßnahmen und deren rechtlicher Schutz kein probates Mittel gegen kommerzielle Musikpiraterie oder das rechtswidrige öffentliche Zugänglichmachen im Internet sind. Diese rechtswidrigen Angebote müssen daher mit anderen rechtlichen und technischen Mitteln bekämpft werden. Eine Verbesserung der Handhabe sieht unter anderem die am 29. April 2004 unterzeichnete Richtlinie 2004/48/EG zur Durchsetzung der Rechte des geistigen Eigentums („Enforcement Directive“) vor.[531]

B. Einfluß auf die Privatkopie

Da die nicht zu kontrollierende digitale Vervielfältigung urheberrechtlich geschützter Inhalte einen der Hauptgründe für die Einführung technischer Schutzmaßnahmen darstellt, ist von Interesse, in welchem Maße die rechtmäßige private Vervielfältigung durch den Einsatz technischer Schutzmaßnahmen beeinflußt wird.

In Deutschland sind im internationalen Vergleich überdurchschnittlich viele Haushalte mit CD-Brennern ausgestattet.[532] Die auf einer Mehrzahl der in Deutschland ausgelieferten PCs vorinstallierte Software zum Beschreiben von

---

http://www.heise.de/newsticker/meldung/40755.

[530] Dies läßt sich nicht nur an der exakten Dateigröße erkennen, sondern auch an den Kommentaren, mit denen beispielsweise MP3-Dateien in den sogenannten ID3-Tags versehen werden können. In den ID3-Tags können nicht nur Angaben über die Tonaufnahme (Interpret, Tracktitel, Album, Jahr der Veröffentlichung etc.) stehen, sondern auch freie Kommentarfelder, in denen sich der Ersteller der komprimierten Datei häufig mit einem Pseudonym zu erkennen gibt. Vergleicht man die angebotenen Dateien anhand dieser Merkmale, die von den wenigsten Tauschbörsen-Nutzern verändert werden, so kann man Rückschlüsse darauf ziehen, ob die Vervielfältigungen gemeinsamen Ursprungs sind oder nicht.

[531] Siehe dazu S. 55; zur Bekämpfung der Piraterie im Internet vgl. Bortloff, GRUR Int. 2000, S. 665ff.

[532] Brennerstudie 2004 der GfK: 58,9 % aller Personen haben im eigenen Haushalt oder außerhalb Zugriff auf einen CD-Brenner, 23,9 % haben Zugriff auf einen DVD-Brenner.

CD-R/-RWs[533] zeigt sich von den bisher eingesetzten technischen Schutzmaßnahmen jedoch erschreckend unbeeindruckt.[534] So sind CDs, die mit einem Kopierschutz versehen sind, in annähernd demselben Verhältnis zu gekauften Originaltonträgern kopiert worden wie ungeschützte CDs.[535]

Da die Wirksamkeit technischer Schutzmaßnahmen bislang von der Kombination der eingesetzten Hardware und Software abhängt, erreichen sie dennoch in einigen Fällen den gewünschten Erfolg und verunmöglichen die Vervielfältigung.

So können technische Schutzmaßnahmen ihre Wirkung in der Regel nur bei technisch unbedarften Nutzern erzielen. Das Verbot von Vorbereitungshandlungen, insbesondere des Anbietens von Software zur Umgehung des Kopierschutzes, ist als Ergänzung zum Einsatz technischer Schutzmaßnahmen wohl das effektivste Mittel, da es das Wissen um die Umgehungsmöglichkeiten der Mehrzahl der Verbraucher vorenthält.

Der häufig eingebrachte Verweis auf die immer noch mögliche analoge Kopie geht an der Realität vorbei. Zum einen, weil die Rechtsinhaber bestrebt sind, auch die analoge Vervielfältigung nach Möglichkeit kontrollieren zu können.[536] Zum anderen, weil die analoge Vervielfältigung nicht mehr dem Stand der Technik entspricht. Analoge Abspiel- und Vervielfältigungsgeräte sind vielfach gar nicht mehr vorhanden. In Betracht kommt im Tonträgerbereich lediglich die MC, die aber seit Einführung der wiederbeschreibbaren und der günstigen einmal beschreibbaren CD-R an Bedeutung verloren hat. Auch für Bildtonträger ist das analoge VHS-Format immer unbedeutender und wird durch DVD-Kopien und Festplattenrekorder ersetzt. Die amtliche Begründung des Gesetzes zur Regelung des Urheberrechts in der Informationsgesellschaft will mit der in § 95b UrhG gewählten Formulierung für die durchsetzbaren Schrankenbestimmungen im übrigen ausdrücklich ausschließen, daß die Nutzungsmöglichkeit auf ein Verfahren beschränkt wird, das nicht mehr oder noch nicht allgemein üblich ist.[537]

---

[533] Hier vor allem die Software „Nero“ der Fa. Ahead, die zu 80 % zum Bespielen von CD-/DVD Rohlingen mit Musik genutzt wird, Kopierschutzstudie 2004, GfK Panel Services Consumer Research GmbH.

[534] Es stellt sich nebenbei die Frage, ob diese Schutzmaßnahmen angesichts dieser Tatsache denn dann „wirksam“ im Sinne des § 95 b UrhG sind. Siehe dazu ab S. 94.

[535] Die befragten Personen besaßen die CDs jeweils zu ca. 2/3 im Original und zu 1/3 als Kopie, GfK Kopierschutz-Titeleinfrage 4/2004.

[536] heise online vom 27. Mai 2002, abrufbar unter http://www.heise.de/newsticker/meldung/27700; heise online vom 25. Februar 2003, abrufbar unter http://www.heise.de/newsticker/meldung/34803.

[537] BT-Drucks. 15/38, S. 27.

3. Teil: Ökonomische Bewertung

1. Kapitel: Anreize als Voraussetzung für Investition in die Schaffung von Kulturgütern

Der Markt für Investitionen in Kulturgüter – in diesem Fall Tonaufnahmen von Musikwerken – kann nur erhalten werden, wenn sichergestellt ist, daß Urheber und Leistungsschutzberechtigte für ihre Innovations- und Investitionsleistung in einem Maße vergütet werden, das Anreiz für neue Leistungen schafft. In Aufbau und Erfolg eines Künstlers zu investieren bedeutet, enormen Aufwand zu erbringen und damit verbunden finanzielle Investitionen in eine Innovation zu tätigen, deren langfristiger Erfolg nicht abzuschätzen ist. Die Prognose fällt um so schwerer, je innovativer der Künstler und je längerfristig das Konzept angelegt ist: Kann bei manchen Chart-Produkten relativ sicher mit einem schnellen Hit kalkuliert werden, so bedürfen anspruchsvollere Konzepte oft jahrelanger Aufbauarbeit um sich zu etablieren und dann auch als Produkt wirtschaftlich zu sein.

Da Musik in digitaler Form übertragbar ist, ist ihre Verbreitung und Weitergabe nur schwer zu kontrollieren. Weitergabe bedeutet damit auch nicht Weggabe, sondern wird durch identisches und kostengünstiges Klonen begünstigt. Um Investitionen in Innovation amortisieren zu können, muß das künstlerische Produkt aber knapp sein.[538] Das urheberrechtliche Regelungssystem muß also durch effektiven sanktionsbewehrten Schutz geistigen Eigentums die Voraussetzung dafür schaffen, daß die Rechtsinhaber ihre Werke und Schutzgegenstände umfassend auswerten können. Nur so ist die weitere Förderung künstlerischen Schaffens zu gewährleisten. Nutzungshandlungen müssen soweit wie möglich der Verfügungsbefugnis der Rechtsinhaber unterliegen und diese müssen in Bereichen, die ihren exklusiven Verwertungsrechten entzogen sind, eine angemessene Vergütung erhalten. Die Höhe einer „angemessenen“ Vergütung muß sich jedoch nicht zuletzt an dieser ökonomischen Zielsetzung ausrichten.

---

[538] Ulbricht, in: Moser/Scheuermann (Hrsg.), Handbuch der Musikwirtschaft, S. 130, 143.

2. Kapitel: Beurteilung aus institutionenökonomischer Perspektive

Das Urheberrecht gibt die rechtlichen Rahmenbedingungen für den Umgang mit geistigen Schöpfungen und ihre Auswertung vor. Neben dem Einfluß dieser rechtlichen Regelungen werden die Handlungen der Akteure aber von weiteren Faktoren bestimmt, die für die Suche nach der optimalen rechtspolitischen Ausgestaltung der Privatkopieschranke nicht minder bedeutend sind.

Die Neue Institutionenökonomik hat sich der Frage angenommen, welcher Art der Einfluß dieser sogenannten „Institutionen" ist, und wie sich daraus verbesserte Verhaltensprognosen und Regelungsvorschläge entwickeln lassen.

1. Abschnitt: Definition

Im Fokus der vorliegenden Untersuchung steht die Optimierung der Voraussetzungen für Innovation im kulturellen, insbesondere musikalischen Bereich. Auf einem Markt, der nur zu einem geringen Teil im Austausch körperlicher Güter, vornehmlich aber im Erwerb von Rechten besteht, nehmen die Vorgaben der Rechtsordnung, durch die diese Rechte statuiert und geschützt werden, eine vergleichsweise wichtige Rolle ein.

Die Ökonomik hat ihren Verhaltensmodellen lange Zeit den „homo oeconomicus" zu Grunde gelegt, den Akteur, der sich stets für die Handlung entscheidet, die seinen Nutzen mehrt.

Auch für rechtstreues Verhalten entscheidet der Mensch sich nach der klassischen ökonomischen Theorie vom „homo oeconomicus" nur dann, wenn er sich einen konkreten Vorteil davon verspricht. Es hat sich allerdings gezeigt, daß damit eine Prognose menschlicher Verhaltensmuster nur unzureichend gelingt, unter anderem, weil das Modell unterstellt, daß der Akteur gleichzeitig perfekt informiert ist und absolut rational und opportunistisch handelt. Vom Vorliegen dieser Voraussetzungen – erst recht von ihrem kumulativen Vorliegen – kann aber äußerst selten ausgegangen werden. Vielmehr entscheiden die Akteure vor ihrem subjektiven Hintergrund und damit unter Unsicherheit.[539]

Institutionen bestehen regelmäßig aus einer Regel- und einer Sanktionskomponente.[540] *Voigt* definiert sie als „allgemein bekannte Regeln, mit deren Hilfe wiederkehrende Interaktionssituationen strukturiert werden und die mit einem Durchsetzungsmechanismus bewehrt sind, der eine Sanktionierung bzw. Sankti-

539 Kirchner, in: Kruse/Stockmann/Vollmer (Hrsg.), Festschrift für Ingo Schmidt, S. 33, 35.

540 Kirchner, in: Kruse/Stockmann/Vollmer (Hrsg.), Festschrift für Ingo Schmidt, S. 33, 34; Voigt, S. 34.

onsandrohung im Falle eines Regelverstoßes bewirkt".[541] Regeln wiederum können aus Geboten und Verboten bestehen, deren Überwachung und Durchsetzung durch den Akteur selbst, gesellschaftliche Normen, die anderen Akteure oder durch staatliches Handeln wahrgenommen werden.

Diese Institutionen definieren den Handlungsspielraum der individuellen Akteure. Ihnen ist überlassen, zu welchen Kosten sie sich für welche Handlung entscheiden. Institutionen verschaffen die Erwartungssicherheit, daß mit einem bestimmten unerwünschten Verhalten nicht zu rechnen ist.

Dabei unterscheidet *Voigt* zwischen externen Institutionen, also den durch das Recht vorgegebenen Rahmenbedingungen, und internen Institutionen, deren Durchsetzung nicht unter Rückgriff auf den Staat erfolgt. Interne Institutionen werden beispielsweise durch Gewohnheiten, gesellschaftliche Normen, Traditionen, Werte und ethische Regeln beeinflußt. Dieser Unterscheidung soll im weiteren gefolgt werden.

Folgende Typen lassen sich unterscheiden:

Regel	**Art der Überwachung**	**Institutionen-kategorie**	**Beispiel**
1. Konvention	Selbstüberwachung	intern vom Typ 1	Grammatikalische Regeln der Sprache
2. Ethische Regel	Imperative Selbstbindung	intern vom Typ 2	Dekalog, kategorischer Imperativ
3. Sitte	Spontane Überwachung durch andere Akteure	intern vom Typ 3	Gesellschaftliche Umgangsformen
4. Formelle private Regel	Geplante Überwachung durch andere Akteure	intern vom Typ 4	Selbstgeschaffenes Recht der Wirtschaft
5. Regel positiven Rechts	Organisierte staatliche Überwachung	extern	Privat- und Strafrecht

Quelle: Voigt, Institutionenökonomik, S. 39.

2. Abschnitt: Urheberrechtlich relevante externe Institutionen

Das Urheberrecht stellt als staatliche Norm ein sanktionsbewehrtes Anreizsystem bereit, indem es eigentumsähnliche Rechte einräumt und Regeln zur Wahrnehmung und Durchsetzung dieser Rechte trifft.

Gemeinsam mit weiteren nationalen und supranationalen Rechtsnormen gewährleistet das Urheberrecht als externe Institution einerseits die Möglichkeit

[541] Voigt, S. 34; Richter/Furubotn, S. 7.

des Handels mit Lizenzen und trifft andererseits auch einschränkende Regelungen über die Sozialbindung geistigen Eigentums. Davon werden die Transaktionen und Handlungen der Akteure maßgeblich beeinflußt. Urheberrechtsverletzende Handlungen werden strafrechtlich geahndet und können Schadensersatzansprüche, und – in der Praxis in der Regel häufig sehr viel einschneidender – Unterlassungs- und Auskunftsansprüche nach sich ziehen.

3. Abschnitt: Nutzungsverhalten der Musikkonsumenten

Auch die in einer Gesellschaft oder in bestimmbaren Personenkreisen übliche Verhaltenspraxis bestimmt die wirtschaftlichen Rahmenbedingungen. So sehen es die Käufer und Konsumenten musikalischer Tonaufnahmen als ihr Recht an, einzelne Vervielfältigungsexemplare käuflich erworbener Tonträger zur Nutzung im Auto oder zur Weitergabe im engsten Kreis herstellen zu dürfen. Auch die persönliche Zusammenstellung von Kopplungstonträgern mit einer Auswahl des eigenen Tonträgerbestandes ist für Musikfans unverzichtbar: Die Zusammenstellung der Lieblingsstücke auf einem Tonträger wird von 81 %, die Bevorzugung bestimmter, nicht käuflich erhältlicher Zusammenstellungen von 73 % der Personen, die Musik gebrannt haben, als wichtigste Gründe für das Brennen von Musik-CDs angegeben.[542] Diese Praxis wird seit der Einführung von Vervielfältigungsgeräten geübt und bisher von der Privatkopieschranke in einem gewissen Rahmen für rechtlich zulässig erklärt. Wie oben gezeigt worden ist, wurde mit der Erlaubnisfreistellung der privaten Kopie im deutschen Urheberrechtsgesetz unter anderem dieser gewachsenen rechtlichen Tradition Rechnung getragen.[543] Auch die Bundesregierung geht in ihrer Gegenäußerung zur Stellungnahme des Bundesrats davon aus, daß ein Verbot der privaten Vervielfältigung die soziale Realität ignorieren und die Autorität und Glaubwürdigkeit der Rechtsordnung untergraben würde.[544] Die Rechtsordnungen anderer Länder berücksichtigen dieses Nutzerverhalten ebenfalls und sehen Schranken zugunsten der privaten Vervielfältigung vor.[545] Selbst Unternehmen wie Sony, die innerhalb eines Konzerns gleichzeitig Musikrechte innehaben und Abspielgeräte herstellen, kamen nicht umhin, schon früh Geräte mit MP3-Kompatibilität anzubieten.

Die Diskussion um einen durchsetzbaren Anspruch auf private Vervielfältigung findet vor allem seit der Einführung wirksamer technischer Schutzmaßnahmen

---

[542] Brenner-Studie 2004 der GfK.

[543] Vgl. Pichlmaier, CR 2003, S. 910,911; zur Aufnahme der Schrankenbestimmungen in die InfoSoc-Richtlinie Reinbothe, GRUR Int. 2001, S. 733, 737. Vgl. kritisch Poll/Braun, ZUM 2004, S. 266, 270.

[544] BT-Drucks. 15/38, S. 39.

[545] Davies/Hung, S. 116ff.

statt. Davor genügte die faktische technische Möglichkeit, von der Schrankenbestimmung des § 53 Abs. 1 UrhG Gebrauch machen zu können. Da dies nicht verhindert werden konnte, bedurfte es ihrer Durchsetzbarkeit nicht.

Daraus sind Gewohnheiten im Umgang mit erworbenen Tonträgern entstanden, und es ist eine gewisse Erwartungshaltung erwachsen, die sich auch in weit verbreiteten Vorbehalten gegenüber kopiergeschützten Tonträgern äußert.[546] Die negativen Reaktionen der Presse auf Einschränkungen durch Kopierschutz und auf ein drohendes Verbot der privaten Vervielfältigung spiegeln diese Einstellung der Bevölkerung wider.[547] Ein Großteil der Nutzer ist also nicht bereit, auf diese Möglichkeiten zu verzichten.[548] Die universelle Nutzbarkeit von Tonträgern und damit verbunden die Kopierbarkeit zu privaten Zwecken werden vom Verbraucher als ein wesentlicher wertbildender Faktor angesehen. Dies hat sich auch darin gezeigt, daß nicht unerhebliche Anstrengungen unternommen worden sind, um entsprechende Kopiersperren zu umgehen. Eine Vielzahl von Zeitschriften verkaufte sich mit der Verbreitung entsprechender Anleitungen, was letztlich einer der Hauptgründe für die Einführung des § 95 Abs. 3 UrhG war.

Betrachtet man die Situation des Tonträgermarktes aus institutionenökonomischer Perspektive, so stellt man fest, daß dieses Rechtsempfinden der Konsumenten letztlich ihr Konsumverhalten determiniert. Dies hat die Tonträgerhersteller in den letzten Jahren in die Defensive getrieben und immer wieder dazu gezwungen, ihr Verhalten zu rechtfertigen. All diese Faktoren tragen letztlich zur Konsumabstinenz bei und können auch als mitursächlich für die schlechte Umsatzentwicklung des Tonträgermarktes in den letzten Jahren nicht geleugnet werden.[549]

Die Institution besteht hier letzlich in der Erwartungshaltung der Endverbraucher am Markt, käuflich erworbene Tonträger flexibel und universell nutzen zu können. Das beinhaltet neben größtmöglicher Kompatibilität auch, sich für die mobile Nutzung im Auto oder einem tragbaren Abspielgerät eine Kopie anfertigen zu können oder ein Vervielfältigungsexemplar an einen engen Freund weitergeben zu können. Darin besteht gleichzeitig die Regelungskomponente dieser internen Institution. Sind diese Nutzungsmöglichkeiten nicht gewährleistet, wird dies weiterhin mit Kaufabstinenz, Umgehung von Kopierschutztechniken und bewußt vorgenommenen oder tolerierten rechtsverletzenden Handlungen sank-

---

[546] Vgl. zur Marktakzeptanz von Kopierschutztechnologien S. 106.

[547] Z.B. Clauss, Die Welt vom 15. Februar 2003, S. 8; Grötker, Berliner Zeitung vom 22. Mai 2002, S. 12; Gross, Die Zeit vom 14. August 2003, S. 29; Kniebe, SZ vom 1. März 2003, S. 13; Lehmkuhl, Focus vom 9. Dezember 2002, S. 128; Lischka, Frankfurter Rundschau vom 4. Januar 2003, S. 17; Schrader, SZ vom 29. Januar 2003, S. 4; Stock, Die Zeit vom 13. März 2003, S. 63ff.; Tunze, FAZ vom 17. Juni 2003, S. T1; FAZ vom 14. Mai 2002, S. T6.

[548] Vgl. Neubauer/Herre/Brandenburg, in: Moser/Scheuermann (Hrsg.), Handbuch der Musikwirtschaft, S. 144, 145.

[549] Vgl. Schack, ZUM 2002, S. 497, 506.

tioniert: Die Umgehung von Kopierschutz wird von vielen Konsumenten geradezu als „Notwehr" empfunden. Ein Unrechtsbewußtsein ist nicht vorhanden. Es handelt sich dabei um eine Mischform aus „imperativer Selbstbindung" der Akteure (Konsumabstinenz) und einer Sanktionierung einzelner Gesellschaftsmitglieder, die gegen gesellschaftliche Normen verstoßen, durch andere Gesellschaftsmitglieder.[550]

4. Abschnitt: Charakter der technischen Schutzmaßnahmen

DRM-Systeme dienen der Unterstützung des Lizenzmanagements. Sie ermöglichen Rechtsinhabern die Kontrolle über Werkexemplare, von denen ohne diese Techniken weitere Nutzungshandlungen auch unvergütet möglich wären. Diese Einschränkungen der Nutzungsmöglichkeiten können aber auch dazu führen, daß Rechtspositionen, die das Urheberrecht gewährt, unterlaufen werden. Für gewisse Nutzungshandlungen gewährt § 95b Abs. 1 UrhG den Schrankenbegünstigten daher einen durchsetzbaren Anspruch auf Zugang zum Werk. Für die ebenfalls erlaubnisfrei gestellte Vervielfältigung zum privaten Gebrauch ist die Durchsetzbarkeit der Schrankennutzung in § 95b Abs. 1 UrhG nicht vorgesehen.[551] Es wird daher verschiedentlich die Gefahr gesehen, daß die Rechtsinhaber sich mit Hilfe technischer Schutzsysteme ihr „eigenes Urheberrecht" schaffen.[552]

In der Tat können technische Schutzmaßnahmen die Wirkung externer Institutionen entfalten, insbesondere wenn sie rechtlich gegen Umgehung geschützt sind, das Ausmaß des ihnen innewohnenden Regelungsgehaltes aber keinen Beschränkungen unterliegt. Die Beschränkungen, die diese technischen Maßnahmen dabei entfalten, können weit über das hinausgehen, was vom Urheberrecht geschützt wird, wenn beispielsweise gemeinfreie Werke und Schutzgegenstände technisch geschützt werden. Auch Freiheiten im Umgang mit geschützten Werken, deren Einschränkung dem urheberrechtlichen Schutzgedanken eigentlich fernliegt, wie die Häufigkeit der Wiedergabe einer Musikdatei oder wie oft ein Buch gelesen wird, können mittels technischer Maßnahmen reguliert werden.[553] Technische Maßnahmen müssen daher denselben Schrankenprüfungen wie das Urheberrecht selbst unterzogen werden. Es ist deshalb zu begrüßen, daß der Gesetzgeber in § 95a UrhG den Schutz technischer Maßnahmen auf die Anwendung auf Werke und Schutzgegenstände begrenzt hat, die dem Schutz des Urheberrechts unterliegen, und die Durchsetzbarkeit gewisser Schranken gewährleisten will. Ob und unter welchen Voraussetzungen darüber hinaus die Verwen-

---

[550] Vgl. die Definition interner Institutionen bei Voigt, S. 32, 40.
[551] Siehe dazu „Schutz technischer Maßnahmen vor Umgehung, § 95a UrhG", S. 94.
[552] Vgl. Hoeren, MMR 2000, S. 515, 520f.; Kröger, DuD 2001, S. 723ff.; vgl. Kröger, S. 7ff.; Loewenheim-*Peukert*, § 33 Rn. 6; Wand, GRUR Int. 1996, S. 897, 905.
[553] Vgl. Lessig, S. 139ff.

dung und der Regelungsgehalt technischer Schutzmaßnahmen explizit zu regeln und auch zu begrenzen sind, ist weiter zu untersuchen.

Der von *Freiwald* behandelte und dann zu Recht abgelehnte Gedanke, technische Schutzmaßnahmen könnten das Urheberrecht vollständig substituieren, ist jedoch auch in diesem Zusammenhang nicht nachvollziehbar.[554] Weder können Rechtsinhaber zum Einsatz technischer Schutzmaßnahmen gezwungen werden, noch können technische Schutzmaßnahmen ohne rechtlichen Schutz bestehen.

5. Abschnitt: Relevanz der Interdependenzen

Eine rechtliche Regelung, die ein hohes Niveau urheberrechtlichen Schutzes nicht lediglich formal kodifiziert sondern in der Praxis auch lenkende Wirkung entfalten möchte, muß das Zusammenspiel der internen mit den externen Institutionen angemessen berücksichtigen.[555]

Werden diese Interdependenzen bei der Gestaltung externer Institutionen nicht hinreichend berücksichtigt, „kann eine – gut gemeinte – Veränderung externer Institutionen durch die induzierte Veränderung der internen Institutionen mit einem negativen Nettonutzen verbunden sein".[556] Dies führt nach *de Soto* zu einem Aufblühen des informellen Sektors.[557] Der auch als Schattenwirtschaft bezeichnete informelle Sektor einer Wirtschaft umfaßt Aktivitäten, die „außerhalb der formell regulierten und von öffentlichen Statistiken erfaßten Tätigkeiten stattfinden."[558] Ähnlich wie die als zu einschneidend empfundenen steuer- und arbeitsrechtlichen Vorschriften der Schwarzarbeit ungeheuren Vorschub leisten und damit kontraproduktiv wirken, so können die Aufhebung der Privatkopieschranke sowie zu restriktive Kopierschutztechniken dazu führen, daß sich ein Markt für kommerzielle Raubkopien entwickelt und sich auch rechtswidrige Filesharing-Angebote als Quelle für Musikdateien nicht ausmerzen lassen.[559]

Institutionelle Änderungen führen zu Unsicherheit, damit erhöhten Transaktionskosten[560], woraus sich die Empfehlung ableiten läßt, auch diese Änderungen

---

[554] Vgl. Freiwald, S. 179.

[555] Vgl. Voigt, S. 19f.: „Die Möglichkeit, wachstums- und entwicklungsfördernde Institutionen politisch durchsetzen zu können, sind durch die kulturelle Prägung der jeweiligen Gesellschaft beschränkt.". Auch Kirchner, in: Kruse/Stockmann/Vollmer (Hrsg.), Festschrift für Ingo Schmidt, S. 33, 38.

[556] Voigt, S. 139 f.

[557] de Soto, S. 12.

[558] Voigt, S. 89.

[559] Vgl. heise online vom 3. Mai 2004, abrufbar unter http://www.heise.de/newsticker/meldung/47088.

[560] Transaktionskosten sind die Kosten, die für Verhandlung, Information und Koordination eines angestrebten Vertrages entstehen (Schwintowski, JZ 1998, S. 581, 582).

so gering wie nötig zu halten. Damit ergibt sich aus ökonomischer Sicht das Bedürfnis, für die vorzuschlagende Regelung den mildest möglichen Eingriff in individuelle Rechtspositionen auszuwählen.[561]

Die damit geförderte Erwartungssicherheit minimiert die einer institutionellen Änderung folgende Zurückhaltung der Konsumenten und senkt die Bereitschaft, gegen die geänderte Institution zu opponieren oder sich ihr durch norminkonformes Verhalten zu entziehen. Der Einsatz restriktiver Kopierschutztechnologien, der, wie gerade gezeigt, die Wirkung externer Institutionen entfalten kann, hat dies deutlich demonstriert. Er hat Konsumenten verunsichert und sie in der Nutzung ihrer erworbenen Tonträger eingeschränkt und nicht selten behindert. Da der Einsatz restriktiver Kopierschutztechnologien die vorbeschriebene interne Institution nicht nur nicht berücksichtigte, sondern sie direkt zu bekämpfen suchte, ist er in seiner derzeitigen Form trotz des komplementären rechtlichen Schutzes nicht erfolgreich. Er ist für die Rechtsinhaber sogar eher von Nachteil gewesen.

Berücksichtigt eine gesetzliche Regelung dagegen die interne Institution, nach der auf die rechtliche und technische Verhinderung der privaten Vervielfältigung mit Rechtsbruch – oder Konsumverzicht – reagiert wird, so ist zu erwarten, daß sie auf allgemeine Akzeptanz stößt. Es kann sich daraus sogar eine interne Institution entwickelt, in der die Nutzer selbst untereinander auf die Einhaltung urheberrechtlichen Schutzes und der Vergütungspflichtigkeit auch privater Vervielfältigungshandlungen achten.[562]

Fairneß- und Gerechtigkeitsvorstellungen beeinflussen Preisbildung und Vertragsbindungen, weil sie das Handeln der Akteure beeinflussen.[563] Wird eine gesetzliche Regelung der privaten Vervielfältigung und ihrer Vergütung nämlich als ein faires Modell, das sowohl Nutzerbelange gewährleistet als auch den Rechtsinhabern dafür eine angemessene Vergütung zuspricht, rezipiert und akzeptiert, so führt dies zu einer Schärfung des Rechtsbewußtseins. Ein Rechtsbruch, also die Umgehung der angemessenen Vergütung der Urheber und Leistungsschutzberechtigten, wird ohne Zutun staatlicher Obrigkeit durch die Akteure selbst als unfair geächtet.[564] Gesellschaftlicher Kontrolle unterliegt solchermaßen norminkonformes Verhalten hauptsächlich außerhalb der häuslichen Privatsphäre, wie sie vor allem bei der immer bedeutender werdenden mobilen

---

561 Zur Berücksichtigung des Nutzerverhaltens auch Bundesjustizministerin Brigitte Zypries Sitzungsprotokoll des Deutschen Bundestages, 15. Wahlperiode, 10. Sitzung, 14. November 2002, S. 625, 626.

562 Eine solche Institution entspräche nach der von Voigt vorgeschlagenen Typisierung einer internen Institution vom Typ 3, vgl. Voigt, S. 39.

563 Voigt, S. 75f.; vgl. Hilty, ZUM Sonderheft 2003, S. 983, 989; vgl. auch die Beispiele von Frank, S. 163; Kahnemann/Knetsch/Thaler, S. 728ff.

564 Vgl. Rotsch, NJW 48/2003, Editorial, S. III.

privaten Nutzung stattfindet, worauf im folgenden noch näher eingegangen wird.[565]

Dies führt zu der zunächst paradox anmutenden Feststellung, daß die Beibehaltung des Rechts auf private Vervielfältigung, sogar in Form eines durchsetzbaren Anspruchs, dem wohlverstandenen wirtschaftlichen Eigeninteresse der Rechtsinhaber in hohem Maße förderlich ist.

6. Abschnitt: Revidierbarkeit rechtlicher Lösungen

Der hier gezogene Schluß beruht, wie jede Wirkungsanalyse, unter anderem auch auf spekulativen Elementen.[566] Ein sich daraus ergebendes Lösungsmodell hat daher zu berücksichtigen, daß die angenommenen Voraussetzungen sich auch als unzutreffend erweisen können. Es muß also die Möglichkeit gegeben sein, das Modell anzupassen oder zu verändern. Gleichzeitig muß die externe Institution aber mittelfristig verläßlich sein, um ihre positive Anreizwirkung entfalten zu können.[567]

---

[565] Siehe S. 161.
[566] Vgl. Kirchner, GRUR Int. 2004, S. 603, 607.
[567] Vgl. Kirchner, GRUR Int. 2004, S. 603, 607.

4. Teil: Systemvergleich: Pauschalvergütung und Individuallizenz

1. Kapitel: Das System der pauschalen Vergütung für private Vervielfältigungshandlungen

Der Vergütungsanspruch gem. § 54 UrhG, auf den bereits oben auf Seite 70 ausführlich eingegangen wurde, soll die Rechtsinhaber für den ihnen durch die Schrankenregelung des § 53 UrhG entstehenden Nachteil entschädigen. Dieser Anspruch wird durch eine stückzahlbezogene Vergütung befriedigt, die auf Vervielfältigungsgeräte und Speichermedien, die erkennbar zur Vervielfältigung geschützter Werke und Schutzgegenstände auf Bild- und Tonträger bestimmt sind, erhoben wird. Da diese Vergütungspflicht über den Kaufpreis auf den Nutzer abgewälzt wird, trifft sie durch ihren pauschalen Charakter auch Personen, die mit den erworbenen Geräten keine urheberrechtsrelevanten (oder zumindest keine vergütungspflichtigen)[568] Nutzungshandlungen vornehmen.

Die Funktionsweise dieses Vergütungssystems hat sich dennoch bewährt.[569] Die Stärke der in der ZPÜ zusammengeschlossenen Verwertungsgesellschaften hat in der Vergangenheit ermöglicht, den Schutz der Urheber und Leistungsschutzberechtigten aufrecht zu erhalten.[570] Die Belastung mit einer pauschalen Vergütung geht auf eine Idee des Bundesgerichtshofs zurück[571] und ist auch vom Bundesverfassungsgericht für zulässig befunden worden.[572]

Anders als vielfach vorgebracht werden ausländische Hersteller durch die Vergütungspflicht nicht bevorzugt. Importierte Geräte werden durch die Inanspruchnahme der Importeure und Händler mit einer Vergütung in gleicher Höhe belastet und müssen sich dem Preiswettbewerb mit derselben Kalkulation stellen. Eine Inländerdiskriminierung liegt daher nicht vor.[573] Erstrebenswert ist nichtsdestotrotz eine europäische Harmonisierung auch der pauschalen Vergü-

---

568 Denn auch die Aufnahme eines eigenen musikalischen Vortrages läßt urheberrechtliche bzw. verwandte Schutzrechte entstehen, ist aber u.U. weder erlaubnis- noch vergütungspflichtig.

569 Vgl. auch BT-Drucks. 15/38.

570 Vgl. Pickrahn, S. 182.

571 BGHZ 42, S. 118, 133 – Personalausweise = GRUR 1965, S. 104, 108. Vgl. im Vorfeld dazu BGH vom 22. Januar 1960 = GRUR 1960, 340 – Werbung für Tonbänder; BGH vom 12. Juni 1963 = GRUR 1964, 91 – Tonbänder-Werbung; BGH vom 26. Juni 1963 = GRUR 1964, 94 – Tonbandgeräte-Händler.

572 BVerfGE 31, S. 255, 269 – Tonbandaufzeichnungen.

573 Vgl. BVerfGE 31, S. 255, 269f.

tungssysteme.[574] Abgesehen davon hat das System der pauschalen Geräte- und Leermedienabgabe auch im Ausland Verbreitung gefunden. In den meisten europäischen Ländern existieren vergleichbare Vergütungssysteme[575]. Auch in den USA wurde eine solche Abgabe mit dem Audio Home Recording Act von 1992 eingeführt, jedoch auf bestimmte Geräte und Medien beschränkt.[576]

2. Kapitel: Möglichkeiten der individuellen Lizenzierung

Die Möglichkeiten, die der Vertrieb von Musik in digitaler Form bietet, versprechen auch die Entbehrlichkeit pauschaler Belastungen der Nutzer. Mit Hilfe von Systemen zum digitalen Rechtemanagement[577] könnten einige der Gründe, die zur Einführung der Privatkopierfreiheit und der damit einhergehenden pauschalen Vergütung geführt haben, entfallen. Daher wird vor allem von durch die Pauschalvergütung belasteten Geräte- und Speichermedienherstellern[578] die Forderung nach einer Ablösung des bisherigen Vergütungssystems zugunsten einer individuellen Lizenzierung und Vergütung mittels Systemen zum digitalen Rechtemanagement erhoben.[579]

Wie bereits oben gezeigt wurde,[580] ermöglichen DRM-Systeme eine exakte Erfassung einzelner Verwertungshandlungen auch im privaten Bereich, insbesondere die Erfassung und Beschränkung privater Vervielfältigungen. Auch die Abrechnung der für die individuelle Lizenzierung zu zahlenden Lizenzgebühren ist mit DRM-Systemen möglich. Dadurch erhalten auch einzelne Urheber und Rechtsinhaber die Option, ihre Inhalte unter Nutzung von DRM-Systemen selbständig kommerziell in digitaler Form anzubieten und die Vergütungssätze selbst festzulegen. Dies stellt sich grundsätzlich sowohl für den Lizenzgeber als auch für den Nutzer als Vorteil gegenüber dem aus der Not geborenen pauschalen Vergütungsmodell dar.

---

[574] Kreile, in: Baur (Hrsg.), Festschrift für Ralf Vieregge, S. 459, 466ff.; Dieselhorst GRUR Int. 1994, S. 788, 792. Dazu auch Reinbothe, ZUM 2003, S. 27, 30ff.

[575] Vgl. Dieselhorst, GRUR Int. 1994, S. 788ff.; Hugenholtz/Guibault/van Geffen, S. 12ff.; Davies/Hung, S. 116ff.

[576] Viana, S. 88f.

[577] DRM-Systeme, sie oben ab Seite 87.

[578] Allen voran der Branchenverband BITKOM, http://www.bitkom.org.

[579] BITKOM, Das Internet braucht keine Pauschalabgaben, 14. November 2002, abrufbar unter http://www.bitkom.org/index.cfm?gbAction=gbcontentfulldisplay&ObjectID=4C42FADA-EAF1-4EDB-96DA36F1B2E929A0; heise online vom 14. März 2003, abrufbar unter http://www.heise.de/newsticker/meldung/35358.

[580] Siehe „DRM-Systeme im engeren Sinne“ ab S. 91.

Der Online-Vertrieb hat dabei gerade für Produzenten und kleinere Labels auch den Vorteil, daß die Finanzierung der kommerziellen öffentlichen Zugänglichmachung von Tonaufnahmen im Online-Vertrieb deutlich günstiger ist als die der Handelsveröffentlichung körperlicher Tonträger. Zwar sind die Kosten der Musikproduktion in beiden Fällen identisch, und statt Investitionen in CD-Preßwerke müssen sich Anschaffungskosten für Software-Plattformen und deren Betrieb amortisieren. Die einmalige Bereitstellung einer Musikdatei zum Download stellt jedoch deutlich geringere Anforderungen an die Finanzierung und damit an das unternehmerische Risiko als die Herstellung einer gewissen Stückzahl physischer Tonträger und deren Vertrieb.

Auch müssen die GEMA-Vergütungen für mechanische Vervielfältigung nur noch nach der verkauften und nicht mehr, wie für kleinere Labels und Eigenproduktionen üblich, pauschal nach der gepreßten Stückzahl abgerechnet werden.[581]

3. Kapitel: Vergleich

Die Digitalisierung urheberrechtlich geschützter Inhalte und die Konvergenz der Medien haben nicht nur den Markt grundlegend verändert, sie müssen auch zu einer erneuten Abwägung zwischen der in Grenzen erlaubten und pauschal vergüteten Privatkopie und der durch DRM-Systeme unterstützten individuellen Lizenzierung führen. Die dazu geführte Diskussion geht weit über den hier untersuchten Bereich der Vergütung für die private Vervielfältigung hinaus und erstreckt sich auf nahezu alle Tätigkeitsbereiche der Verwertungsgesellschaften. Die hier vorgenommene Abwägung der Vor- und Nachteile beider Systeme versucht dennoch, diesen Fokus so weit wie möglich beizubehalten.

Da technische Schutzmaßnahmen erstmals die technische Möglichkeit bieten, Privatkopien entweder zu unterbinden oder kontrolliert zuzulassen, wankt eine der Säulen, auf denen die Privatkopierfreiheit steht. Eine solche Kontrolle – ohne schwerwiegenden Eingriff in Grundrechte – in Verbindung mit einem Vergütungssystem, ermöglicht es erstmals, urheberrechtliche Bestimmungen auch im privaten Bereich wirksam durchzusetzen. Die nach § 54 UrhG Vergütungspflichtigen könnten dann von der pauschalisierten Abgabe befreit werden, wenn ein pauschales Vergütungssystem nicht aus anderen Erwägungen vorteilhaft wäre.

Wenn Urheber und Leistungsschutzberechtigte ihre Rechte mit elektronischen Rechteverwaltungssystemen selber wahrnehmen können, könnten auch in

---

[581] Vgl. Berndorff/Berndorff/Eigler, Musikrecht, S. 74.

einem weiteren Rahmen die Tätigkeiten der Verwertungsgesellschaften in Frage gestellt werden.[582]

So attraktiv die Möglichkeiten individueller Lizenzierung sind, sie zeigen in einigen Bereichen jedoch Schwächen, die wiederum beim pauschalen Vergütungssystem nicht festzustellen sind.

Werden technische Schutzmaßnahmen beispielsweise umgangen, so findet keine Vergütung mehr statt. Anders bei der pauschalen Vergütung: Hier sind Hersteller, Importeure und Händler vergütungspflichtig, gegen die auch ein Auskunftsrecht besteht. Der Endnutzer ist auf die Verwendung von Vervielfältigungsgeräten und Speichermedien angewiesen und kann sich der Vergütung, die er mit dem Kaufpreis übernommen hat, nicht entziehen. Der Verzicht auf eine Geräte- und Speichermedienabgabe birgt daher sogar die Gefahr, Verletzungshandlungen zu fördern und den Rechtsinhabern die ihnen zustehende Vergütung dadurch vorzuenthalten.

Auch ermöglichen die Verwertungsgesellschaften, die den Vergütungsanspruch nach §§ 54, 54a UrhG wahrnehmen, dem einzelnen Rechtsinhaber eine effizientere Rechtsdurchsetzung bei unlizenzierter Nutzung durch Dritte oder für den Fall, daß dieser die vereinbarte Lizenzgebühr nicht bezahlt.[583] Kaum ein Urheber oder Künstler wird in einem solchen Fall gerne selbst die Gerichte oder ein Inkassobüro bemühen wollen. Im übrigen machen sich auch die Verwertungsgesellschaften die Möglichkeiten digitalen Rechtemanagements zunutze.[584]

Das pauschale Vergütungssystem bietet einheitliche Tarife und schafft damit Transparenz, verhindert dadurch aber auch den Wettbewerb. Ein Markt für Vervielfältigungen zum privaten Gebrauch kann erst entstehen, wenn diese individuell mittels DRM-Systemen lizenziert werden können.

In diesem Zusammenhang ist auch erwähnenswert, daß die Wahrnehmung des Vergütungsanspruches nach §§ 54, 54a UrhG durch Verwertungsgesellschaften die Rechtsposition der Leistungsschutzberechtigten stärkt. Die Vergütung nach § 54 Abs. 1 UrhG stellt für Künstler stets eine nicht verhandelbare Einkommensquelle dar.

Eine nicht pauschal eingezogene Lizenzgebühr für private Vervielfältigungshandlungen würde mittels DRM-Systemen zunächst zusammen mit dem Kaufpreis durch den Verwerter der Tonaufnahme eingezogen. Ihre Höhe wäre auch nicht mehr kraft Gesetz garantiert, sondern durch den Markt bestimmt. Die Ver-

582 Möschel/Bechtold, MMR 1998, S. 571, 576; vgl. Schack, JZ 1998, S. 753, 759.

583 Meyer, S. 27; Dördelmann, GRUR 1999, S. 890, 892.

584 Pfennig, ZUM 2004, S. 198-203; Gerhardt, ZUM 2003, S. 38-40; Möschel/Bechtold, MMR 1998, S. 571, 576.

gütung, die den Leistungsschutzberechtigten zusteht und derzeit von den Verwertungsgesellschaften aufgeteilt wird, müßte dann vom auswertenden Dritten weiterverteilt werden, der unter Umständen nicht einmal einen eigenen Anspruch hat. Dadurch sähe sich der Anspruch plötzlich der Begehrlichkeit der auswertenden Dritten ausgesetzt. So würde die anschließende Verteilung der Vergütung zwangsläufig Bestandteil der Vertragsverhandlungen zwischen Künstler und Tonträgerhersteller oder zwischen Tonträgerhersteller und auswertendem Dritten.

Eine Vergütung durch DRM-Systeme kann erst für die Zukunft eingesetzt werden. Der gesamte ungeschützte Tonträgerbestand läßt sich mit ihnen nicht nachträglich schützen, ebensowenig können die von diesem Bestand vorgenommenen Vervielfältigungshandlungen individuell vergütet werden. Auch kann kein Rechtsinhaber zum Einsatz technischer Schutzmaßnahmen gezwungen werden, gleichwohl steht ihm ein Anspruch auf angemessene Vergütung zu.[585] Dies ist nur durch eine pauschal erhobene Vergütung zu realisieren.

Der Einsatz technischer Schutzmaßnahmen soll sich auch auf Medien wie die CD erstrecken, von denen eine Vielzahl ungeschützt vorhanden ist. Daher kann hier auch bezüglich der Lizenzierungs- und Vergütungsart nicht so differenziert werden, wie dies beispielsweise in Abgrenzung zu einer Nutzungsart erfolgen könnte, die gänzlich neue Tonträgerformate nutzt. Die Möglichkeiten der Digitalisierung heben diese Datenträgergrenzen auf, so daß spätestens auf dem Zielmedium, auf das eine digitale Vervielfältigung erfolgt, sowohl DRM-geschützte als auch ungeschützte Tonaufnahmen gespeichert werden. Es bestünde also auch bei der individuellen Lizenzierung für Nutzungshandlungen an geschützten Inhalten der Bedarf, andere Vervielfältigungshandlungen pauschal zu vergüten. Dies müßte gem. Art. 5 Abs. 2 lit. b) InfoSoc-Richtlinie und § 13 Abs. 4 UrhWG wiederum durch eine Anpassung der Höhe der pauschalen Vergütung berücksichtigt werden. Das Element der pauschalen Vergütung ließe sich also nicht gänzlich eliminieren.

Dies spricht dafür, hinsichtlich der Vergütung für die nach § 53 Abs. 1 UrhG zulässige private Vervielfältigung auf ein einheitliches System zu setzen. Setzt man die deutlichen Begrenzungen voraus, die im nachfolgenden Lösungsmodell entwickelt werden, so ist die Beibehaltung des pauschalen Vergütungssystems zur Abgeltung privater Vervielfältigungshandlungen vorzugswürdig. Bei gleichzeitigem Schutz technischer Maßnahmen bleibt dabei für zukünftige Nutzungsarten und Speichermedien auch der Weg zu einer individuell vergüteten Privatkopie nicht versperrt.

---

[585] Vgl. dazu heise online vom 28. September 2002, abrufbar unter http://www.heise.de/newsticker/meldung/31072.

4. Kapitel: Bandbreitensteuer als Alternative

Als alternatives Vergütungssystem zu restriktiven DRM-Systemen werden im Zeitalter des „free flow of information" auch Abgaben auf Internetzugänge vorgeschlagen.[586]

Die Begründer dieser Modelle, die vor allem aus der Open Source-Szene kommen, plädieren für einen grundsätzlich anderen Umgang mit geistigen Werken im Internet.[587] Das private Vervielfältigen und sogar das öffentliche Zugänglichmachen urheberrechtlich geschützter Werke zu privaten Zwecken soll danach für zulässig erklärt werden.[588] Dabei soll eine solche Abgabe, zusätzlich zu den Vergütungen für Vervielfältigungsgeräte und Speichermedien, pauschal erhoben, von den Internet-Diensteanbietern zusammen mit den Gebühren eingezogen und an eine neu zu gründende Online-Verwertungsgesellschaft abgeführt werden. Jedes Werk soll eine digitale Kennung erhalten, mit der sich anonym messen lassen soll, wie oft es genutzt wurde.[589] Diese Ergebnisse sollen nicht die Erhebung der Vergütung beeinflussen, sondern ihre Verteilung an die Rechtsinhaber.

In verschiedenen Bereichen, vornehmlich für Computersoftware, funktionieren Modelle, die eine kostenlose Vervielfältigung auch zu kommerziellen Zwecken ausdrücklich erlauben.[590] Auch bei diesen Modellen wird der Umgang mit den Schutzobjekten und deren Weitergabe durch spezielle Lizenzen geregelt, die nur mit Hilfe des Urheberrechts durchzusetzen sind. Die Schöpfer der Software finanzieren sich häufig durch Serviceleistungen und andere Angebote rund um die freigegebenen Werke oder bewerben ihre Arbeitsleistungen mit der unter eine Open Source Lizenz gestellten Software.

Auf den Markt für Tonträger sind diese Geschäftsmodelle nur sehr eingeschränkt übertragbar. Anreize zur Schaffung neuer Werke bestehen nur dann, wenn die rechtlichen, ökonomischen und tatsächlichen Grundlagen für eine umfassende Auswertung gegeben sind.[591] Die im Musikbereich getätigten enormen Investitionen können sich nur in den seltensten Fällen über Nebenprodukte wie Service, Tourneen und Merchandising amortisieren, da verschiedene Rechtsin-

---

586 So z.B. der Internetpionier John Perry Barlow in c't 5/2003, S. 90; vgl. auch Electronic Frontier Foundation, http://www.eff.org; free Software Foundation, http://www.fsf.org; auch http://www.contentflatrate.org/.

587 Barlow, z.B. The Next Economy Of Ideas, Wired 8.10 vom Oktober 2000, abrufbar unter http://www.wired.com/wired/archive/8.10/download.html; ders. im Jahre 1992, The Economy of Ideas, abrufbar unter http://www.eff.org/~barlow/EconomyOfIdeas.html.

588 Zur Auseinandersetzung mit einer entschädigungslosen Freistellung privater Vervielfältigung Wiegand, S. 335ff.

589 Contentflatrate.org, Stellungnahme, S. 8.

590 Z.B. GNU Public License (GPL).

591 Vgl. Bing, S. 151.

haber verschiedene Verwertungs- und Nutzungsrechte an Tonträgern haben und ihre Einkünfte jeweils aus der Auswertung ihrer geschützten Leistung beziehen.

Es wird schnell deutlich, daß mit einem solchen Modell die zur Beibehaltung der Anreizfunktion erforderliche angemesse Vergütung nicht erreicht werden kann. Eine schnelle Verbreitung breitbandiger Internetzugänge ist als wirtschaftsfördernd zu betrachten.[592] Um die dergestalt erlaubten Nutzungsvorgänge angemessen zu kompensieren, müßte die Vergütung jedoch eine Höhe erreichen, die die Kosten des reinen Internetzugangs zumindest erreicht, wenn nicht überschreitet. Eine hohe Vergütung auf breitbandige Internetzugänge zu erheben würde jedoch bedeuten, deren Verbreitung deutlich zu behindern. Dies ist daher wirtschaftspolitisch nicht sinnvoll.[593] Außerdem würde eine derart umfassende Erlaubnisfreistellung die Erstverwertung nicht nur von Musikaufnahmen im Online-Bereich nahezu unmöglich machen. Das Bundesministerium der Justiz hat bei der Vorstellung des Gesetzesentwurfes zum „Zweiten Korb" eine vollständige Legitimierung von Internet-Tauschbörsen durch eine solche fälschlicherweise als „Kultur-Flatrate" bezeichnete Vergütung zu Recht abgelehnt.[594]

Auch andere denkbare Kompensationen, die an den Internetverkehr anknüpfen, wie eine Erfassung des tatsächlich übertragenen Datenvolumens, scheinen nicht praktikabel. Zwar läßt ein hohes Datenvolumen grundsätzlich auf die Übertragung urheberrechtlich geschützter Musikaufnahmen oder Filmwerke schließen, ist jedoch kein ausreichender Anhaltspunkt für eine Vergütungspflicht. Eine Erfassung des Datenverkehrs über bestimmte Ports, die beispielsweise von Tauschbörsen genutzt werden, ist zu leicht durch Wechsel dieser Ports zu verhindern. Eine darüber hinausgehende Analyse des Datenverkehrs ist zu aufwendig, zu teuer und zu unsicher. Sie stellt auch eine übermäßige Kontrolle dar, die von den Befürwortern einer „Content Flatrate" sicher nicht gewollt ist.

---

[592] PWC, A New Era For Content, S. 4f.; FTD vom 14. Januar 2004, abrufbar unter http://www.ftd.de/tm/it/1073815412317.html.

[593] Freiwald, S. 188.

[594] Krempl, c't aktuell vom 9. September 2004, abrufbar unter http://www.heise.de/ct/aktuell/meldung/50805.

5. Teil: Eigener Lösungsvorschlag

1. Kapitel: Ausgangssituation

Die derzeitige Situation ist für alle Akteure unbefriedigend. Während die Rechtsinhaber jeglichen Einfluß auf den Umfang der Werknutzung verlieren und sich dadurch neben der uneingeschränkten rechtswidrigen auch der vollkommen unzureichend kompensierten rechtmäßigen Vervielfältigung ihrer Werke und Tonaufnahmen ausgesetzt sehen, besteht auf Nutzerseite große Rechtsunsicherheit über die Zulässigkeit privater Vervielfältigung und über die zivil- und strafrechtlichen Konsequenzen unrechtmäßigen Handelns. Die Ausgestaltung der Privatkopierfreiheit de lege lata als erlaubnisfreie Handlung ohne Anspruch auf ihre Durchsetzung in Verbindung mit dem sanktionsbewehrten Schutz beliebig rigider Kopierschutzmaßnahmen führt faktisch zu ihrer Unterhöhlung. Dies kann beabsichtigt sein, ist dogmatisch jedoch unsauber und in sich widersprüchlich. Daß trotz der technischen Verhinderung weiterhin am pauschalen Vergütungsmodell festgehalten wird, resultiert in einer nicht zu rechtfertigenden Doppelvergütung. Anders als bei der von *Sack* 1984 in seinem Gutachten für die Magnetbandindustrie kritisierten Doppelvergütung,[595] in dem er, wie *Nordemann* darlegt[596], verkennt, daß es keine Erschöpfung des Vervielfältigungsrechtes gibt, liegt hier ein echter Fall der Doppelvergütung für ein und dieselbe Vervielfältigungshandlung vor.[597] Die pauschale Vergütung kann auch nicht als pauschalierter Schadensersatz für rechtswidrige Vervielfältigungshandlungen erhoben werden.[598]

Die für den „Zweiten Korb" geplante Koppelung der Vergütungshöhe an die Verwendung von Kopierschutzmaßnahmen stellt an sich keine zufriedenstellende Lösung dar.[599] Gleichwohl erscheint sie im Rahmen der geplanten Regelung angemessen, denn die vorgesehene Neufassung gewährleistet die tatsächliche Möglichkeit privater Vervielfältigung nicht. Problematisch bleibt jedoch die Er-

---

[595] Sack, Die urheberrechtliche Leerkassettenvergütung, BB 1984, S. 18.

[596] Nordemann, ZUM 1985, S. 57, 61.

[597] A.A. Diemar, GRUR 2002, S. 587, 592, die aufgrund des „geringen Anteils von Kopiervorlagen am insgesamt zur Verfügung stehenden urheberrechtlich geschützten Material sowie der Möglichkeit der qualitativ hochwertigen Wiederaufnahme und Redigitalisierung" keine verfassungsrechtlichen Bedenken hinsichtlich der Erforderlichkeit und Angemessenheit der Vergütungsverpflichtung in §§ 54, 54a UrhG hat.

[598] A.A. Gebhardt, ZUM Sonderheft 2003, S. 1022, 1024, der den Gedanken der Gefährdungshaftung von Geräte- und Leermedienherstellern zur Begründung heranzieht.

[599] Vgl. dazu die Pressemitteilung des BMJ vom 9. September 2004, S. 2ff, abrufbar unter http://www.bmj.bund.de/media/archive/749.pdf.

fassung der kopiergeschützten Medien über Händlerbefragungen. *Kreutzer* schlägt eine Ermittlung durch die Verwertungsgesellschaften vor, *Peukert* plädiert für eine Meldepflicht an die Verwertungsgesellschaften.[600]

Das Bundesjustizministerium gedenkt ferner, das Ausmaß der tatsächlichen Nutzung von Geräten zu urheberrechtsrelevanten Nutzungen über Marktforschungsumfragen zu ermitteln. Die Wahrscheinlichkeit, hier auf Dauer realistische Ergebnisse erlangen zu können, ist jedoch eher gering einzuschätzen: Die Befragten wüßten, daß jene Geräte, die von ihnen als Vervielfältigungsgeräte für Musikaufnahmen angegeben werden, teurer würden. Es bestünde also seitens der Nutzer ein Anreiz, die tatsächlichen Verwertungsvorgänge zu verschleiern. Dies wiederum würde direkt zur Folge haben, daß die Gerätevergütungen zu niedrig bemessen würden.

Weiter ist unklar, wie die Erhebung und Ausschüttung für Tonträger erfolgen soll, die private Vervielfältigungen in begrenztem Maße zulassen. Eine Fixierung auf Gerätevergütungen, die nur einmal für eine Vielzahl von Nutzungsvorgängen erhoben werden, kann auch nicht zu einer quantitativ befriedigenden Vergütung führen. Dies um so mehr, als die Vorgabe des Entwurfes, es müsse ein angemessenes Verhältnis der Vergütung zum Gerätepreis bestehen, diese Vergütung deckelt. Es ist auch nicht zu erkennen, wieso für zwei typengleiche Geräte mit unterschiedlichem Kaufpreis, aber der gleichen Eignung zur Vervielfältigung unterschiedliche Vergütungen zu zahlen sein sollten.

Es verbleibt ein technisch nicht geschützter und nicht schützbarer Bestand an analogen und digitalen Tonträgern, der bezüglich einer angemessenen Kompensierung zulässiger Vervielfältigungshandlungen dem Einflußbereich der Rechtsinhaber entzogen ist.[601] Ein Schutz lediglich aktueller, mit technischen Schutzmaßnahmen versehener Veröffentlichungen wird der Vervielfältigungspraxis jedoch nicht gerecht und führt nicht zum erstrebten Ergebnis.[602]

Ein umfassendes Verbot der nicht individuell lizenzierten privaten Vervielfältigung dagegen wäre nicht nur verfassungsrechtlich bedenklich, sondern würde auch an ökonomischen Bedenken scheitern.[603] Zudem müßte dann auf die pau-

---

[600] Kreutzer, ZUM Sonderheft 2003, S. 1041, 1044f.; Peukert, ZUM Sonderheft 2003, S. 1050, 1057f.

[601] Vgl. dazu die Pressemitteilung des BMJ vom 9. September 2004, S. 3, abrufbar unter http://www.bmj.bund.de/media/archive/749.pdf; auch Zypries, Rede beim Symposium in München am 16. September 2003 sowie die Entscheidung der Schiedsstelle beim Deutschen Patent- und Markenamt zur Geräteabgabe auf CD-Brenner vom 4.5.2000 – Sch-Urh 12/99, III. 2. e) = ZUM 2000, S. 599, 605.

[602] Laut Brennerstudie 2004 der GfK haben 45 % der Befragten häufig bis sehr häufig ältere und seltenere Musikstücke auf CD/DVD-Rohlinge gebrannt, Neuheiten nur 37 %.

[603] Vgl. S. 119.

schale Vergütung verzichtet werden.[604] Vervielfältigungen des ungeschützten analogen wie digitalen Altbestandes wären weiterhin der Kontrolle entzogen, das Gesetz mithin nicht durchzusetzen.[605] Die auf Nutzerseite erforderliche Schärfung des Rechtsempfindens wäre damit konterkariert.

Am anderen Ende des denkbaren Regelungsspektrums würde ein unbegrenztes Recht auf Privatkopie unter den gegebenen Umständen dazu führen, daß Investitionen im Tonträgerbereich nicht zu amortisieren und daher wirtschaftlich nicht zu vertreten wären. Als Folge würden die kulturelle Vielfalt und damit die individuellen Entfaltungsmöglichkeiten stark eingeschränkt.[606]

2. Kapitel: Prämissen

Eine ausgleichende Lösung muß daher den verschiedenen aufgezeigten Prämissen gerecht werden.

1. Es müssen Rahmenbedingungen geschaffen werden, die weiterhin Anreiz für Investitionen in die Aufnahme und Verwertung musikalischer Werke schaffen, d.h. die die kommerzielle Verwertbarkeit von Musikaufnahmen gewährleisten.

2. Nicht mehr im Handel erhältliche veröffentlichte Tonaufnahmen urheberrechtlich geschützter Musikwerke müssen jedermann zugänglich sein. Dazu muß in einem gewissen Umfang auch die private Vervielfältigung zulässig bleiben.

3. Da die vorliegend behandelten Gegebenheiten sich mit den Modellen der Institutionenökonomik begreifen lassen, ist es angeraten, einer Neuregelung auch die von *Voigt* daraus entwickelten wirtschaftspolitischen Empfehlungen zugrunde zu legen:
   a. "Institutionelle Veränderungen, welche die *de jure – de facto* Divergenz vergrößern, erhöhen die Transaktionskosten und sind somit kontraproduktiv."[607]

---

[604] Vgl. Art. 5 Abs. 2 b) InfoSoc-RL: bei der Vergütung ist der Einsatz von DRMS zu berücksichtigen.

[605] Vgl. die Entscheidung der Schiedsstelle beim Deutschen Patent- und Markenamt zur Geräteabgabe auf CD-Brenner vom 4. Mai 2000 – Sch-Urh 12/99, III. 2. e) = ZUM 2000, S. 599, 605.

[606] Däubler-Gmelin, ZUM 1999, S. 769, 773.

[607] Voigt, S. 269.

b. Wird versucht, interne Institutionen radikal zu verändern, indem beispielsweise „externe Institutionen eingeführt werden, welche die Nutzung bestimmter interner Institutionen unter Strafe stellen, dann werden die insgesamt anfallenden Durchsetzungskosten steigen."[608]
c. Dann gilt auch: "Bei der Reform externer Institutionen sollten die jeweils gültigen internen Institutionen explizit berücksichtigt werden. Die externen Institutionen sollten im Großen und Ganzen kompatibel sein mit internen Institutionen einer Gesellschaft."[609]

4. Die Gewöhnung der Verbraucher an die Möglichkeit, für den privaten Gebrauch einzelne Vervielfältigungsexemplare anfertigen zu dürfen, verbunden mit der darauf basierenden Ablehnung prohibitiver Kopierschutztechnologien und deren rechtlicher Absicherung, ist ein relevanter ökonomischer Faktor. Dies gilt unabhängig davon, wie man diese Einstellung rechtlich und moralisch bewerten mag. Die Durchsetzbarkeit formaler Regeln hängt von der Kompatibilität mit den jeweils gültigen informellen Regeln ab.[610] Unter Zugrundelegung dieser Grundsätze und des vorstehend Erörterten sprechen, auch und gerade im Interesse der Rechtsinhaber, bereits wirtschaftliche Gründe gegen ein Verbot der Privatkopie. Ökonomische Raison legt daher nahe, das mildeste erforderliche Mittel zu wählen, d.h. auch die Privatkopierfreiheit in engen Grenzen nach Möglichkeit zu gewährleisten.

5. Ein auf Hypothesen beruhender rechtlicher Lösungsvorschlag muß sich der Überprüfung seiner Prognosen stellen. Damit ergibt sich das Bedürfnis, Lösungen so zu gestalten, daß sie bei Falsifizierung der Hypothesen geändert werden zu können.[611] Um ausreichende Sicherheit für Investitionen zu gewährleisten, müssen einerseits die Abstände der Überprüfung groß genug sein und andererseits das Modell so ausgestaltet sein, daß eine Änderung der Regelung bereits getätigte Investitionen nicht übermäßig beeinträchtigt.

---

[608] Voigt, S. 270.
[609] Voigt, S. 270.
[610] Voigt, S. 20; Weingast, Journal of Law, Economics & Organization 1995, S. 24ff.
[611] Kirchner, GRUR Int. 2004, S. 603, 607; vgl. S. 121.

3. Kapitel: Eigenes Regelungsmodell

Als Konsequenz der dargelegten Anforderungen an eine optimierte gesetzliche Regelung wird hier der Versuch unternommen, ein eigenes Regelungsmodell zu entwickeln, das im folgenden erläutert werden soll. Da bei werden zunächst die rechtlichen und rechtspolitischen Aspekte des Modells erläutert, um im folgenden Kapitel ab Seite 146 Vorschläge für die konkrete technische Umsetzung zu machen.

1. Abschnitt: Thesen im Überblick

Um zur umfassenden Verständlichkeit des nachfolgend erläuterten Modells die Übersicht über sämtliche vor allem in ihrem Zusammenspiel funktionierenden Aspekte zu gewährleisten, werden diese zunächst in Thesenform aufgeführt.

1. Ein durchsetzbarer Anspruch auf die Möglichkeit privater Vervielfältigung von Tonträgern kann weder aus § 53 Abs. 1 UrhG noch aus Art. 5 oder Art. 2 GG begründet werden.
2. Die Schaffung eines solchen Anspruches liegt jedoch aus ökonomischer, insbesondere aus institutionenökonomischer Sicht im wirtschaftlichen Interesse der Urheber und Leistungsschutzberechtigten.
3. Ein Anspruch auf private Vervielfältigung darf nur in sehr engen Grenzen eingeräumt werden, deren Einhaltung durch technische Schutzmaßnahmen sicherzustellen ist. Diese technischen Schutzmaßnahmen sind zu fördern und umfassend rechtlich gegen Umgehung zu schützen.
4. Das pauschale Vergütungssystem des § 54 UrhG ist beizubehalten. Die Vergütung ist jedoch deutlich zu erhöhen. Dabei ist eine Vergütung für Aufzeichnungsgeräte möglichst zu vermeiden und eine Vergütung für Audio-Speichermedien vorzuziehen.
5. Die Ausschüttung der pauschalen Vergütung muß sich am Kompensationsinteresse orientieren.

2. Abschnitt: Beibehaltung der Privatkopierfreiheit als gesetzliche Lizenz

Die Privatkopierfreiheit ist in ihrer Ausgestaltung als gesetzliche Lizenz auch für die digitale Vervielfältigung beizubehalten.

Die Ergebnisse der vorstehenden Untersuchungen zusammenfassend kann gesagt werden, daß bezüglich im Handel erhältlicher Tonaufnahmen musikalischer Werke und Interpretationen weder aus der in Art. 5 Abs. 1 GG garantierten Informationsfreiheit noch aus dem in Art. 1 und 2 Abs. 1 GG geschützten Recht auf freie Entfaltung der Persönlichkeit und dem Zugang zu Kulturgütern ein Anspruch auf die Ermöglichung privater Vervielfältigungshandlungen bestehen kann.[612]

Zwar besteht das verfassungsrechtlich fundierte Bedürfnis, Werke der Musik für jedermann zugänglich zu halten, weil dies zur Bildung und freien Entfaltung der Persönlichkeit jedes Einzelnen, der Fortentwicklung kulturellen Schaffens und damit auch zum Wohl der Allgemeinheit erforderlich ist. Diese Aufnahmen sind aber zu sozialadäquaten Vergütungen erhältlich und damit dem Zugang nicht verschlossen. Einen Anspruch auf kostenlosen Zugang gibt es nicht. Aus denselben Gründen können diese Grundrechte auch keine Abwehrrechte gegen technische Schutzmaßnahmen sein.[613]

Anders gestaltet es sich für im Handel nicht mehr erhältliche Tonaufnahmen: Hier muß der Zugang gewährleistet sein, private Vervielfältigungshandlungen müssen also möglich sein. Ein Anspruch auf Durchsetzung der Schrankenbestimmung, der zwangsläufig beinhalten müßte, daß die Rechtsinhaber den technischen Zugang zu Tonaufnahmen gewährleisten, die sie nicht mehr auswerten, ist jedoch nicht verhältnismäßig.

Ein Verbot der privaten Kopie kann gleichwohl nicht Mittel der Wahl sein.[614]

Die Effektivität eines gesetzlichen Verbots wäre trotz der Einführung moderner DRM-Technologien nicht zu gewährleisten. Der bislang vorhandene Tonträgerbestand ist technisch nicht mehr zu schützen. Er ist ohne Schwierigkeiten mit den derzeit erhältlichen Vervielfältigungsgeräten und Speichermedien kopierbar. Auch neue technische Schutzmaßnahmen können keine Sicherheit vor Vervielfältigungshandlungen garantieren.[615] Gleichzeitig entfiele die Möglichkeit, pauschale Vergütungen für private Vervielfältigungshandlungen zu erheben.[616] Damit entginge Urhebern und Leistungsschutzberechtigten eine erhebliche Einnahmequelle.[617]

Maßgeblich für die Entscheidung zugunsten der Gewährleistung der Privatkopieschranke ist jedoch, daß, wie oben ausgeführt,[618] die Inkompatibilität eines Verbots der Privatkopie mit internen Institutionen durch ihre transaktionskosten-

---

612 Siehe dazu „Grundrechte als Anspruchsgrundlage", S. 81.

613 Siehe dazu „Grundrechte als Abwehrrechte gegen technische Schutzmaßnahmen", S. 84.

614 Ein Verbot hält auch die Bundesregierung im 2. Vergütungsbericht nicht für sinnvoll, UFITA 2000/III, S. 691, 725.

615 Vgl. Melichar, ZUM Sonderheft 2003, S. 1046.

616 Bornkamm, ZUM Sonderheft 2003, S. 1010; Pfennig, ZUM 2004, S. 198, 199f.; Winghardt, ZUM 2002, S. 349, 361f.; a.A. Gebhardt, ZUM Sonderheft 2003, S. 1022, 1024.

617 Allein für den Audio-Bereich betrug das Vergütungsaufkommen im Jahre 2000 38.834.775,69 DM, Kreile, in: GEMA Jahrbuch 2000/2001, abrufbar unter http://www.gema.de.

618 Siehe „Beurteilung aus institutionenökonomischer Perspektive", ab S. 114.

steigernde Wirkung einen konjunkturschwächenden Effekt hätte, der den wirtschaftlichen Interessen der Rechtsinhaber direkt schadete.[619] Die Nichtbeachtung der Nutzerbedürfnisse und -erwartungen würde einer Schärfung des Rechtsbewußtseins direkt entgegenwirken und so das tatsächliche Niveau urheberrechtlichen Schutzes eher verringern denn stärken. Diese Notwendigkeit hat daher auch der Branchenverband der Tonträgerhersteller erkannt.[620]

Gewichtig für die Beibehaltung der erlaubnisfreien privaten Vervielfältigung spricht ebenfalls die oben eingehend dargelegte Erwartung,[621] daß sich unter den Voraussetzungen des hier vorgeschlagenen Modells das Bewußtsein der Schutzwürdigkeit kreativer Leistungen, und damit die Wahrung urheberrechtlicher Interessen als eine interne Institution heranbilden. Eine solche interne Institution ächtet norminkonformes Verhalten, also eine Umgehung der urheberrechtlichen Vergütung, gesellschaftlich auch ohne staatliche Kontrolle.[622] Die Herausbildung einer solchen Institution ist auch deswegen so wichtig, weil auch rechtswidrige private Vervielfältigung hauptsächlich in einem Raum stattfindet, der staatlicher Kontrolle aus guten Gründen weitgehend entzogen ist.

Diese interne Institution ist mit der gesellschaftlichen Akzeptanz der Wertstofftrennung vergleichbar – auch wenn sich der Vergleich darauf beschränken soll(!)[623]: Dort wird der Schutz der Umwelt als ein in hohem Maße erstrebenswertes Ziel anerkannt. Der überwiegende Teil der Bevölkerung nimmt daher die erhebliche zusätzliche Arbeit der Mülltrennung und des Flaschenpfandsystems in Kauf und akzeptiert auch die finanzielle Mehrbelastung durch das duale System, die bei den meisten Produkten durch das auf der Verpackung aufgebrachte Logo des „Grünen Punktes“ zum Ausdruck kommt. In Rechtfertigungsnot gerät, wer seinen Müll nicht trennt, finanziellen Schaden erleidet, wer seine Pfandflaschen und -dosen nicht zurückgibt. Wer dagegen am Modell partizipiert, verschafft sich das gute Gewissen, zum Schutz und Erhalt der Umwelt beigetragen zu haben. Eine staatliche Kontrolle privater Haushalte auf Einhaltung der Vorschriften ist dagegen nicht praktikabel und erschiene, so sie praktiziert würde, als ungebührliche Bespitzelung.

---

[619] Sieh dazu oben „Beurteilung aus institutionenökonomischer Perspektive“, ab S. 114, sowie „Prämissen“, ab S. 133.

[620] Braun, Syndikus der deutschen Phonoverbände, über eine Studie von politik-digital.de: „Die Studie wird Hinweise dazu geben, wie das Urheberrecht in der Bevölkerung wahrgenommen wird. Dies ist deshalb so wichtig, weil seine Schutzfunktion wesentlich von der Wahrnehmung und der Akzeptanz des Rechts abhängt.", Pressemitteilung der IPFI vom 26. Juli 2004.

[621] Siehe oben „Relevanz der Interdependenzen“ ab S. 119.

[622] Vgl. Voigt, S. 36ff.

[623] Dem Verfasser ist bewußt, welche Steilvorlage für Zynismus ein solcher Vergleich bietet. Gleichwohl ist er aufgrund der strukturellen Ähnlichkeit gesellschaftlicher Verhaltensmuster höchst geeignet.

Auch der Schutz der Urheber und Leistungsschutzberechtigten ist gesellschaftlich als wichtiges Ziel anerkannt, wenngleich bei der jungen Generation hier noch Aufbauarbeit zu leisten ist. Eine interne Institution, die auf seine Einhaltung achtet, kann sich jedoch erst dann herausbilden, wenn die Urheberrechtsgesetzgebung deutlich macht, daß sie die hergebrachte und gesellschaftlich in Anspruch genommene urheberrechtliche Schranke der erlaubten privaten Vervielfältigung beachtet und gewährleistet.

Zur Schärfung dieser internen Institutionen kann mit einer Kennzeichnung der vergütungspflichtigen Geräte und Speichermedien beigetragen werden, die für jedermann erkennbar macht, daß der Verwender die urheberrechtliche Vergütung entrichtet hat. Auch eine positive Informations- und Imagekampagne der Bundesregierung und der Beteiligten könnte diesem Zwecke dienlich sein. Aggressiv zugespitzte Kampagnen wie die von der Filmwirtschaft initiierte „Raubkopierer sind Verbrecher“-Kampagne oder auch die öffentlichkeitswirksamen Einschüchterungsversuche der GEZ wirken in diesem Zusammenhang dagegen in hohem Maße kontraproduktiv. Sie erregen zwar breite Aufmerksamkeit, sind dazu aber so geschmacklos und übertrieben, daß sie nicht geeignet sind, die Schutzwürdigkeit geistigen Schaffens in der Wahrnehmung der Bevölkerung zu verankern.

Aus all dem ergibt sich, daß die Aufhebung der urheberrechtlichen Schranke zugunsten der privaten Vervielfältigung vor allem auch dem wohlverstandenen ökonomischen Interesse der Rechtsinhaber mehr schaden denn nützen würde.

Die in dem vom Bundesjustizministerium vorgestellten Eckwertepapier zum „Zweiten Korb“ vorgesehene Regelung bietet keinen angemessenen Interessenausgleich im hier verstandenen Sinn. Die derzeitige Rechtslage, an der im wesentlichen festgehalten werden soll, vermag weder eine angemessene Vergütung sicherzustellen, noch berücksichtigt sie ausreichend die dargelegten Interdependenzen der maßgeblichen Institutionen.
Für zusätzliche Verwirrung wird die von Bundesjustizministerin *Zypries* nachträglich angekündigte „Bagatellklausel“ sorgen.[624] Danach soll das Herunterladen von rechtswidrig angebotenen Musikdateien dann nicht strafbar sein, wenn es nur in geringem Umfang und nur für den privaten Gebrauch erfolgt. Einer einheitlichen Lösung, die Rechtssicherheit schafft und Rechtsbewußtsein schärft, können solche Ausnahmeregeln nicht dienlich sein.

---

[624] Rath, Badische Zeitung vom 10. September 2004, S. 2.

3. Abschnitt: Privatkopierfreiheit als subjektives Recht

Dieselben Gründe, die für die Beibehaltung der Privatkopierfreiheit sprechen, legen es nahe, sie als durchsetzbare Schrankenbestimmung in Anlehnung an § 95b UrhG zu gestalten.[625] Die rechtliche Erlaubnisfreistellung der privaten Vervielfältigung erreicht nur dann den beabsichtigten Zweck, wenn sie nicht technisch unterlaufen wird. Zu prohibitive technische Schutzmaßnahmen können die Wirkung einer externen Institution entfalten und wie ein Verbot der privaten Vervielfältigung wirken.[626] Um das im vorangehenden Abschnitt definierte Ziel zu erreichen, ist eine ausdrückliche gesetzliche Regelung auch einer Regelung durch den Markt vorzuziehen.[627]

Vor dem Inkrafttreten einer solchen Durchsetzbarkeitsbestimmung ist wie bei § 95a Abs. 2 UrhG eine erneute Übergangsfrist abzuwarten, in der die Rechtsinhaber die Möglichkeit erhalten, selbst entsprechende Maßnahmen vorzunehmen.

Ein Anspruch sollte beinhalten, daß jedes DRM-System eine gewisse Anzahl an Vervielfältigungshandlungen zum privaten Gebrauch zulassen muß, ohne daß dafür eine gesonderte individuelle Vergütung zu entrichten ist. Damit soll sichergestellt sein, daß die zulässige private Vervielfältigung über die pauschalen Vergütungssysteme vergütet wird und nicht individueller Lizenzierung unterliegt. Vervielfältigungen zum privaten Gebrauch, die über das gesetzlich zulässige Maß hinausgehen, können dann aber individuell ausgehandelten oder von den Berechtigten vorgegebenen Lizenzbedingungen unterliegen. Es ist zu erwarten, daß sich damit ein Markt für digitale Privatkopien entwickeln wird.[628] Dies ist nicht nur Voraussetzung für rechtlichen Schutz des DRM-Systems, sondern als Anforderung an alle DRM-Systeme auszugestalten. Einer solchen abstrakten Formulierung hatte sich zunächst auch das Bundesjustizministerium aufgeschlossen gezeigt.[629] Bei der Vorstellung der wesentlichen Neuregelungen des „Zweiten Korbes" hat es allerdings zum Ausdruck gebracht, daß es auch in geringem Umfang keine Durchsetzung der Privatkopie gegen Kopierschutz geben solle.[630]

---

625 Zu den denkbaren Ausgestaltungen einer solchen Durchsetzbarkeit vgl. Metzger/Kreutzer, MMR 2002, S. 139.

626 Siehe dazu „Charakter der technischen Schutzmaßnahmen", S. 118.

627 Eine Regelung durch den Markt befürwortet Bornkamm, ZUM Sonderheft 2003, S. 1010, 1011f.

628 Vgl. Gebhardt, ZUM Sonderheft 2003, S. 1022, 1024; Senftleben, CR 2003, S. 914, 918; zustimmend Poll/Braun, ZUM 2004, S. 266, 275.

629 Sietmann, „Das Urheberrecht kennt kein Recht auf Privatkopie", Interview mit Bundesjustizministerin Brigitte Zypries und Ministerialdirektor Elmar Hucko in c't 2004, Heft 16, S. 158, 160.

630 Vgl. die Pressemitteilung des BMJ vom 9. September 2004, S. 2, abrufbar unter http://www.bmj.bund.de/media/archive/749.pdf.

Dabei ist zum einen zu berücksichtigen, von welchen Werken und Schutzgegenständen und in welcher Form solche Vervielfältigungshandlungen zu gestatten sind. Es besteht sicher kein berechtigtes Bedürfnis, private Vervielfältigungen von Klingeltönen für Mobiltelefone anzufertigen, so daß eine solche Möglichkeit technisch auch nicht eingeräumt werden muß. Hier sind Unterscheidungen zu treffen, die sich beispielsweise am Nutzungszweck orientieren können und deren Einordnungen vor dem Schiedsgericht des DPMA verhandelt werden.

Zum anderen – und hier liegt ein größeres Problem – ist zu überlegen, wann ein Tonträger als „kopiergeschützt" gilt und wann er einfach „nicht kopierbar" ist. Neu eingeführte Tonträger wie die hochauflösende und Mehrkanalton bietende SACD lassen sich nicht mit für den privaten Konsumenten erhältlicher Technik vervielfältigen. Entsprechende Geräte werden von den Lizenzinhabern nach den Erfahrungen, die die Musikbranche mit CD-Brennern gemacht hat, nicht angeboten werden. Von den Rechtsinhabern kann aber nun nicht verlangt werden, diese Formate „kopierbar" zu gestalten. Ein solcher Eingriff wäre mit dem dem Urheberrecht zugrunde liegenden Schutzgedanken nicht vereinbar und unverhältnismäßig. Solange geschützte Tonaufnahmen von Musikwerken auch auf anderen Formaten erscheinen, die sich vervielfältigen lassen, stellt sich dieses Problem nicht. Allein wenn eine Tonaufnahme ausschließlich in einem nicht zu vervielfältigenden Format erscheint, stellt sich – gerade in Anbetracht der immer noch hohen Preise für entsprechende Abspielgeräte – die Frage nach ihrer Zugänglichkeit für jedermann.[631] Es ist verfassungsrechtlich allerdings kein Bedürfnis zu erkennen, solche Aufnahmen in der erhöhten Klangqualität zu erleben, die neue Tonträgerformate bieten. Eine „einfache" Kopie muß genügen, jedoch vermag der Verweis auf die analoge Kopierbarkeit auch digitaler Medien nicht zu überzeugen.[632] Analoge Vervielfältigungsgeräte wie Kassettenrekorder sind technisch überholt und daher vielfach in den Haushalten gar nicht mehr vorhanden.

Zunehmend werden auch Abspielgeräte mit digitalen Schnittstellen versehen, die DRM-Systeme unterstützen.[633] Durch den Einsatz digitaler Schnittstellen kann zwar der der Analogisierung und Redigitalisierung des Signals immanente Qualitätsverlust eliminiert werden, diese Entwicklung berücksichtigt aber vor allem das Interesse der Rechtsinhaber an der Schaffung „geschlossener Syste-

---

[631] Fraglich ist auch, ob dies bereits für sog. Bonus-Tracks gelten muß, die ausschließlich auf Veröffentlichungen in neuen Tonträgerformaten erscheinen um diese Formate noch attraktiver zu machen.

[632] Vgl. dazu S. 112; a.A. Schack, ZUM 2002, S. 511; Wiegand, Geräteabgabe, S. 346, 351f.; Berger, ZUM 2004, S. 257, 265.

[633] So werden die Daten für das hochauflösende Fernsehen HDTV beispielsweise über die Schnittstelle DVI übertragen, die sich mittels HDCP (High-Bandwidth Digital Content Protection) schützen läßt. HDCP soll bei D-VHS-Rekordern, Settop-Boxen und DVD-Playern auf der Ausgangsseite und bei TVs und Projektoren am Eingang eingesetzt werden.

me". Langfristig kann damit auch die Anfertigung analoger Kopien verhindert werden.

Digitale Tonträger sollten daher auch digital zu vervielfältigen sein, allerdings genügt hier eine Kopie in CD-Qualität.

Eine Lösung könnte in der vielfach geübten Praxis liegen, solche Tonträger als sog. „Hybride" zu veröffentlichen, die sich auch auf CD-Playern abspielen lassen. Die CD-Schicht des Tonträgers könnte wie eine Audio-CD vervielfältigt werden. Das Vervielfältigungsobjekt wäre dann eine digitale Kopie, die – vergleichbar der analogen Kopie – im Vergleich zu ihrem Vorbild technisch und qualitativ minderwertig wäre, daher das Vervielfältigungsobjekt nicht substituierte und dennoch unbeeinträchtigten Werkgenuß durch den Vervielfältiger zuließe. Die Forderungen nach einer Abschaffung des pauschalen Vergütungssystems zugunsten von DRM-Systemen zeigen, daß das Medium CD von vielen schon nicht mehr ernst genommen wird, und daher nach Lösungen gesucht wird, die erst in der nächsten Tonträgergeneration Wirkung zeigen können. Es ist also durchaus nicht abwegig, das Medium Audio-CD in naher Zukunft als die minderwertige Kopie zu begreifen.

Die Bestimmung einer „Schutzfrist", während der eine Tonaufnahme nach ihrer Erstveröffentlichung ausschließlich in einem kopiergeschützten Format vertrieben werden darf, erscheint aus Gründen der fortdauernden Beschränkung dieser Tonträger nach Fristablauf wenig sinnvoll. Mit DRM-Systemen kann aber auch festgelegt werden, ab welchem Zeitpunkt nach Erstveröffentlichung die private Vervielfältigung der Tonaufnahme zulässig ist; darin liegt ein gangbarer Weg. Solche Fristen sollten für Musikaufnahmen dann aber recht kurz, also im Bereich von einem oder zwei Monaten nach Erstveröffentlichung, liegen.[634]

4. Abschnitt: Enge Begrenzung zulässiger privater Vervielfältigungshandlungen

Die Zahl der zulässigen privaten Vervielfältigungen ist eng zu begrenzen und muß ausdrücklich gesetzlich festgelegt werden.

Um den Anforderungen des urheberrechtlichen Dreistufentestes zu genügen und die kommerzielle Verwertung urheberrechtlich geschützter Tonaufnahmen nicht

---

[634] Die für Filmwerke geforderte „Schutzfrist" vor privater Vervielfältigung von einem Jahr trägt dem Umstand Rechnung, daß die Investitionen in Filmproduktionen zu einem großen Teil über die Zweitverwertung auf DVD eingespielt werden. Im Musikbereich spielt die Erstverwertung eine größere Rolle, so daß die Frist sich hier entspechend kürzer bemessen kann.

zu behindern, muß die Anzahl der zulässig herstellbaren Vervielfältigungsexemplare sehr gering sein.[635]

Hier besteht kein Bedarf nach einer entwicklungsabhängigen flexiblen Anpassung. Rechtssicherheit schafft hier nur eine klare Stellungnahme des Gesetzgebers. Er sollte deshalb unbestimmte Rechtsbegriffe wie „einzelne“ und „wenige“, die erst im Laufe der Jahre durch die Judikative Konkretisierung erfahren, zu Gunsten einer konkreten Quantifizierung vermeiden. Angebracht erscheinen für Bild- und Tonträger höchstens drei zulässige Vervielfältigungen.[636]

Die erhöhte Beeinträchtigung der Rechtsinhaber durch die digitale Vervielfältigung besteht vor allem darin, daß die Anzahl der Generationen von Vervielfältigungsobjekten durch den verlustfreien Kopiervorgang nahezu unbegrenzt ist. Dadurch entsteht ein „Schneeballsystem“, durch das ein einziges käuflich erworbenes Exemplar Vorlage für eine Vielzahl von Vervielfältigungsobjekten sein kann.

Aus diesem Grund ist neben einer „horizontalen“ auch eine „vertikale“ Begrenzung der Vervielfältigungsvorgänge zu empfehlen, ein SCMS[637], das die Vervielfältigungen von erworbenen Tonträgern auf eine Folgegeneration beschränkt.

5. Abschnitt: Umfassender rechtlicher Schutz von DRM-Systemen

Technische Schutzmaßnahmen dürfen und sollen eingesetzt werden, um die Einhaltung des zulässigen quantitativen Umfangs privater Vervielfältigungen zu kontrollieren. Dabei genießen sie den vollen Schutz, den derzeit § 95a UrhG vorsieht.

Um die Einhaltung des zulässigen Ausmaßes privater Vervielfältigungen oder einer Schutzfrist zu kontrollieren und damit ihre Rechtsposition effektiv zu schützen, dürfen die Rechtsinhaber physisch und nichtphysisch vertriebene Tonaufnahmen, die urheberrechtlichem Schutz unterliegen, mit technischen Schutzmaßnahmen versehen. Diese Schutzmaßnahmen können dazu dienen, jegliche über das erlaubte Maß hinausgehende Vervielfältigungshandlung zu unterbinden. Sie können ebenfalls dazu Verwendung finden, verschiedene Nutzungsformen individuell zu lizenzieren und abzurechnen.

Die Verwender technischer Schutzmaßnahmen können ihre urheberrechtlichen Verwertungsrechte damit effektiver kontrollieren. Um dies sicherzustellen, muß technischen Schutzmaßnahmen der umfassende Schutz gewährt werden, den § 95a UrhG jetzt bereits vorsieht. Eine Umgehung kann dann auch für die

---

[635] Eine Kompromißlösung mit einer geringen Anzahl durchsetzbarer Vervielfältigungshandlungen hält auch Peukert für möglich, ZUM Sonderheft 2003, S. 1050, 1053.

[636] Ohnehin wurde 2003 von Musik-CDs in 89 % der Fälle nur ein Vervielfältigungsexemplar hergestellt (Brennerstudie 2004 der GfK).

[637] Siehe dazu „Serial Copy Management System (SCMS)“ auf S. 88.

Erstellung von Vervielfältigungsexemplaren für den privaten Gebrauch unter Strafe gestellt werden.

Insbesondere verhindert § 95a Abs. 3 UrhG, daß Anleitungen zur Umgehung technischer Schutzmaßnahmen veröffentlicht werden können – auch bislang vorrangiges Interesse der Rechtsinhaber an der Einführung des § 95a UrhG.[638] Solange solches Wissen nur durch Quellen zu erlangen ist, die komplizierter aufzufinden sind als der nächste Zeitungskiosk, wird das Ausmaß rechtswidriger Umgehungshandlungen im zu vernachlässigenden Bereich bleiben.

6. Abschnitt: Beibehaltung und Erhöhung der pauschalen Vergütung nach § 54 UrhG

Die nach § 53 Abs. 1 UrhG zulässige Vervielfältigung für den privaten Gebrauch ist weiterhin durch eine pauschale Vergütung zu entschädigen.

Eine individuelle Erfassung ist technisch nicht in einer Form möglich, die auch Vervielfältigungshandlungen bereits vorhandener ungeschützter Tonträger erlaubt. Auch kann kein Rechtsinhaber zur Verwendung technischer Schutzmaßnahmen gezwungen werden.[639]

Dann muß aber – auch, um den Anforderungen des urheberrechtlichen Dreistufentestes zu genügen – sichergestellt sein, daß die Höhe der entsprechenden Abgaben den Eingriff in die urheberrechtlichen Vervielfältigungsrechte wirklich angemessen kompensiert. Die erhobenen Vergütungen müssen also deutlich erhöht werden. Eine Deckelung der Vergütung, wie sie im Eckpunktepapier des Bundesjustizministeriums vorgesehen ist, ist dagegen anzulehnen. Dort wird gefordert, die Vergütung müsse in einem angemessenen Verhältnis zum Preis des Gerätes stehen.[640] Es ist jedoch nicht nachvollziehbar, wieso zwei Geräte derselben Funktionalität nur aufgrund eines unterschiedlichen Kaufpreises unterschiedlich vergütungspflichtig sein sollen.

Grundsätzlich sollte sich die Höhe der Vergütung in erster Linie an der zu erwartenden Nutzung orientieren. Dies ist aber mittels einer Geräteabgabe ohnehin nur schwer möglich.

Darüber hinaus steht zu befürchten, daß die Hersteller die Vergütung durch eine Senkung der Gerätepreise umgehen, und den Gewinn mit speziell erforderlichen Speichermedien machen, die nicht oder nur verhältnismäßig gering vergütungspflichtig wären. Die Praxis der Hersteller von Druckern für PCs zeigt dies deutlich: Geräte werden zu sehr niedrigen, die erforderliche Druckertinte dagegen zu

---

638 Siehe dazu S. 94.

639 Vgl. die Pressemitteilung des BMJ vom 9. September 2004, S. 2, abrufbar unter http://www.bmj.bund.de/media/archive/749.pdf.

640 Pressemitteilung des BMJ vom 9. September 2004, S. 3, abrufbar unter http://www.bmj.bund.de/media/archive/749.pdf.

sehr hohen Preisen angeboten. Urheber und Leistungsschutzberechtigte gingen dabei leer aus.

7. Abschnitt: Verwendungspflicht spezieller vergütungspflichtiger Leermedien

Die Erhöhung der pauschalen Vergütung auf ein angemessenes Maß kann nur über eine Fokussierung auf die verwendeten Speichermedien erreicht werden. Hier können Nutzungshandlungen die Vorteile pauschaler Vergütung genießen und dennoch kann nahezu jede Vervielfältigungshandlung gesondert vergütet werden. Dazu ist möglichst die Verwendung zur Nutzung als Tonträger bestimmter, mit der pauschalen Abgabe nach § 54 Abs. 1 UrhG belegter Leermedien vorzuschreiben. Soweit gewährleistet werden kann, daß die Nutzung dieser mit Abgaben belegten Leermedien nicht zu umgehen ist, kann sich die Abgabenpflicht auf diese Speichermedien beschränken, da dann nur die tatsächlich vorgenommenen Vervielfältigungshandlungen erfaßt werden. Die pauschale Abführung einer Abgabe auf ein Vervielfältigungsgerät aufgrund der bloßen Möglichkeit, damit ein urheberrechtlich geschütztes Werk zu vervielfältigen, könnte damit entfallen. Diese Tonträger sollen – soweit möglich – auch mittels SCMS[641] sicherstellen, daß nur eine Generation von Vervielfältigungsexemplaren angefertigt werden kann. Solche Speichermedien werden im folgenden Audio-Speichermedien genannt.

Ergänzend sind Vervielfältigungsgeräte, die keine Wechselmedien benötigen (wie bspw. MP3-Player), mit einer pauschalen Abgabe für die intern eingebauten Speichermedien zu belegen. Die Festsetzung dieser Abgabe kann nach der Kapazität und der voraussichtlichen Nutzung bemessen werden. Dabei ist zu berücksichtigen, in welchem Maße diese Vervielfältigungsgeräte zur Speicherung von Dateien genutzt werden, die bereits individuell vergütet wurden, oder zur urheberrechtsneutralen Verwendung geeignet sind.

In Österreich wird beispielsweise bereits seit der Urheberrechtsgesetz-Novelle von 1980 eine Vergütung nur für Bild- und Tonträger, nicht jedoch für entsprechende Vervielfältigungsgeräte erhoben.[642]

8. Abschnitt: Verpflichtung der Hersteller, Händler und Importeure zur Anpassung der Geräte

Hersteller, Importeure und Händler sind darauf zu verpflichten, Vervielfältigungsgeräte im selben Umfang, in dem dies von § 54 UrhG im Geltungsbereich

---

[641] Siehe S. 88.

[642] Vgl. dazu Lewinski, ZUM 2003, S. 933ff.; Popp, S. 12, 15.

des UrhG für die Vergütungspflicht vorgesehen ist, auf die Bestimmungen dieses Gesetzes anzupassen. Insbesondere sollen sie die Gerätesoftware so auswählen, daß für Vervielfältigungen von Tonaufnahmen nur bestimmte Audio-Speichermedien verwendet werden können.[643]

9. Abschnitt: Verteilung der Vergütung

Die Einnahmen der Verwertungsgesellschaften aus der pauschalen Vergütung nach § 54 Abs. 1 UrhG müssen dem Kompensationsinteresse entsprechend verteilt werden.

Die Privatkopierfreiheit führt zu Einbußen bei der kommerziellen Verwertung von Tonaufnahmen, diesen Einbußen stehen Mehreinnahmen der Urheber und Interpreten durch erhöhte Leermedien- und Geräteabgaben gegenüber. Diesem Umstand muß bei der Verteilung der ZPÜ-Einnahmen Rechnung getragen werden.

Dies kann entweder durch eine anteilsmäßig höhere Ausschüttung dieser Einnahmen an die Tonträgerhersteller erreicht werden, oder aber dadurch, daß Einnahmen der Interpreten und Produzenten aus der pauschalen Vergütung zumindest teilweise gegen an sie geleistete Vorauszahlungen verrechenbar sind. Vorausabtretungen der Ansprüche müßten dann möglich sein. Diese Notwendigkeit wird nachstehend ausführlichere Begründung finden.[644]

10. Abschnitt: Angabe der Vergütungshöhe auf Preisangaben und Kennzeichnung der Vergütungspflichtigkeit

Die erhobenen Vergütungen müssen in Werbung, Auspreisungen und Kaufbelegen gesondert ausweisbar sein. Dadurch kann der Handel verdeutlichen, in welchem Maße der Endverkaufspreis von Geräten und Leermedien durch urheberrechtliche Vergütungen beeinflußt wird. Die Transparenz, welche die Unterscheidung zwischen dem Preis des Leermediums und der urheberrechtlichen Vergütung bietet, ermöglicht darüber hinaus dem Verbraucher den Vergleich der Nettoverkaufspreise und verhindert somit, daß Hersteller oder Händler einen der Vergütung nicht entsprechenden Aufpreis verlangen.

Gleichzeitig sollte ein Kennzeichen geschaffen werden, das Audio-Speichermedien und vergütungspflichtige Geräte als solche erkennbar macht.

Durch diese Maßnahmen kann das Rechtsempfinden der Nutzer weiter geschärft werden, indem die Vergütungspflichtigkeit bewußt gemacht wird. Denkbar ist auch, daß Anreiz zu rechtstreuem Verhalten geschaffen werden kann, wenn der Nutzer nicht nur den erhöhten Preis wahrnimmt, sondern klar erkennt,

---

[643] Vgl. dazu S. 144.

[644] Siehe unten "Die Verteilung der pauschalen Vergütung" ab S. 164.

daß er damit die Rechtsinhaber des geistigen Eigentums, das er verwertet, entschädigt. Dies wird durch Verwendung eines Kennzeichens auch nach außen erkennbar.

11. Abschnitt: Klarstellung des zivilrechtlichen Abwehranspruches aus § 95a UrhG

Ausdrücklich festgehalten werden sollte auch, daß den Verwendern von nach dem Urheberrechtsgesetz geschützten technischen Schutzmaßnahmen ein eigener zivilrechtlicher Unterlassungsanspruch aus § 95a UrhG zusteht.

4. Kapitel: Technische Umsetzung

Das vorgeschlagene Modell soll nicht nur eine mögliche rechtliche Regelung der Privatkopieschranke entwerfen, sondern darüber hinaus auch deren technische Umsetzung berücksichtigen. Dazu sollen die erforderlichen Maßnahmen zunächst abstrakt dargestellt werden, bevor in einem zweiten Schritt auf die Einzelheiten und sich stellende Probleme der Umsetzung eingegangen wird.

1. Abschnitt: Grundmodell der technischen Realisierung

A. Technisch gesicherte Verwendungspflicht vergütungspflichtiger Leermedien

Zunächst ist sicherzustellen, daß zur körperlichen Vervielfältigung von Tonaufnahmen nur Leermedien verwendet werden können, die mit einer spezifischen Leermedienabgabe belegt sind.

Für die Vervielfältigung von Audio-CDs existieren seit Jahren die sogenannten Audio-CD-R/RWs, die im Handel mit der Bezeichnung „for audio“ gekennzeichnet sind. Bei diesen Leermedien handelt es sich um CD-R/-RW-Rohlinge, die mit dem vollen in der Anlage zu § 54 Abs. 1 UrhG für Tonträger vorgesehenen Vergütungssatz belegt sind. Es werden also keine Abzüge für urheberrechtsneutrale Nutzung gemacht. Zur Vervielfältigung von Tonträgern mit Hilfe eines Audio-CD-Rekorders, also einer eigenständigen HiFi-Komponente, die ausschließlich CD-Tonträger herstellen kann, können nur solche Audio-CD-R/RWs verwendet werden.[645]

Eine Verwendung von Daten-CD-R/RWs, die in Computerlaufwerken zum Beschreiben im Red-Book-Standard bislang unproblematisch als Tonträger-Speichermedien dienen können, ist mit diesen Geräten nicht möglich. Außerdem nutzen Audio-CD-R/RWs das Serial Copy Management System (SCMS),[646] d. h. auf beschriebenen Audio-CD-R/RWs wird ein sog. Copy Bit gesetzt, das den Datenträger als Kopie identifiziert. Von diesen Vervielfältigungsexemplaren sind dann keine weiteren Vervielfältigungen mehr möglich. Eine Begrenzung der Vervielfältigung ist damit nicht nur horizontal (Anzahl der Kopien), sondern auch vertikal (Anzahl der Generationen) möglich: Das Copy Bit verhindert die Kopie der Kopie.[647] Auch für DVD-Rohlinge ist eine solche Begrenzung mittels CPRM möglich.[648]

Audio-CD-Rekorder sind heute aufgrund der schnellen Verbreitung von CD- und DVD-Brennern für PCs, die mit deutlich höherer Geschwindigkeit und bislang ohne Restriktionen arbeiten, kaum noch von Bedeutung. Interessanterweise bieten sie aber genau die zur Erhöhung der pauschalen Vergütung auf Speichermedien erforderliche Abgrenzung zwischen urheberrechtsneutraler und urheberrechtsrelevanter Nutzung.

Zur Umsetzung eines umfassenden Lösungsmodells ist von Nöten, daß jedes Vervielfältigungsgerät eine solche Prüfung des Leermediums vornimmt.

Die Hersteller von Geräten, die nach § 54 Abs. 1 UrhG mit einer Vergütungspflicht belegt sind, insbesondere die von entsprechenden Computer-Laufwerken, müssen also dazu verpflichtet werden, in die Gerätesoftware, die sog. Firmware[649], sicher zu implementieren, daß nur solche speziellen Tonträger-Leermedien, die mit der vollen Vergütung nach § 54 Abs. 1 UrhG belegt sind, als Tonträgerformate beschrieben werden können. Im Falle der Audio-CD dürften CD-Brenner Musik-CDs also nur noch auf Audio-CD-R/RWs schreiben, so wie dies bereits für CD-Rekorder der Fall ist. Da diese Technik in CD-Rekordern bereits erfolgreich eingesetzt worden ist, kann die Anpassung der Gerätesoftware seitens der Hersteller auch bei Computerkomponenten schnell und kostengünstig vonstatten gehen.

Entsprechende Restriktionen sind auch in Software, die zu Vervielfältigungen genutzt wird, sowie in die Software mobiler Abspielgeräte zu implementieren, sofern diese der Vervielfältigung dienen können. Damit kann sichergestellt wer-

---

645 Siehe dazu auch oben „CD" ab S. 12.

646 Siehe .S, 88.

647 Vgl. Wandtke/Bullinger-*Wandtke/Ohst*, ErgBd., § 95a Rn. 29.

648 Siehe S. 90; zu den technischen Details Al-Dairani/Ovtscharov/Siefkes/Thomasius, abrufbar unter http://page.mi.fu-berlin.de/~siefkes/cms/node11.html.

649 Siehe dazu http://de.wikipedia.org/wiki/Firmware.

den, daß die zur Rechtewahrnehmung erforderlichen Informationen durch Vervielfältigungshandlungen nicht entfernt werden.

B. Einsatz von DRM-Systemen zur Begrenzung der Vervielfältigung

Erforderlich ist weiter ein flexibles DRM-System, das nicht ausschließlich aus einem prohibitiven Kopierschutz besteht, sondern die Anzahl möglicher Vervielfältigungshandlungen je nach Ermessen des Rechtsinhabers bis auf das gesetzlich zulässige Maß begrenzt.[650]

Solche Techniken sind für körperliche Tonträger derzeit in der Testphase.[651] Denkbar sind in der Zwischenzeit Modelle, bei denen einzelne Vervielfältigungshandlungen anhand von beigelegten Codes freigeschaltet werden können.[652] Die Vorlagen zur Vervielfältigung können auf körperlichen Tonträgern auch in einem Datenteil in komprimierter Form angeboten werden, solange sie qualitativ einem Mindeststandard genügen.

Es existiert auch bereits die Möglichkeit, bei der Herstellung von CDs jeden einzelnen Tonträger mit einem individuellen Code zu versehen, mit dessen Hilfe der Nutzer sich, nach Prüfung über das Internet, als Käufer ausweisen kann.[653] Dazu ist es nicht einmal notwendig, Software lokal zu installieren. Alle benötigten Anwendungen sind von der Datensession der CD lauffähig, die dann auch die Musik in komprimierter Form enthalten kann.[654] Diese Technik kann mit zweierlei Zielsetzung genutzt werden: als „positiver Kopierschutz", um Käufern durch Mehrwertangebote Kaufanreize zu geben und als DRM-System zur Begrenzung der Anzahl der zulässigen Vervielfältigungen. Dabei kann durch Authentifizierung über das Internet die Freigabe der zulässigen Vervielfältigungshandlungen erfolgen, die dann entweder einzeln freigeschaltet werden müssen oder per Speicherung entsprechender Schlüssel auf dem lokalen Gerät dann auch offline erfolgen können.[655]

Generell ist das Angebot von Mehrwertangeboten durch DRM-Systeme seitens der Plattenfirmen zu fördern, denn der Verbraucher wird geschützte Inhalte eher

---

650 Vgl. Art. 6 Abs. IV Unterabs. 2 InfoSoc-RL. Vgl. Poll/Braun, ZUM 2004, S. 266, 275f.

651 Das sog. „Secure Burning" wird derzeit im Auftrag von EMI und BMG von Softwareunternehmen getestet, Musikmarkt Online vom 4. Juni 2004, Majors testen neue Kopierschutzsysteme, abrufbar unter http://www.musikmarkt.de. Auch mit Cactus Data Shield 300 kann das Brennen der Titel auf CD erlaubt werden, siehe oben S. 89.

652 Die von Kröger, CR 2001, S. 316, 322, vorgeschlagene Lösung, nach der die Musikindustrie beim Einsatz von Kopierschutz auf Verlangen Kopien versenden könnte, ist aufgrund des erheblichen logistischen Aufwandes nicht durchführbar.

653 So mit der Secure Web Link Technologie auf dem von Sony DADC Austria AG entwikkelten Speicherformat n-cd (networked CD, ww.n-cd.com). Siehe dazu auch Fußnote 490.

654 http://www.n-cd.com.

655 Vorschläge für eine technische Umsetzung macht auch Wiegand, S. 296.

annehmen, wenn er für sich darin einen Vorteil sieht.[656] Erforderlich ist daher ein Höchstmaß an Kompatibilität, das beispielsweise durch die Verwendung offener Standards und Schnittstellen und einer universellen maschinenlesbaren Darstellung von Benutzungsrechten, einer sogenannten „Rights Expression Language“ (REL), erreicht werden könnte.[657] Weiteren Anreiz können DRM-Systeme auch bieten, wenn sie Superdistribution ermöglichen und den Verbraucher damit als Partner gewinnen.[658]

Für den unkörperlichen Vertrieb sind Lösungen, die Vervielfältigungshandlungen quantitativ begrenzen, ohnehin bereits im Einsatz.

C. Einsatz von Wasserzeichen

Der Einsatz von digitalen Wasserzeichen, die – in die Dateien eingebettet – einen unverwechselbaren Herkunftsnachweis darstellen, soll ausdrücklich gefördert und durch § 95c UrhG rechtlich geschützt bleiben. Diese von § 95c UrhG „von Rechtsinhabern stammende Informationen für die Rechtewahrnehmung“ genannten Wasserzeichen sind Teil der Systeme zum Digitalen Rechtemanagement. Sie ergänzen deren restriktive Komponenten um ein Werkzeug, das effektive Rechtsverfolgung ermöglicht und damit die Attraktivität von urheberrechtsverletzenden Vervielfältigungshandlungen erheblich schmälert.[659]

Die dem Transaktionswasserzeichen einer Tonaufnahme zu entnehmende Information, wer sie rechtmäßig erworben hat, erleichtert den Nachweis und die Verfolgung rechtsverletzender Weitergabe deutlich. Wasserzeichen überstehen sogar eine Analogisierung der Daten,[660] wodurch sie auch Back-To-Back-Kopien, die Daten zunächst analogisieren und danach wieder digitalisieren, erfassen können, bei denen ein rein prohibitiver Kopierschutz versagt.

Sie schränken die Nutzbarkeit nicht ein, werfen allerdings auch Fragen nach ihrer datenschutzrechtlichen Zulässigkeit auf.[661] Obwohl deren Beantwortung nicht im originären Verantwortungsbereich des Urheberrechts liegt, ist bereits bei der Gewährung rechtlichen Schutzes von Systemen zum digitalen Rechtemanagement darauf zu achten, daß auch die datenschutzrechtlichen Bestimmungen eine Meßlatte für die Schutzfähigkeit und Schutzwürdigkeit solcher Syste-

---

[656] Siehe dazu Fußnote 490.

[657] Neubauer/Herre/Brandenburg, in Moser/Scheuermann (Hrsg.), Handbuch der Musikwirtschaft, S. 144, 145f., 148.

[658] Siehe dazu oben S. 92.

[659] Brennerstudie 2004: 73,8 % der Befragten würden weniger oder gar keine Musik mehr kopieren, wenn die Herkunft zurückzuverfolgen wäre.

[660] Neubauer/Herre/Brandenburg, in: Moser/Scheuermann (Hrsg.), Handbuch der Musikwirtschaft, S. 144, 147f.

[661] Siehe dazu oben „Datenschutz“, ab S. 105.

me darstellen.[662] Gleichwohl obliegt es anderen, die sich entwickelnden Verfahren und Applikationen im Einzelfall zu beurteilen und ggf. Vorgaben für den datenschutzrechtlich zulässigen Umfang der gesammelten Daten aufzustellen.[663]

Ein interessantes, wenngleich kaum durchsetzungsfähiges Modell hat beispielsweise das Fraunhofer-Institut für Integrierte Schaltungen (IIS)[664] mit dem sogenannten Light Weight Digital Rights Management (LWDRM) entwickelt.[665] Dabei soll unter Verzicht auf prohibitive Schutzmaßnahmen zur Verhinderung von Vervielfältigungshandlungen ausschließlich auf den Einsatz von digitalen Signaturen vertraut werden. Die bloße Nachverfolgbarkeit von Rechtsverletzungen soll dabei ausreichen, um Mißbrauch zu verhindern.[666] Dabei soll der Austausch von Dateien nicht eingeschränkt werden, Entfernung des digitalen Nutzerzertifikates aber zur Unabspielbarkeit des Musikstückes führen.

LWDRM setzt allerdings ein System voraus, das softwareseitig mit LWDRM-konformen Dateien kompatibel ist. Die Festlegung auf einen Standard erscheint aber aus verschiedenen Gründen nicht erfolgversprechend. Auch die geringen Kontrollmöglichkeiten, die LWDRM bietet, können von großen Tonträgerfirmen nicht als ausreichend erachtet werden. Damit steht zu erwarten, daß auch diese Lösung eine von mehreren proprietären Standards bleiben wird.

D. Authentizitätsprüfung

Eine Grauzone für private Vervielfältigungen hat die Neufassung des Urheberrechtsgesetzes dadurch geschaffen, daß für sie keine offensichtlich rechtswidrig hergestellten Vorlagen verwendet werden dürfen.[667] Da dem Verbraucher keine umfassende rechtliche und tatsächliche Prüfungspflicht auferlegt werden kann, bietet dies Raum für Vervielfältigungshandlungen, die zwar von einer rechtswidrig hergestellten Vorlage und damit eigentlich nicht rechtmäßig erfolgen, bei denen der Vervielfältigende davon aber keine Kenntnis hat oder ihm die Kennt-

---

662 Dies findet sich auch in Erwägungsgrund (57) der InfoSoc-RL, die auf Richtlinie 95/46/EG des Europäischen Parlaments und des Rates vom 24. Oktober 1995 zum Schutz natürlicher Personen bei der Verarbeitung personenbezogener Daten und zum freien Datenverkehr, ABl. EG L 281 vom 23. November 1995, S. 31, verweist. Ausdrücklich wird auch in Erwägungsgrund (2) der Durchsetzungsrichtlinie darauf hingewiesen, daß der Schutz geistigen Eigentums den Schutz personenbezogener Daten nicht behindern soll, auch nicht im Internet.

663 Wiegand geht davon aus, daß eine Anonymisierung bei der Rechteverwaltung garantiert werden kann, Wiegand, Geräteabgabe, S. 346; mit Verweis auf Wand, S. 59, 179; Reinbothe, ZUM 2002, S. 42, 49f; Bechtold, GRUR 1998, S. 18, 22.

664 http://www.iis.fraunhofer.de/

665 http://www.lwdrm.com/ger/

666 Vgl. Fußnote 659.

667 Siehe dazu „Rechtmäßigkeit der Kopiervorlage“, S. 62.

nis nicht nachzuweisen ist. Diesen Zustand aber können die Rechteinhaber beeinflussen, in dem sie die Möglichkeit einfach einzuholender Authentizitätsnachweise schaffen. Fällt ein solcher Nachweis für körperliche Vervielfältigungsvorlagen schwer, da hier nicht nur originale Handelsware, sondern auch private Vervielfältigungsstücke in Frage kommen,[668] so ist bei komprimierten Datenformaten, die z.B. online erworben wurden, durchaus eine Möglichkeit der anonymisierten Prüfung der Vorlage auf „Rechtmäßigkeit" über das Internet denkbar. Je einfacher es dem Nutzer gemacht wird, ohne Preisgabe persönlicher Informationen sowie ohne direkte Konsequenzen die Rechtsmäßigkeit der Vorlage zu überprüfen, desto weniger kann er sich auf Unkenntnis und mangelnde Offensichtlichkeit berufen.

E. Offensichtlichkeit rechtsverletzender Handlungen

Da ein besonderes Leermedium verwendet werden muß, ist dem Vervielfältigungsexemplar anzusehen, ob es rechtmäßig hergestellt wurde. Das schafft zusätzlichen Anreiz zur Gesetzestreue und erleichtert darüber hinaus die Rechtsverfolgung. Auch die Durchsetzung zivilrechtlicher Schadensersatzansprüche gegen Einzelne wird dadurch möglich. Tonaufnahmen, die nach Einführung der Pflicht zur Verwendung bestimmter Leermedien vervielfältigt, und zu deren Vervielfältigung diese Leermedien nicht verwendet wurden, sind eindeutig rechtswidrig hergestellt.

2. Abschnitt: Einzelheiten der technischen Umsetzung

Obgleich die technische Umsetzung des hier entwickelten Lösungsmodells vergleichsweise einfach, kostengünstig und schnell erfolgen kann, so stellen sich doch einige Fragen von rechtlicher und praktischer Bedeutung.

A. Erforderliche Umstellungen und zeitlicher Rahmen

Anders als manche Ansätze, die zur Regelung oder Verhinderung privater Vervielfältigung ebenfalls auf den Einsatz von Systemen zum digitalen Rechtemanagement zurückgreifen,[669] erfordert das hier vorgeschlagene Lösungsmodell keine vollständige Erneuerung der Abspiel- und Vervielfältigungsgeräte. Durch die Schaffung einer Rechtspflicht, nach Möglichkeit spezielle Audio-Speichermedien zu verwenden, kann die Umsetzung sehr schnell erfolgen.

---

[668] So Becker, ZUM 2004, S. 257, 260; im Ergebnis auch Jani, ZUM 2003, S. 842, 852f.

[669] Z.B. Light Weight DRM (LWDRM) des Fraunhoher Instituts für Integrierte Schaltungen; sowie die Modelle der Secure Digital Music Initiative (SDMI).

Gleichwohl wird eine technische Unterstützung dieser Rechtspflicht befürwortet, die beinhaltet, daß Vervielfältigungen von Tonaufnahmen nur auf Audio-Speichermedien erfolgen können.

Dies setzt aber keine neuen Abspielgeräte voraus, die zu dem eingesetzten DRM-System kompatibel sind. Eine Lösung, die kompatible Abspielgeräte benötigt, bringt sehr teure und viele Jahre dauernde Umsetzungsprozesse mit sich. Sie können erst dann effektiven Schutz der Rechtsinhaber gewähren, wenn die Mehrheit der Nutzer ihre Geräte gegen kompatible Geräte ausgetauscht hat. Bei der Einführung solcher neuen Systeme ist mit erheblichen Anlaufschwierigkeiten zu rechnen. Selbst wenn dieser Widerstand ausbleibt, dauert eine Umstellung der Abspielgeräte mindestens ein Jahrzehnt. Die erforderliche Standardisierung der DRM-Systeme endet schnell auf dem kleinsten gemeinsamen Nenner und behindert so die technische Entwicklung erheblich, und zwar nicht nur die Entwicklung der Geräte, sondern vor allem auch die Entwicklung der DRM-Systeme selbst. So ist die großangelegte Secure Digital Music Initiative (SDMI), in der sich rund 180 Firmen der Geräte- und Inhalteindustrie zur Schaffung sicherer Standards zusammenschlossen, unter anderem daran gescheitert, daß sich die verschiedenen Vorstellungen nicht vereinen ließen und daher auch die technische Standardisierung nicht gelang.[670]

Die für die hier vorgeschlagene Lösung notwendige Implementierung von DRM-Systemen erfordert dagegen lediglich unterstützend eine Änderung der Firmware von Vervielfältigungsgeräten und gegebenenfalls der Vervielfältigungssoftware.

Im für die private Vervielfältigung von Tonaufnahmen derzeit bedeutendsten Bereich, der Vervielfältigung auf CD-R/RW, existiert die hier vorausgesetzte Technik für Audio-CD-Rekorder bereits seit Jahren. Sie in die Firmware von Computerlaufwerken zu implementieren und dann auch für diese Geräte die Nutzung von Audio-CD-Rs/RWs für die Herstellung eines Tonträgers vorauszusetzen, wird den Herstellern innerhalb kurzer Zeit und zu sehr geringen Kosten gelingen.

Die Vervielfältigung von Tonträgern findet zum großen Teil am PC oder mit moderner Unterhaltungselektronik statt. Die Haltbarkeit dieser Komponenten ist sehr begrenzt, bzw. ein Austausch in etwa dreijährigem Rhythmus üblich. Ebenfalls üblich sind Updates der Gerätesoftware zur Fehlerbehebung oder zur Implementierung neuer Funktionen. Dazu wird die von den Herstellern im Internet zum Download angebotene Firmware durch den Nutzer heruntergeladen und das Update durch Ausführen des geladenen Programmes selbstständig durchgeführt.

---

[670] Röttgers, S. 64f.

Es sollte daher eine Verpflichtung der Händler, Hersteller und Importeure zur Implementierung der erforderlichen Kontrollfunktion in die Firmware von Geräten, die nach einem zu bestimmenden Stichtag in den Handel gelangt sind, geschaffen werden. Dies ist mit der Verpflichtung zu verbinden, diese Firmware im Internet zugänglich zu machen und bei Reparaturen aufzuspielen.

Weitergehend als bisher § 95a UrhG ist auch eine Rechtspflicht der Nutzer zu schaffen, diese Updates herunterzuladen und ihre bestehenden Geräte der neuen Rechtslage anzupassen. Entstehende Kosten und Aufwand sind für alle Beteiligten gering.

B. Technische Anpassung von im Ausland hergestellten Geräten

Problematisch könnte die Umsetzung einer solchen Rechtspflicht der Hersteller, Importeure und Händler bei Geräten sein, die nicht in Deutschland hergestellt wurden. Die Frage ist also, ob Geräte, die auf den ausländischen Märkten beschafft werden, ohne weiteres für den deutschen Markt angepaßt werden können.

Für DVD-Player, DVD-Laufwerke und DVD-Brenner für den PC hat die Hardware-Industrie mit dem DVD-Regionalcode („region code") ein System eingeführt, das die Welt in verschiedene Zonen einteilt, zwischen denen ein Austausch der DVD-Medien durch Prüfung des Regionalcodes durch das Gerät nicht möglich ist. Diese Beschränkung wurde ohne äußeren Zwang in Absprache mit den Rechteinhabern eingeführt. Für den hier vorgeschlagenen Lösungsweg sind im Vorlauf einer europäischen Harmonisierung zwar kleinere Gebietsabgrenzungen als beim Regionalcode der DVD notwendig. Das Beispiel zeigt aber, daß Länder- bzw. regionsspezifische Anpassungen auch der reinen Hardware möglich sind.

Solche Adaptationen für den deutschen Markt dürften aber nicht spezifisch für bestimmte Geräte vorgegeben sein. Vielmehr muß für die Einfuhr, den Verkauf und die Benutzung von Aufnahmegeräten in Deutschland eine angepaßte Firmwareversion vorgeschrieben werden. So werden Gerätehersteller nicht gezwungen, bestimmte Geräte speziell für den deutschen Markt herzustellen, sondern müssen lediglich eine Auswahlmöglichkeit der zu verwendenden Gerätesoftware implementieren.

Insbesondere Computerprodukte, aber auch Unterhaltungselektronik werden häufig länderspezifisch ausgeliefert. Dies gilt vor allem für Komplettsysteme und Notebooks, die mit bereits vorinstallierter oder mitgelieferter Software für den nationalen Markt verkauft werden. Firmwareupdates könnten hier auch in Installationsroutinen implementiert werden, so daß eine Länderanpassung der Geräte nicht bereits im unverbauten Zustand erforderlich ist. Zu solch einer

Vorauswahl der Gerätesoftware könnten Importeure, die entsprechende Vervielfältigungsgeräte (z.B. CD/DVD-Brenner) nach Deutschland einführen, und/oder Händler, die diese Geräte auf dem deutschen Markt verkaufen, verpflichtet werden. Denkbar ist beim Angebot von PC-Komplettsystemen beispielsweise eine Implementierung einer solchen Abfrage in die Installationsroutine, ähnlich wie dies bei DVD-Laufwerken mit der Wahl der Region erfolgt.

Darüber hinaus ist die Anpassung der Gerätesoftware auch für den Verbraucher vorzuschreiben, der sich seine Geräte auf dem europäischen Markt beschafft und selbst importiert oder importieren läßt. Bisher wurde der Privatmann, der Geräte oder Leermedien lediglich für den eigenen Gebrauch einführte, nicht als vergütungspflichtiger Einführer im Sinne des § 54 Abs. 2 UrhG betrachtet.[671] Da im besten Fall auf die Vergütungspflichtigkeit von Vervielfältigungsgeräten verzichtet werden kann, ist auch in Zukunft ein Verbraucher, der sich ein solches Gerät im Ausland beschafft und in das Gebiet der Bundesrepublik einführt, nicht vergütungspflichtig. Allerdings hat er, wie ein gewerblicher Importeur, nach Möglichkeit sicherzustellen, daß die Verpflichtung zur Verwendung mit angemessenen Abgaben belegter Leermedien eingehalten und also auch technisch umgesetzt wird.

5. Kapitel: Die Höhe der pauschalen Vergütung

Auch die Erlaubnisfreiheit der Privatkopie entzieht sich bei der Bestimmung der Höhe der Vergütung nicht einer Bewertung ihres Marktwertes. Das dem Einzelnen eingeräumte Nutzungsrecht nach § 53 Abs. 1 UrhG trägt zwar auch zur erwünschten Verbreitung des Werkes bei, hat jedoch einen wirtschaftlichen Eigenwert, der sich, wie *Kirchhof* zu Recht bemerkt, nach den „Verkehrsgepflogenheiten, die bei individualvertraglicher Erlaubnis zur Vervielfältigung das Entgelt bestimmen würden“[672], richten muß.

Die Höhe des urheberrechtlichen Vergütungsanspruches bei privater Vervielfältigung hat sich demnach am Maßstab einer sachgerechten Entgeltung des eingeräumten Nutzungsrechts zu orientieren. Das Bundesverfassungsgericht hat dazu den Vergleich zur Gebührenregelung gewählt und die dafür bestehenden Grundsätze[673] auch für die Angemessenheit einer Speichermedienabgabe für anwendbar erklärt: Eine Vergütung solle in den Grenzen der Praktikabilität sowie unter Beachtung des Gleichheitssatzes und des Grundsatzes der Verhältnis-

[671] Vgl. Amtl. Begründung zum RegE 1982, UFITA 96 (1983), S. 107, 135.
[672] Kirchhof, S. 53.
[673] BVerfGE 50, S. 217, 226f.

mäßigkeit so gestaffelt werden, daß eine in etwa angemessene Gegenleistung für die Inanspruchnahme geschützter Werke erbracht werde.[674]

Die bisher erhobene Gebühr nach der Anlage zu § 54 Abs. 4 UrhG wird dem nicht gerecht und kann daher nicht als Vergleichsmaßstab dienen. Zwar sollte auch sie sich am Prinzip der Lizenzanalogie orientieren, der Gesetzgeber hielt jedoch nur einen Bruchteil der Lizenzgebühr für angemessen, da er der Ansicht war, es handele sich bei der privaten Vervielfältigung um eine nichtgewerbliche Drittauswertung. Das Werk sei vorher bereits für die Herstellung eines Bild- oder Tonträgers verwertet worden, der dann ggf. durch die Funksendung weiterverwertet worden sei.[675]

Das Argument, es handele sich hierbei um eine Drittauswertung, verfängt allerdings nicht. Ebenso wenig wie sich eine Doppelvergütung aus der Tatsache ergibt, daß der vervielfältigte Tonträger zuvor gekauft wurde,[676] kann hierbei von einer mehrstufigen Verwertung gesprochen werden. Das Verwertungsrecht des Rechtsinhabers wird vielmehr erneut genutzt. Auch bestimmt nicht die Gewerblichkeit den Wert des Nutzungsrechts, sondern der wirtschaftliche Wert, den die Nutzung eines Werkes oder einer Leistung für den Konsumenten hat.[677]

Darüber hinaus erfordern auch die Bedeutung, die dieser Nutzung heute zukommt, und die Möglichkeit, urheberrechtsneutrale Nutzung von der Vergütungspflichtigkeit auszuschließen, neue Maßstäbe bei der analogen Bestimmung der Lizenz.

1. Abschnitt: Vergütung auf Speichermedien, die erkennbar zur Vervielfältigung von Tonaufnahmen bestimmt sind

Individualvertragliche Verkehrsgepflogenheiten existieren für die Lizenzierung einer Vervielfältigung zum privaten Gebrauch nicht und müssen daher fingiert werden. Als Anhaltspunkte für ihre Bestimmung mögen die derzeitigen Vervielfältigungskosten einerseits und der Verkaufspreis eines bespielten Tonträgers andererseits gelten, die den Rahmen vorgeben, innerhalb dessen sich eine entsprechende Lizenzgebühr sinnvollerweise bemäße.

Nun entstehen bei der Anfertigung einer privaten Vervielfältigung für den Lizenzgeber naturgemäß keine direkten Kosten, da der Vervielfältigende das Material für Tonträger und Verpackung sowie die zur Vervielfältigung verwendete Gerätschaft selbst stellen muß. Von einem durchschnittlichen Endverkaufspreis bespielter Tonträger könnte so zunächst ein Betrag in Höhe der Kosten abgezo-

---

674 BVerfGE 79, S. 1, 27f. – Leerkassettenabgabe.

675 Amtliche Begründung zum RegE 1982, UFITA 96 (1983), S. 107, 136f.

676 Siehe dazu oben S. 131 die Anmerkungen zu dem von Sack erstellten Gutachten.

677 Vgl. Kirchhof, S. 63; Claussen, S. 36f.

gen werden, die dem Lizenzgeber im Falle der privaten Vervielfältigung gar nicht erst entstehen. Dies betrifft jedenfalls sämtliche Kosten der Herstellung, des Vertriebs und des Zwischenhandels. Übrig bleiben könnte ein Betrag, der in etwa dem des den Rechtsinhabern verbleibenden Gewinnes am Verkauf eines Tonträgers entspricht, also neben Tonträgerherstellern auch Urheber und Interpreten berücksichtigt. Dieser Betrag dürfte sich, auch nach Addition der Verwaltungskosten für seine Erhebung und Verteilung sowie der vom privaten Vervielfältiger zu tragenden Kosten für das Leermedium, deutlich unter dem durchschnittlichen Verkaufspreis eines bespielten Tonträgers bewegen. Berücksichtigt man weiter, daß einem privaten Vervielfältigungsstück die Wertigkeit und der Mehrwert fehlt, den ein im Handel erworbener Tonträger durch Qualität, Verpackung und Booklet bieten kann, so stellen sich die Kosten einer privaten Vervielfältigung nach wie vor als preisliche Alternative zum Erwerb eines bespielten Tonträgers dar. Damit könnte eine solchermaßen im Wege der Lizenzanalogie bestimmte Vergütung den geforderten fiktiven Marktwert privater Vervielfältigungshandlungen abbilden.

Für die Rechtsinhaber würde sich der Eingriff in ihre Rechtsposition, den § 53 Abs. 1 UrhG darstellt, also nicht als wirtschaftliche Beeinträchtigung darstellen. Auch die Ausgestaltung der Privatkopierfreiheit als durchsetzbarer Anspruch entspräche damit der gebotenen Verhältnismäßigkeit.

Die konkrete Ermittlung und Festsetzung des Vergütungssatzes wird dabei von nicht zu unterschätzenden Schwierigkeiten begleitet werden, zum einen, weil nicht zu erwarten ist – aber auch nicht verlangt werden kann – daß Tonträgerhersteller ihre Kostenstruktur offenbaren, zum anderen, weil die Vergütung erheblich über dem derzeit erhobenen Satz liegen müßte. Zu erwarten ist, daß sich die Vergütung auf Tonträgerleermedien in einem Bereich zwischen 2 Euro und 4,50 Euro pro Stunde Spielzeit bewegt.[678]

Die Anfertigung einer privaten Kopie würde damit deutlich teurer als bisher, wodurch gleichzeitig die Anzahl der gefertigten Vervielfältigungsexemplare verringert würde.[679] Die Verringerung der Differenz zwischen dem Kaufpreis eines bespielten Tonträgers und den Kosten der Herstellung einer Kopie ließe auch einen Anstieg der Verkäufe der Mehrwert bietenden Tonträger im Handel

---

[678] Bei digitalen Speichermedien, auf denen Musikaufnahmen – im Gegensatz zur AUDIO-CD-R/RW – in unterschiedlichen digitalen Formaten gespeichert werden können, ist auf die Speicherkapazität abzustellen. Wenn, wie hier gefordert, die Höhe der Vergütung per Rechtsverordnung festgesetzt würde, so wäre auch eine rasche Anpassung an die technische Entwicklung möglich. Siehe dazu unten „Festsetzung der Vergütungshöhe durch Verordnung" ab S. 162.

[679] Laut der Brennerstudie 2004 der GfK würden 71,6 % der Befragten bei erhöhten Preisen für Rohlinge weniger oder gar keine Musiktitel mehr überspielen. Das sind mehr als sich durch einen Kopierschutz davon abhalten lassen würden (63,8 %).

erwarten. Weiterhin bliebe den Tonträgerherstellern unbenommen, durch das Angebot verschiedener preisdifferenzierter Konfigurationen ihrer Produktpalette sowohl anspruchsvolle Kunden mit einer hochwertigen und aufwendigen Deluxe-Ausführung zu bedienen als auch mit sehr einfachen und preisgünstigen Ausführungen in Konkurrenz zur Privatkopie zu treten. Mit letzteren können beispielsweise Kundenkreise angesprochen werden, die ausschließlich an der Tonaufnahme interessiert sind und deren Transaktionskosten zur Herstellung einer privaten Vervielfältigung die Preisdifferenz übersteigen.[680]

Wenn – wie hier gefordert – die private Vervielfältigung eines Tonträgers nur auf bestimmte Leermedien (z.B. sog. Audio-CD-R/RWs) möglich ist, deren Besonderheit zu keinem anderen Zweck erforderlich ist, so kann im Umkehrschluß davon ausgegangen werden, daß diese Leermedien nahezu ausschließlich zur Vervielfältigung urheberrechtlich geschützter Tonaufnahmen verwendet werden. Der Anteil an ungeschützten Aufnahmen, mit denen solche Träger bespielt werden, kann unter Zuhilfenahme von Marktforschungsergebnissen geschätzt werden, es ist aber anzunehmen, daß er sich auf niederem Niveau bewegt.

Hinsichtlich der Belegung dieser Leermedien mit der urheberrechtlichen Vergütung sind dann keine oder nur sehr geringe anteilige Abzüge für urheberrechtsneutrale Verwendung dieser Medien in Ansatz zu bringen. Sie sind dann „erkennbar zur Vornahme solcher Vervielfältigungen bestimmt" und unterfallen der Vergütungspflicht des § 54 Abs. 1 UrhG.

Im Gegenzug kann die bislang erhobene Abgabe auf Leermedien, die nicht zur urheberrechtsrelevanten Vervielfältigung dienen, nach unten angepaßt werden. Für Datenträger ist dabei allerdings zu berücksichtigen, daß Tonaufnahmen auch in anderer Form als den klassischen Tonträgerformaten vervielfältigt werden können, zum Beispiel MP3-Dateien auf einer DATA-CD-R/RW. Auch sind für einmal und mehrfach bespielbare Medien unterschiedliche Vergütungssätze zu erheben, da trotz der unterschiedlichen Nutzungsintensität nur einmal eine Vergütung entrichtet werden muß.[681]

---

[680] Entsprechende Angebote wurden von BMG im August 2004 auf den Markt gebracht: Verschiedene CDs werden in drei Konfigurationen angeboten (Billig-CD ohne Cover und mit aufgedrucktem Tracklisting für 9,99 Euro, Normalversion für 12,99 Euro und als Deluxe-Version mit Songbook und exklusivem Internet-Angebot für 16,99 Euro), heise online vom 22. August 2004, abrufbar unter http://www.heise.de/newsticker/meldung/50252. Generell besteht seitens der Industrie ein großes Interesse an einer Differenzierung der Produkte. Einen dahingehenden Vorschlag hatte bereits der medienpolitische Sprecher der FDP-Bundestagsfraktion Otto (http://www.hans-joachim-otto.de/) gemacht, heise online vom 12. September 2002, abrufbar unter http://www.heise.de/newsticker/meldung/33934.

[681] So auch die Bundesregierung im 2. Vergütungsbericht, UFITA 2000/III, S. 691, 737.

2. Abschnitt: Vergütung für Vervielfältigungsgeräte

Schwerer fällt die quantitative Bestimmung der Vergütung auf Vervielfältigungsgeräte. Bislang konnte die Höhe der erhobenen Geräteabgabe nicht zu einer angemessenen Vergütung führen. Eine quantitative Erfassung der mit einem Gerät vorgenommenen Vervielfältigungshandlungen ist nicht möglich. Um im hier zugrunde gelegten Sinne angemessen zu sein, müßte eine Vergütung Summen in einer Höhe erreichen, die diese Geräte praktisch unverkäuflich machte. Daher endeten die bereits bescheiden begonnenen Verhandlungen zwischen des Branchenverbandes der Gerätehersteller BITKOM und den in der ZPÜ zusammengeschlossenen Verwertungsgesellschaften über die Höhe der auf CD-Brenner zu erhebenden Abgabe nach Beschreiten des Rechtsweges bei einer Höhe von 6 Euro pro Gerät.[682]

Nach der vom Bundesjustizministerium vorgesehenen Gesetzesänderung im „Zweiten Korb“ würde die Gerätevergütung ausdrücklich gedeckelt, da sie in einem wirtschaftlich angemessenen Verhältnis zum Kaufpreis stehen müßte.[683] Damit ist eine angemessene Vergütung privater Vervielfältigungshandlungen jedenfalls nicht zu erreichen.

A. Geräte mit wechselbaren Speichermedien

Nach dem hier vorgeschlagenen Lösungsmodell erfolgt eine Vergütung nach Möglichkeit nur dort, wo tatsächlich Vervielfältigungshandlungen vorgenommen werden, nämlich über eine Erfassung vornehmlich der Speichermedien. Daher können Geräte, die Vervielfältigungshandlungen ausschließlich auf externe Speichermedien vornehmen, von einer Vergütungspflicht vollkommen ausgenommen werden. Urheberrechtsneutrale Vervielfältigungshandlungen können dann ohne Belegung mit einer pauschalen Abgabe auf Medien und Geräte durchgeführt werden. Das pauschalierende Element der urheberrechtlichen Vergütung nach § 54 Abs. 1 UrhG wird damit nach Möglichkeit minimiert. Denn wer häufig urheberrechtlich geschützte Musikaufnahmen vervielfältigt, benötigt viele oder große Speichermedien für Musik und bezahlt damit über deren Kaufpreis eine entsprechend hohe Vergütung.[684]

Ephemere Vervielfältigungen, die lediglich Abspielzwecken dienen, beispielsweise das Vorauslesen einer Datei in einen erschütterungsunabhängigen

---

682 LG Stuttgart, CR 2001, S. 581ff.; vgl. die vorausgegangene Entscheidung der Schiedsstelle beim Deutschen Patent- und Markenamt (Schiedsstelle nach § 14 WahrnG) vom 4. Mai 2000, Sch-Urh 12/99 = ZUM 2000, S. 599ff. sowie OLG Stuttgart, abrufbar unter http://www.gema.de/urheberrecht/rechtsprechung/olg_stuttgart_04092001.shtml.

683 Vgl. die Pressemitteilung des BMJ vom 9. September 2004, S. 3f., abrufbar unter http://www.bmj.bund.de/media/archive/749.pdf.

684 So schon die amtliche Begründung zum RegE 1982, UFITA 96 (1983), S. 107, 134.

Speicher, können dabei unter den Voraussetzungen des § 44a UrhG, der mit Art. 5 Abs. 1 InfoSoc-RL identisch ist, unberücksichtigt bleiben.

B. Geräte mit internem Speichermedium

Anders stellt sich die Situation bei Geräten dar, die ganz oder teilweise über internen Speicherplatz verfügen.

Zunächst ist fraglich, ob zu unterscheiden ist zwischen Geräten, die lediglich Abspielzwecken dienen, und Geräten, die eine Vervielfältigung ermöglichen. Auch bei reinen Abspielgeräten erfolgt zunächst eine Vervielfältigungshandlung, indem die Musikdatei in den internen Speicher kopiert oder verschoben wird. Der interne Speicher ist demnach in jedem Fall analog einem Speichermedium zu behandeln und entsprechend zu vergüten.[685]

Für Geräte, die auch eine Vervielfältigung der intern gespeicherten Dateien auf externe Speichermedien ermöglichen, ist die Erhebung einer Gerätevergütung solange unerläßlich, wie nicht hinreichend gewährleistet werden kann, daß die Vervielfältigung der Tonaufnahmen ausschließlich auf vergütungspflichtige Speichermedien erfolgt oder zumindest die Vergütung ausreichend über die verwendeten Speichermedien gewährleistet ist.

Die zu erhebende Gebühr ist gegenüber der derzeit erhobenen Gebühr ebenfalls deutlich zu erhöhen. Allerdings ist hierbei auch zu berücksichtigen, inwieweit bereits vergütungspflichtige Leermedien Verwendung finden, die Tonaufnahmen bereits durch technische Schutzmaßnahmen geschützt sind und vor allem inwieweit sich diese Geräte auch zu urheberrechtsneutraler Verwendung eignen, beispielsweise auch als Datenträger für eigene Textdokumente dienen können. Das Bundesverfassungsgericht hat deutlich gemacht, daß die Möglichkeit urheberrechtsneutraler Nutzung der Erhebung einer Urheberrechtsabgabe nicht im Wege steht.[686] Auch hier ist eine Differenzierung der Produktpalette durch die Hersteller denkbar. So könnten Abspielgeräte für komprimierte Musikformate, die über einen fest eingebauten Speicher verfügen, jeweils mit oder ohne die Möglichkeit, diesen Speicher auch für andere Dateiformate zu nutzen, angeboten werden. Solche Möglichkeiten sind über die eingesetzte DRM-Software unproblematisch zu realisieren. Bereits heute unterscheiden sich die angebotenen Geräte unter anderem in diesem Punkt.

C. Multifunktionsgeräte und deren Speichermedien

Problematischer ist die Behandlung sogenannter Multifunktionsgeräte wie PCs, PDAs und moderne Mobiltelefone, also von Geräten, die durchaus auch der

---

[685] Vgl. für Computerfestplatten Lewinski, ZUM 2003, S. 933, 936.

[686] BVerfGE 31, S. 255, 269; vgl. auch BGHZ 121, S. 215 – Readerprinter.

Vervielfältigung von Bild- und Tonträgern dienen, angesichts deren Funktionsvielfalt allerdings fraglich ist, ob sie als zu deren Vervielfältigung „bestimmt" gelten können. Diese Geräte unterstützen meist verschiedene externe Speichermedien (Festplatten, Memory Stick, SD-, MMC, CF-Cards u.ä.), bei denen ebenfalls die Musiknutzung nicht immer im Vordergrund steht. Sofern eine Beschränkung der Vergütung auf Speichermedien möglich ist, ist sie auch bei Multifunktionsgeräten vorzugswürdig.[687]

Im übrigen gilt auch hier die Vorgabe des Bundesgerichtshofs, daß nicht die tatsächliche urheberrechtliche Nutzung maßgeblich ist, sondern bereits die *Möglichkeit* der Benutzung zu diesem Zweck genügt, um eine Vergütungspflicht entstehen zu lassen.[688] Kann eine Nutzung zur Vervielfältigung von Tonaufnahmen (respektive anderer geschützter Werke und Leistungsgegenstände) nicht ausgeschlossen werden, so sind auch auf diese Geräte Vergütungen zu erheben.[689] Bei der Auswahl der vergütungspflichtigen Geräte ist gegebenenfalls der vom Bundesgerichtshof in der Scanner-Entscheidung aufgestellte Grundsatz zu berücksichtigen: In Fällen, in denen die Vervielfältigung urheberrechtlich geschützter Werke und Schutzgegenstände nicht durch ein Gerät, sondern erst durch ein Zusammenspiel mehrerer Geräte erfolgt, sollen nicht alle beteiligten Geräte der Vergütungspflicht unterliegen. Vielmehr sollte nur das Gerät, welches am „deutlichsten"[690] dazu bestimmt ist, als Vervielfältigungsgerät eingesetzt zu werden, mit einer Abgabe belegt werden. Hier sollte eine Klarstellung durch Einfügung eines Satzes 2 in § 54 Abs. 1 UrhG erfolgen.[691]

Die Höhe der Vergütung auf Multifunktionsgeräte hat sich auch an den vom Bundesverfassungsgericht in der Leerkassettenabgaben-Entscheidung vorgegebenen Maßstäben zu orientieren.[692] Denkbar wäre hierbei auch die Bestimmung einer Speicher- bzw. Spielzeitmindestgrenze, unterhalb derer eine Musiknutzung nicht zu erwarten bzw. irrelevant und eine Vergütung daher nicht zu entrichten ist.

Da das vorliegende Modell die Verpflichtung voraussetzt, zur privaten Vervielfältigung geschützter Tonaufnahmen Speichermedien zu verwenden, auf die eine angemessene Vergütung erhoben wird, ist auch hier eine Differenzierung möglich. Speichermedien, die zur Musiknutzung vorgesehen sind und die mit einer dieser Nutzung angepaßten Abgabe belegt sind, können entsprechend gekennzeichnet werden, z.B. durch ein Logo. Die Einhaltung der Verpflichtung,

---

687 Vgl. für Computerfestplatten Lewinski, ZUM 2003, S. 933, 936.

688 BGHZ 121, S. 215, 219 – Readerprinter.

689 So auch Wiegand, S. 278.

690 BGH, Urteil vom 5. Juli 2001 – I ZR 335/98, CR 2002, S. 176, 177.

691 Vgl. dazu den Formulierungsvorschlag von Paul/Naskret, CR 2003, S. 473, 478.

692 BVerfGE 79, S. 1, 27f. – Leerkassettenabgabe; vgl. oben „Die Höhe der pauschalen Vergütung" ab S. 154.

solche Medien zu benutzen, wäre damit immer noch nicht lückenlos zu kontrollieren, obwohl auch hier eine technische Überprüfung durch DRM-Systeme denkbar ist.[693]

Wie oben eingehend dargelegt,[694] kann sich unter den Voraussetzungen des hier vorgeschlagenen Modells jedoch die Wahrung urheberrechtlicher Interessen als interne Institution heranbilden, die eine Umgehung der urheberrechtlichen Vergütung gesellschaftlich ächtet.[695] Die bisher angenommene faktische Unkontrollierbarkeit des Handelns in der häuslichen Privatsphäre würde hier durch die gesellschaftliche Kontrolle relativiert. Da die interne Institution ihre eigenen Sanktionen hat, könnte der gewünschte Effekt eintreten, ohne daß dies Denunziantentum voraussetzte.

Da es sich bei den hier untersuchten Multifunktionsgeräten zudem hauptsächlich und zunehmend um Geräte für den mobilen Gebrauch handelt, begäbe sich der Nutzer zudem aus der unbeobachteten häuslichen Privatsphäre hinaus und in einen öffentlichen Raum hinein, in dem interne Institutionen über die Einhaltung urheberrechtlicher Bestimmungen wachen und Zuwiderhandlung ächten.

Auch das Problem der Doppelvergütung ist zu beachten: Vielfach ist, gerade bei online verkauften Musikdateien, eine Lizenz zur mobilen Nutzung bereits eingeräumt und im Kaufpreis berücksichtigt.[696] Bei fortschreitender Entwicklung dieses Marktes könnte sich eine Verringerung der Geräteabgabe also als geboten erweisen. Sofern die höhere Vergütung auf „klassische körperliche" Tonträgerspeichermedien wie der CD-R die Nutzer dazu bewegt, Musik vermehrt auf Multifunktionsgeräten und deren universelle Speichermedien zu konsumieren, sind die Rechtsinhaber aufgefordert, mit Systemen zum digitalen Rechtemanagement neue adäquate digitale Musikformate zu entwickeln, mit denen Kontrolle und Vergütung zu gewährleisten sind.

Die Frage der Vergütungspflicht beim Zusammenwirken mehrerer Vervielfältigungsgeräte ist eine Frage der Doppelvergütung. Wenn die Vergütungspflicht sich aber, wie hier vorgeschlagen, vornehmlich auf die Speichermedien konzentriert, so kann auch in solchen Ketten die Vergütungspflicht reiner Vervielfältigungsgeräte entfallen. Dies ist im Bereich der Bild- und Tonträger sicher einfacher zu realisieren als für die reprographische Vervielfältigung, denn Papier als „Speichermedium" kann nicht mit einer Vergütung belegt werden. So wird in

---

[693] Speziell für wechselbare Medien konzipiert sind beispielsweise die DRM-Systeme CPRM und CPPM, siehe oben S. 90.

[694] Siehe oben „Relevanz der Interdependenzen" ab S. 119.

[695] Vgl. Voigt, S. 32ff.

[696] Dies wird insbesondere bei Musikdateien der Fall sein, die über die Mobilfunknetze auf Mobiltelefone geladen werden. Für derart nutzbaren Speicher in Mobiltelefonen bestünde demnach nur dann eine Vergütungspflicht, wenn er auch anders als in der geschilderten Weise mit urheberrechtlich geschützten Aufnahmen bespielt werden kann.

diesem Bereich wohl nicht auf die Vergütungspflichtigkeit von Scannern verzichtet werden können.

Es steht im übrigen nicht zu befürchten, daß die Einführung neuer Technologien durch ihre Vergütungspflichtigkeit nach § 54 UrhG verhindert wird. Daran ist, trotz entsprechender Bedenken, auch die Verbreitung von Magnettonaufzeichnungsgeräten nicht gescheitert.[697] Auch kann die Einführung neuer Technologien nicht zu Lasten der Inhaber urheberechtlicher Schutzrechte erfolgen. Gleichwohl ist auch aus diesem Grund das Augenmaß des Gesetzgebers bei der Festsetzung der Vergütung gefordert.

3. Abschnitt: Analoge Vervielfältigung

Zum Zwecke der gebührenden Unterscheidung zwischen analoger und digitaler privater Vervielfältigung[698] kann die Gebührenhöhe für Geräte und Speichermedien zur Vornahme analoger Vervielfältigungen von Tonträgern geringer angesetzt werden, als für solche, die sich zur digitalen Vervielfältigung eignen.[699]

4. Abschnitt: Ausnahmen von der Vergütungspflicht

Durch die Vergütungspflichtigkeit spezieller vorgeschriebener Audio-Speichermedien ist keine Ausnahme zugunsten der gewerblichen Wirtschaft oder der Verwaltung notwendig. Werden solche Speichermedien benutzt, so kann urheberrechtsrelevante Nutzung unterstellt werden.

Freistellungen für Personen oder Unternehmen, die gewerblich oder als Künstler Speichermedien mit Musik beschreiben ohne dabei von der Ausnahme des § 53 Abs. 1 Gebrauch machen zu müssen, weil sie die erforderlichen Rechte selbst innehaben, sind möglich, aber nicht notwendig. Diese natürlichen oder juristischen Personen sind als Rechtsinhaber ja wiederum an der Ausschüttung der erhobenen Vergütung beteiligt. Schließlich müssen vergleichbar auch Urheber, die Verwertungsgesellschaften exklusive Rechte eingeräumt haben, diesen Verwertungsgesellschaften Verwertungshandlungen eigener Werke vergüten.

5. Abschnitt: Festsetzung der Vergütungshöhe durch Verordnung

Um eine schnellere Anpassung zu ermöglichen und eine erneute Stagnation der Vergütungshöhe auf unangemessenem Niveau zu verhindern, sollte die Festset-

---

697 Vgl. Maracke, S. 473.

698 Vgl. dazu Erwägungsgrund (38) und (39) der InfoSoc-Richtlinie.

699 Dafür auch der 2. Vergütungsbericht, UFITA 2000/III, S. 691, 737.

zung der Vergütungshöhe durch Rechtsverordnung erfolgen können.[700] Dies war bereits im Regierungsentwurf zur Urheberrechtsnovelle von 1983 vorgesehen; die Forderung findet sich auch im 2. Vergütungsbericht der Bundesregierung.[701] Sollte in Zukunft, wie im Eckpunktepapier des Bundesjustizministeriums vorgesehen, auf eine Festlegung der Vergütungshöhe durch Gestez oder Rechtsverordnung verzichtet werden,[702] so sind zumindest feste Kriterien zur Bestimmung der Höhe vorzugeben.[703]

6. Kapitel: Individuelle Lizenzierung

Trotz der Beibehaltung der pauschalen Vergütung für die private Vervielfältigung ist die individuelle Lizenzierung mittels Digital Rights Management-Systemen zu fördern. Für Musikdateien, die aufgrund einer vertraglichen Vereinbarung öffentlich zugänglich gemacht wurden, können gem. § 95b Abs. 3 UrhG Schrankenbestimmungen ohnehin nicht durchgesetzt werden. Die individuelle Lizenzierung und das pauschale Vergütungssystem werden also auf absehbare Zeit nebeneinander existieren.

Trotz § 95b Abs. 3 UrhG können Rechtsinhaber jedoch die private Vervielfältigung ihrer Werke und Schutzgegenstände gestatten oder individuell lizenzieren.

Der Zweck des § 53 Abs. 1 UrhG kann auch mit dem Einsatz von Rights Locker Architekturen[704] erfüllt werden. Durch die Möglichkeit des Zugriffs kann dabei sogar die Vervielfältigungshandlung entfallen. Dies ist insbesondere für das immer wichtiger werdende Streaming von Bedeutung.[705] Laut der Brennerstudie 2004 besteht hier noch kein großes Interesse. Mit zunehmender Bandbreite im Mobilfunk wird sich das aber rasch ändern.

Allgemein ist zu beobachten, daß auch im Online-Bereich vermehrt DRM-Systeme zum Einsatz kommen, die eine mobile Nutzung und das Brennen auf CD in geringem Umfang erlauben. Mit der Verbreitung sicherer und einfacher

---

[700] So auch Kreutzer, ZUM Sonderheft 2003, S. 1041, 1042.

[701] 2. Vergütungsbericht, UFITA 2000 III, S. 691, 732, 741.

[702] Vgl. die Pressemitteilung des BMJ vom 9. September 2004, abrufbar unter http://www.bmj.bund.de/media/archive/749.pdf.

[703] Dafür auch Kreile, ZUM Sonderheft 2003, S. 1018, 1019.

[704] Siehe S. 93.

[705] Vgl. zum derzeitigen Stand der Technik Roth, telepolis vom 1. September 2004, abrufbar unter http://www.telepolis.de/deutsch/inhalt/musik/18242/1.html; zur Simulcast-Lizenzierungspraxis Bortloff, GRUR Int. 2003, S. 669ff.

elektronischer Abrechnungssysteme („Billing-Systeme"/„Micropayment") wird auch der nachträgliche Erwerb zusätzlicher Lizenzen vereinfacht.[706]

Ein weiteres denkbares Anwendungsgebiet für solche elektronischen Lizenzmanagement- und Abrechnungssysteme kann auch darin liegen, daß der Einzug der pauschalen Vergütung durch die Verwertungsgesellschaften teilweise auf elektronischem Wege erfolgt, beispielsweise um ein erworbenes Speichermedium ganz oder teilweise zum Audio-Speichermedium „umzuwidmen".

7. Kapitel: Die Verteilung der pauschalen Vergütung

Die vorgeschlagenen Änderungen müssen auch auf der Ebene der Ausschüttung der erhobenen Vergütung berücksichtigt werden. Einer Beeinträchtigung der Tonträgerhersteller durch einen Anspruch auf private Vervielfältigung stehen Mehreinnahmen der Urheber und Interpreten durch erhöhte Vergütungssätze gegenüber. Dieses Mißverhältnis gilt es dem Kompensationsinteresse entsprechend auszugleichen. Auch Erwägungsgrund (31) der InfoSoc-Richtlinie fordert einen „angemessene[n] Rechts- und Interessenausgleich zwischen den verschiedenen Kategorien von Rechtsinhabern". Der Gesetzgeber spricht in § 54h UrhG jedem Berechtigten einen angemessenen Teil an den nach § 54 UrhG gezahlten Vergütungen zu. Dazu haben die Verwertungsgesellschaften gem. § 7 WahrnG einen Verteilungsplan aufzustellen. Zu den Berechtigten gehören neben den Urhebern nach § 83 UrhG auch Interpreten und Veranstalter; Tonträgerhersteller sind gem. § 86 UrhG an den Vergütungen der Interpreten nach §§ 78 Abs. 2, 83, 53 Abs. 1, 54 Abs. 1 zu beteiligen.

Hier liegt ein erhöhtes und schutzwürdiges Kompensationsinteresse eindeutig auf Seiten der Tonträgerhersteller. Auch das Bundesverfassungsgericht hat in seinem Beschluß vom 3. Oktober 1989 zu einer solchen Wertung Anlaß gesehen:[707]

> Er [der Tonträgerhersteller, Anm. d. Autors] erschließt durch seine private Initiative und auf sein Risiko der Öffentlichkeit künstlerisches Schaffen. Der wirtschaftlichen Komponente kommt bei ihm größere Bedeutung zu als bei Urhebern und ausübenden Künstlern. Er ist gezwungen, wirtschaftlich zu kalkulieren, und kann daher eine angemessene Beachtung seiner finanziellen Interessen beanspruchen. Dies gilt auch und gerade im Verhältnis zum Urheber und zum ausübenden Künstler, die häufig eher an der Verbreitung des Werkes als am wirtschaftlichen Ergebnis der Nutzung interessiert sind. Eine Gefährdung seines wirtschaftlichen Einsatzes erwächst dem Tonträgerher-

---

[706] Deutlich bevorzugt werden die eher klassischen Zahlungsmethoden Rechnung, Bankeinzug, Telefonrechnung und Kreditkarte, Brennerstudie 2004 der GfK, S. 53.
[707] BVerfGE 81, S. 12, 18.

steller insbesondere daraus, daß Private qualitativ hoch- und sogar gleichstehende Klangkopien anfertigen können, ohne daß Umfang oder Anlaß dieser Kopien von ihm kontrolliert werden können.

Zwar erhalten Urheber, Produzenten und Interpreten eine Lizenzbeteiligung an jedem physisch verkauften Tonträger und jeder nichtphysisch vertriebenen Tonaufnahme. Diese Lizenzbeteiligung (engl. „Override") wird durch die durch private Vervielfältigung geminderten Verkaufserlöse also ebenso betroffen wie die Verkaufsgewinne der Tonträgerhersteller. Auf diese Lizenzbeteiligung erhalten sie jedoch regelmäßig eine Vorauszahlung von Verlag bzw. Plattenfirma, gegen die die Lizenzbeteiligungen zunächst verrechnet werden. Da in der Praxis nicht vorhersehbar ist, ob ein Künstler oder ein Tonträger erfolgreich sein wird, erweisen sich ca. 90 % aller Künstlerexklusiv- und Bandübernahmeverträge wegen zu geringer Verkaufszahlen als Verlustgeschäft für die Tonträgerhersteller. Um neue Stars zu entdecken, können Tonträgerhersteller dieses Risiko jedoch nicht vermeiden.[708] Aus diesem Grund kommt es häufig vor, daß ein solcher Vorschuß nicht wieder eingespielt (engl. „recouped") werden kann. Dies hat zur Folge, daß der Lizenzgeber letztlich doch nicht „stückzahlbezogen", sondern durch die nicht vollständig verrechnete Vorauszahlungssumme sogar anteilig höher und der Wirkung nach pauschal vergütet wird. Das unternehmerische Risiko an der Veröffentlichung einer Tonaufnahme trägt der Tonträgerhersteller also nahezu allein.

Entsprechend zynisch ist aus dieser Tatsache heraus daher die Argumentation, an einer unbehinderten Erstauswertung sei ohnehin nur die Musikindustrie interessiert. Sie ist darüber hinaus äußerst kurzsichtig, da sie verkennt, daß die Tonträgerhersteller, die ihre getätigten Investitionen (Vorauszahlungen (engl. „Advance"), (Produktions-) Kostenzuschüsse (engl. „Contributions"), Promotion, Marketing, Herstellung, Betreuung der Künstler etc.) in der Regel komplett über die Erstverwertung einspielen müssen. Solche erheblichen finanziellen Risiken können regelmäßig nur dann eingegangen werden, wenn durch ausreichenden rechtlichen Schutz der ungestörten Auswertung ein wirtschaftlicher Anreiz dafür geschaffen wird.[709] Dies trifft im übrigen auf kleine Independent-Labels noch mehr zu als auf die Major-Labels, die sich durch Quersubventionierung ein wenig besser absichern können. Eine verminderte Risikobereitschaft der Tonträgerhersteller und Verlage schlägt sich wiederum auf die Vertragsabschlüsse mit Urhebern, Künstlern und Produzenten nieder.

---

[708] Wandtke/Bullinger-*Schaefer*, HauptBd., § 85 Rn. 39.

[709] Die von Wiegand ohne Quellenangabe angeführte Rechnung, eine Musik-CD müsse mindestens 500.000 mal verkauft werden, um die Gewinnzone zu erreichen, ist trotz der in der Tat erheblichen Kosten zum Glück dennoch fernab der wirtschaftlichen Realität einer Plattenfirma (vgl. Wiegand, S. 349 unten).

Eine angemessene Kompensierung der Verkaufseinbußen der Tonträgerhersteller kann entweder durch eine anteilig höhere Ausschüttung dieser Einnahmen an die Tonträgerhersteller erreicht werden, oder aber dadurch, daß Einnahmen der Interpreten und Produzenten aus der pauschalen Vergütung zumindest teilweise gegen an sie geleistete Vorauszahlungen verrechenbar sind. Vorausabtretungen der Ansprüche nach § 54 Abs. 1 UrhG müßten daher entgegen der jetzigen Bestimmung des § 63a UrhG möglich sein. Gegen letzteres spricht die traditionell als schwächer angesehene Position der Urheber und Interpreten gegenüber den Tonträgerherstellern. Die Regelung des § 63a UrhG soll sicherstellen, daß diese Berechtigten auch an der Zweit- und Drittauswertung ihrer Werke und Leistungen partizipieren.

Wenngleich die Praxis zeigt, daß die Anbahnung von Künstler- und Bandübernahmeverträgen inzwischen auch durch die regelmäßig anwaltlich vertretenen oder beratenen Künstler und Produzenten sehr hart verhandelt wird und von einem generellen wirtschaftlichen Ungleichgewicht zwischen Künstler und Plattenfirma insoweit nicht mehr ausgegangen werden kann, so spricht doch viel dafür, die Vergütungsansprüche nach § 54 Abs. 1 UrhG nicht Teil dieser Verhandlungen werden zu lassen. Vorzugswürdig ist ein zwischen den Verbänden und den Verwertungsgesellschaften vereinbarter Verteilungsschlüssel, der den nach § 54h UrhG „angemessenen Anteil" im Sinne der hier gemachten Ausführungen definiert.

Gesetzgeberische Festlegung dieser Maßnahmen ist nur erforderlich, wenn die Beteiligten sich nicht auf einen Verteilungsschlüssel einigen können, der diesem Bedürfnis nach angemessener Beteiligung entspricht.[710]

Die Verwertungsgesellschaften haben, um der Vorgabe der Erwägungsgründe (35) und (39) der InfoSoc-Richtlinie zu entsprechen, bei der Ausschüttung der über die pauschale Vergütung zur Abgeltung privater Vervielfältigung eingenommenen Beträge weiter zu berücksichtigen, welche Tonaufnahmen mit einem Kopierschutz, bzw. mit Einschränkungen durch DRMS versehen sind. Rechtsinhaber, die private Vervielfältigungshandlungen auf das gesetzliche Mindestmaß begrenzen, sind ggf. auch bei Verteilung der Einnahmen anders zu behandeln als Rechtsinhaber, die Vervielfältigung zu privatem Zweck in höherer Anzahl oder ganz freigeben.[711]

---

[710] Die Bundesregierung geht im 2. Vergütungsbericht nicht von der Notwendigkeit gesetzgeberischer Maßnahmen aus, legt aber auch nicht die gleichen Maßstäbe an die Verteilung der Einnahmen an, die hier zugrunde gelegt werden, UFITA III 2000, S. 691, 739.

[711] Vgl. Peukert, ZUM Sonderheft 2003, S. 1050, 1057.

Für eine Einbeziehung der Sendeunternehmen in den Vergütungsanspruch[712] besteht nach wie vor kein Anlaß: durch die Aufzeichnung des Sendesignals wird nicht unmittelbar in die geschützte Tätigkeit der Sendeunternehmen eingegriffen. Daher ist ein wirtschaftlicher Ausgleich nicht notwendig. § 87 Abs. 4 UrhG ist daher beizubehalten.

8. Kapitel: Strafvorschriften

Unter den hier genannten Voraussetzungen kann das gesamte bereits jetzt im Urheberrechtsgesetz vorgesehene Spektrum strafrechtlicher Sanktionen beibehalten werden. Denkbar ist, einen Verstoß gegen die hier geforderte Verpflichtung der Hersteller zur Anpassung der Gerätesoftware an die Anforderungen des deutschen Urheberrechts in den Katalog des § 108b UrhG aufzunehmen. Sofern ein System zum digitalen Rechtemanagement den gesetzlichen Anforderungen entspricht, ist es weiterhin umfassend auch unter den Schutz des Strafrechts zu stellen.[713]

Da die private Kopie in gewissem Umfang zugelassen sein soll, können über das zulässige Maß hinausgehende private Vervielfältigungshandlungen de lege ferenda unter Strafe gestellt werden. Die im Nachtrag zum Eckwertepapier zum „Zweiten Korb" angekündigte „Bagatellklausel" ist aus diesem Grunde entbehrlich. Diese Klausel soll den Download von Musikdateien aus rechtswidrigen Quellen straffrei stellen, sofern er „nur in geringem Umfang" und nur für den privaten Gebrauch erfolgt.[714] Eine solche Bestimmung ist nicht geeignet, das Rechtsbewußtsein im erforderlichen Maße zu schärfen und den rechtswidrigen Angeboten im Internet die Grundlage zu entziehen. Zwar ist die strafrechtliche Verfolgung geringfügiger Verletzungshandlungen nicht zwingend erforderlich, die Bestimmung und Abgrenzung des tatsächlichen Nutzungsumfanges ist jedoch schwierig. Statt einer gesetzlichen Freistellung durch eine Bagatellklausel ist eine Vorschrift wünschenswert, die sich an § 31a BtMG orientiert und die der Staatsanwaltschaft bei gewissen Taten von geringer Intensität und bei geringer Schuld ermöglicht, von der Strafverfolgung abzusehen.

Sofern private Vervielfältigungshandlungen in geringem Umfang vorgenommen werden, sollte Ihnen besser mit „Micro-Payment" als mit „Micro-Punishment" begegnet werden.

---

712 Siehe Frage A VI des Fragebogens des BMJ zur Vorbereitung eines Zweiten Gesetzes zur Regelung des Urheberrechts in der Informationsgesellschaft (Zweiter Korb).

713 Die Strafbarkeit der Umgehung von Kopierschutztechniken würde 83,4 % der Befragten dazu bewegen, von einer Vervielfältigung abzusehen (GfK, Brennerstudie 2/2004).

714 Rath, Badische Zeitung vom 10. September 2004, S. 2.

9. Kapitel: Zivilrechtliche Ansprüche

1. Abschnitt: Ersatzansprüche

Die zivilrechtlichen Ersatzansprüche können weitgehend beibehalten werden. Die vorgeschriebene Benutzung spezieller Speichermedien erleichtert darüber hinaus die zivilrechtliche Inanspruchnahme einzelner Rechtsverletzer, da die Rechtswidrigkeit einer körperlichen Vervielfältigung offensichtlich ist. Statt der bisher üblichen Schadensberechnung, die in vielen Fällen gewerblicher Rechtsverletzung nicht zu befriedigenden Ergebnissen führt, kann in Umsetzung des § 13 Durchsetzungsrichtlinie bei Vorsatz oder grober Fahrlässigkeit ein „Verletzerzuschlag" eingeführt werden.

Die Rechtsverfolgung erheblich erleichtern wird auch die Umsetzung des Art. 5 lit. b) der Durchsetzungsrichtlinie, die u.a. den Anscheinsbeweis der Rechtsinhaberschaft durch Anbringung einer entsprechenden Angabe auf dem Schutzgegenstand auch für die Inhaber von Leistungsschutzrechten einführt.

2. Abschnitt: Auskunftsanspruch der Rechtsinhaber

Eine Implementierung der Durchsetzungsrichtlinie wird den Rechtsinhabern auch die notwendigen Mittel an die Hand geben, um gegen Rechtsverletzungen, gerade im Internet, schnell und effektiv vorgehen zu können. Dazu gehören Maßnahmen der Beweissicherung und des einstweiligen Rechtsschutzes ebenso wie Beweiserleichterungen und Auskunftsansprüche gegenüber Providern und Dienstleistern. Der dort gewählte Weg über die Einschaltung der Gerichte ist zu begrüßen.

Eigenständige zivilrechtliche Auskunftsansprüche der Rechtsinhaber vermeiden auch die sonst zur Erlangung von Informationen zwingend notwendige Einschaltung staatlicher Strafverfolgungsbehörden. Der Gesetzesentwurf für den „Zweiten Korb" sieht jedoch noch keinen eigenen Auskunftsanspruch der Rechtsinhaber vor.[715]

Die straf- und zivilrechtlichen Möglichkeiten haben bisher bereits eine deutliche Eindämmung rechtswidriger Angebote im Web und in Tauschbörsen ermöglicht.[716] Verbunden mit einem verbesserten Auskunftsanspruch der Rechtsinhaber gegenüber Providern und, parallel dazu, attraktiven legalen Download-

---

[715] Vgl. Krempl, c't aktuell vom 9. September 2004, abrufbar unter http://www.heise.de/ct/aktuell/meldung/50805; Steinbeis, Handelsblatt vom 10. September 2004, S. 17.

[716] Rötzer, telepolis vom 5. Januar 2004, abrufbar unter http://www.telepolis.de/deutsch/inhalt/musik/16453/1.html

Angeboten, kann solchen rechtswidrigen Angeboten der Zulauf genommen werden. Sie werden dann die (vernachlässigbare) Nische für Freaks werden, die sie immer geblieben wären, wenn rechtzeitig attraktive legale Downloadangebote zur Verfügung gestanden hätten.

10. Kapitel: Gemeinschaftsweite Harmonisierung

Um den Rechtsinhabern gemeinschaftsweit ein einheitlich hohes Schutzniveau zu gewähren und gleichzeitig den freien Warenverkehr sowohl für den Vertrieb körperlicher Tonträger als auch für den unkörperlichen Vertrieb nicht zu beeinträchtigen, ist eine gemeinschaftsweite Einführung dieses Modells erstrebenswert.[717] Die Entbehrlichkeit einer Vergütung für Aufzeichnungsgeräte fördert die Erreichung dieses Ziels, denn neben Deutschland erheben derzeit nur vier Mitgliedstaaten eine Geräteabgabe.[718]

Bevor eine europäische Harmonisierung erreicht ist, ist durch die technische Ausgestaltung des Modells[719] auch eine nationale Lösung gangbar. Ob – auch in diesem Bereich – eine absolute Angleichung der Rechtsordnungen der Mitgliedsstaaten der europäischen Gemeinschaft wünschenswert ist, oder ob nicht vielmehr verschiedene konkurrierende Regelungen dem Streben nach Optimierung förderlicher sind, sei dahingestellt. Das Bestreben nach Harmonisierung kann angesichts der Komplexität der Regelungsproblematik jedenfalls kaum als eigenständiges Argument für eine Aufhebung der Schranke der privaten Vervielfältigung dienen.[720]

11. Kapitel: Kompatibilität des Lösungsmodells mit der Rechtsordnung

1. Abschnitt: Einfaches Bundesrecht

Konflikte des hier entwickelten Lösungsmodells mit einfachem Bundesrecht sind nicht ersichtlich. Die Umstellung des pauschalen Vergütungssystems machen jedoch Änderungen des Urheberrechtswahrnehmungsgesetzes erforderlich.

---

[717] Die gemeinschaftsweite Einführung eines pauschalen Vergütungsmodells fordert auch Kreile, in: GEMA Jahrbuch 2001/2002, S. 94f.

[718] 2. Vergütungsbericht, UFITA 2000 III, S. 691, 730.

[719] Siehe oben S. 153.

[720] A.A. Wiegand, Geräteabgabe, S. 365.

Allen voran sind § 13 Abs. 3 und 4 WahrnG betroffen, welche die Berechnungsgrundlage und die Gestaltung der Tarife regeln. Diese sind den Maßgaben den hierzu gemachten Ausführungen entsprechend zu ändern. Weiter betroffen ist auch die Bestimmung über die Verteilung der Einnahmen in § 7 WahrnG, in die die besondere Schutzbedürftigkeit der Tonträgerhersteller aufzunehmen ist.

2. Abschnitt: Europäisches Sekundärrecht

A. InfoSoc-Richtlinie

I. Besondere Anforderungen an Schranken

Art. 5 Abs. 2 lit. b) der InfoSoc-Richtlinie eröffnet dem nationalen Gesetzgeber die Möglichkeit, eine Schranke des urheberrechtlichen Vervielfältigungsrechts zum privaten und nichtkommerziellen Gebrauch vorzusehen, sofern sichergestellt ist, daß die Rechtsinhaber einen gerechten Ausgleich erhalten. Der Begriff des „gerechten Ausgleichs" stellt einen gesetzgeberischen Formulierungskompromiß dar und ist nicht gleichbedeutend mit „angemessener Vergütung".[721] Eine angemessene Vergütung ist jedenfalls aber auch ein gerechter Ausgleich.

Das vorliegende Lösungsmodell macht vom Gestaltungsspielraum des Art. 5 Abs. 2 lit. b) InfoSoc-Richtlinie Gebrauch und behält die Privatkopieschranke bei. Die strikte Begrenzung der Anzahl der Vervielfältigungsstücke sichert das in Erwägungsgrund (9) geforderte hohe Schutzniveau.

Die vorgeschlagene Vergütungslösung gewährt den Rechtsinhabern durch die deutlich erhöhten Vergütungssätze und die technisch abgesicherte Verwendungspflicht von Speichermedien, für die eine auf die Musiknutzung abgestimmte Vergütung zu entrichten ist, einen gerechten Ausgleich für die Beschränkung ihres Vervielfältigungsrechts. Dabei wird hinsichtlich der Höhe der Vergütung sowohl zwischen analoger und digitaler Vervielfältigung unterschieden (Erwägungsgrund (38)) als auch der Einsatz technischer Schutzmaßnahmen berücksichtigt, wie Art. 5 Abs. 2 lit. b) InfoSoc-Richtlinie und die Erwägungsgründe (35) und (39) fordern. Der Einsatz technischer Schutzmaßnahmen wird ausdrücklich gefördert (vgl. Erwägungsgrund (13)) und ausdrücklich rechtlich geschützt (vgl. Art. 6 und die Erwägungsgründe (47) und (48)).

Die vergütungspflichtige, aber erlaubnisfreie private Vervielfältigung in geringer Stückzahl führt zu der in Erwägungsgrund (31) vorausgesetzten Siche-

---

[721] Reinbothe, GRUR Int. 2001, S. 733, 738.

rung eines angemessenen Rechts- und Interessenausgleiches zwischen den verschiedenen Kategorien von Rechtsinhabern und Nutzern von Schutzgegenständen. Sie schafft Rechtssicherheit und fördert gleichzeitig Investitionen in Kreativität, Innovation und Netzinfrastruktur.[722]

Auch die Schaffung eines eng umgrenzten Anspruches auf private Vervielfältigung wird von Art. 6 Abs. 4 Unterabsatz 2 InfoSoc-RL getragen.

Schließlich wird eine Harmonisierung auf europäischer Ebene gefordert und mit dem angestrebten Verzicht auf eine Vergütung für Aufzeichnungsgeräte ein Schritt in Richtung Harmonisierung unternommen.

II. Dreistufentest

Nach seiner Aufnahme in Art. 5 Abs. 5 InfoSoc-RL stellt der Dreistufentest[723] auch ohne im deutschen Recht kodifiziert zu sein einen weiteren Maßstab dar, an dem sich eine nationale Schrankenregelung unmittelbar messen lassen muß.

Auch wenn die private Vervielfältigung inzwischen enorme Bedeutung erlangt hat, so sind der Kreis der Schrankenbegünstigten und der Anwendungsbereich der Privatkopieschranke doch hinreichend beschränkt. Sie stellt damit, insbesondere nach der vorgenommenen expliziten Einschränkung, nach wie vor einen bestimmten Sonderfall urheberrechtlich relevanter Nutzungshandlungen dar.[724] *Dreier* hat bezüglich des Art. 5 Abs. 5 InfoSoc-RL zu Recht darauf hingewiesen, daß das Erfordernis eines bestimmten Sonderfalls bei der Auslegung der Richtlinie entfallen könne, da die in der Richtlinie vorgesehenen Schranken der Verwertungsrechte bereits auf Einzelfälle beschränkt seien.[725] Der nationale Gesetzgeber kann bei der Umsetzung der Schrankenregelung daher davon ausgehen, daß auch die in Art. 5 Abs. 2 lit. b) vorgesehene Schranke zugunsten der privaten Vervielfältigung bereits als Sonderfall im Sinne des Art. 5 Abs. 5 einzustufen ist.

Dies um so mehr, als die Anzahl der Vervielfältigungshandlungen durch rechtliche und technische Begrenzung sowie durch erhöhte Vergütungssätze sinken wird. Diese Umstände werden auch dazu führen, daß die normale Verwertung des Werkes oder Schutzgegenstandes nicht mehr beeinträchtigt werden wird. Die an die Rechtsinhaber gemäß ihrem Kompensationsinteresse ausgeschüttete, deutlich erhöhte und damit angemessene Vergütung für die Vornahme privater Vervielfältigungshandlungen verhindert eine ungebührliche Verletzung der berechtigten Interessen der Rechtsinhaber.[726]

---

[722] Vgl. Erwägungsgründe (25) und (4).

[723] Siehe oben S. 77.

[724] Senftleben, CR 2003, S. 914, 916; a.A. Wiegand, Geräteabgabe, S. 360.

[725] Dreier, ZUM 2002, S. 28, 35.

[726] So auch Freiwald, S. 109, 114.

B. Durchsetzungsrichtlinie

Die Vorgaben der Durchsetzungsrichtlinie betreffen die vorliegende Untersuchung nicht in ihrem Kern, werden zur Durchsetzung des empfohlenen Modells aber befürwortet.

3. Abschnitt: Europäisches Primärrecht

Die technische Ausgestaltung des Lösungsmodells führt nur zu einer geringfügigen Beeinträchtigung des freien Warenverkehrs. Geräte können trotz der für Deutschland vorgeschriebenen Softwareanpassung überall auf dem europäischen Markt bezogen werden. Spezifische Modelle für Deutschland sind nicht nötig und können daher nicht zu Preisdifferenzierungen führen. Im übrigen kommt in Erwägungsgrund (38) der InfoSoc-Richtlinie zum Ausdruck, daß Unterschiede in den Vergütungssystemen zwar „das Funktionieren des Binnenmarktes beeinträchtigen", sich aber „auf die Entwicklung der Informationsgesellschaft nicht nennenswert auswirken" dürften.

Auch die Wettbewerbsbeschränkungen werden durch die generell vollzogene Abkehr von Vergütungen für Vervielfältigungsgeräte minimiert, dabei ist ohnehin zu berücksichtigen, daß pauschale Vergütungsmodelle auch in anderen Mitgliedsstaaten existieren. Da alle Anbieter auf dem deutschen Markt gleichbehandelt werden und die gleichen Voraussetzungen erfüllen müssen, liegt auch keine Inländerdiskriminierung vor.[727]

4. Abschnitt: Nationales Verfassungsrecht

Die Entwicklung des Lösungsvorschlags erfolgte in praktischer Konkordanz der Art. 2, 5 und 14 GG. Die Eingriffe sind verhältnismäßig, da trotz des gewährten Anspruchs auf private Vervielfältigung eine angemessene Vergütung zu fingierten Marktkonditionen erfolgt. Auch die Beibehaltung einer Geräte- und Speichermedienabgabe ist verfassungsrechtlich unbedenklich, da die Aneignung fremder Urheberleistung von Geräteherstellern und Leermedienproduzenten unmittelbar zweckveranlaßt wird.[728] Durch die Fokussierung auf die Speichermedienabgabe wird zusätzlich die Belastung der Gerätehersteller nach Möglichkeit minimiert.

---

[727] Vgl. BVerfGE 31, S. 255, 269f.; Geerlings, GRUR 2004, S. 212.

[728] BVerfGE 79, S. 1, 26 – Leerkassettenabgabe; Kirchhof, in: Fürst/Herzog/Umbach (Hrsg.), Festschrift für Wolfgang Zeidler, S. 1639, 1656; Nordemann, ZUM 1985, S. 57, 63f.

12. Kapitel: Überprüfung des Lösungsmodells an der ökonomischen Zielsetzung

Das hier vorgeschlagene Lösungsmodell verschafft den Investoren in Kulturgüter in mehrerer Hinsicht Sicherheit: Zum einen werden der ausufernden digitalen Vervielfältigung rechtlich und technisch enge Grenzen gesetzt, zum anderen werden die zulässigen privaten Vervielfältigungen angemessen vergütet. Eine ungestörte Auswertung der geschaffenen und finanzierten Innovationen wird somit gewährleistet und damit Anreiz zur Schaffung weiterer Kulturgüter gegeben. Der vergleichsweise geringe Eingriff in individuelle Rechtsgüter und der geringe institutionelle Wandel wird die Akzeptanz der Neuregelung befördern und dadurch Unsicherheit und Konsumabstinenz mindern und Transaktionskosten senken. Die Kosten der Umsetzung sind dabei äußerst gering.

Wirtschaftliche Einbußen sind einzig auf Seiten der Hersteller von Speichermedien zu erwarten: Die steigende Vergütung auf Audio-Speichermedien wird die Nachfrage nach diesen Gütern senken. Die Betroffenen sind aber insoweit nicht schutzbedürftig, können sie doch nicht geltend machen, weiterhin an der massenhaften rechtswidrigen Vervielfältigung von Bild- und Tonträgern parasitär profitieren zu wollen. Sie haben dann aber die Möglichkeit, ihr Produktsortiment durch die Unterscheidung der Speichermedien nach ihrer Nutzungsbestimmung weiter zu differenzieren.

Das hier vorgeschlagene Lösungsmodell berücksicht auch die oben genannte Prämisse 5,[729] nach der ein auf Hypothesen beruhender rechtlicher Lösungsvorschlag revidierbar auszugestalten ist.[730] Sollte sich herausstellen, daß die erhoffte Wirkung nicht eintrifft, so ist der Wechsel zu einem anderen Regelungsmodell möglich. So könnte ein Wechsel hin zu einem Verbot der Privatkopie ebenso vollzogen werden wie eine Ausgestaltung im Sinne des Eckpunktepapiers des Bundesjustizministeriums, nach dem die Privatkopierfreiheit nicht durchsetzungsstark wäre.[731]

Da der Einsatz von DRM-Systemen gefördert wird, bleiben Investitionen in deren Entwicklung auch nach einem solchen Systemwechsel erhalten. Die in der Zwischenzeit vertriebenen musikalischen Tonaufnahmen wären je nach Wahl des Rechteinhabers ebenfalls geschützt, so daß auch hier kein Verlust des Rechtsschutzes zu befürchten steht.

---

[729] Siehe S. 134.

[730] Vgl. Kirchner, GRUR Int. 2004, S. 603, 607.

[731] Siehe dazu die Pressemitteilung des BMJ vom 9. September 2004, abrufbar unter http://www.bmj.bund.de/media/archive/749.pdf.

Weil darüber hinaus keine neuen Abspielgeräte erforderlich sind, wird ein gegebenenfalls erforderlicher Richtungswechsel auch nicht durch die bereits erfolgte Umrüstung gehindert.

13. Kapitel: Vorteile des vorliegenden Lösungsmodells

Die Attraktivität dieses Lösungsmodells liegt darin, daß einerseits die private Vervielfältigung gewährleistet wird, andererseits aber auch eine angemessene Vergütung der Urheber und Leistungsschutzberechtigten sichergestellt ist. Technische Schutzmaßnahmen genießen absoluten rechtlichen Schutz, solange sie private Vervielfältigungshandlungen im gesetzlich zulässigen Maß erlauben. Die technische Umsetzung kann sehr schnell und ohne größere technische Neuerungen an Geräten und Leermedien erfolgen, wodurch die Kosten der Realisierung, anders als bei Lösungen, die auf ein einheitliches System zum digitalen Rechtemanagement setzen, auf sehr niedrigem Niveau gehalten werden können.[732] Insbesondere ist keine Umstellung auf neue Abspielgeräte erforderlich. Vielmehr kann auf bestehende Ressourcen und Geräte zurückgegriffen werden; die erforderliche Technik ist sowohl für den physischen als auch für den nichtphysischen Vertrieb bereits vorhanden und im Einsatz.

Dieses Modell ist darüber hinaus auch in hohem Maße zweckmäßig, denn es generiert sehr schnell Einnahmen für die Rechtsinhaber, obwohl der Eingriff für alle Beteiligten minimal ist. Mit einem Schlag erfaßt es auch den gesamten ungeschützten analogen und digitalen Altbestand an Tonträgern, d.h. auch in diesem ungeschützten und unschützbaren Bereich wäre eine angemessene Vergütung zu erzielen. Mit der Einführung noch so strikter DRMS ist dieser Bereich sonst nicht zu kontrollieren.
Die Tonträgerindustrie kann sich dann, durch die angemessene Kompensation sowie den rechtlichen und technischen Schutz abgesichert, gegen die übermäßige private Vervielfältigung ihrer Produkte, darauf fokussieren, auch für die traditionellen Märkte des physischen Vertriebs von Tonträgern durch entsprechend attraktive Angebote und Mehrwert neue Kaufanreize zu schaffen.[733]

Klar ist aber auch, daß ein solches System keinen hundertprozentigen Schutz bieten kann. Es wird immer Einzelnen gelingen, sich diesem Vergütungssystem zu entziehen, indem sie beispielsweise ihre Geräte derart manipulieren, daß Vervielfältigungen auch mit nicht vergütungspflichtigen bespielbaren Tonträ-

---

[732] Zu den üblicherweise angenommenen erheblichen Investitionen, die zur Einführung von DRM-Systemen erforderlich sind Krüger, GRUR 2004, S. 204.
[733] Vgl. Fußnote 680.

gern hergestellt werden können. Vollkommener Schutz ist auch mit keinem anderen diskutierten Modell erreichbar. Wie Wiegand zur Begründung des von ihm geforderten umfassenden Verbotsanspruchs am Beispiel des § 53 Abs. 4 UrhG, der Vervielfältigung von Notenmaterial, erläutert, ist ein absoluter Schutz aber nicht erforderlich.[734]

[734] Wiegand, S. 348.

6. Teil: Zusammenfassung

Abschließend kann festgehalten werden, daß die Privatkopieschranke des § 53 Abs. 1 UrhG und ihre Vergütung nach § 54 UrhG in ihrer derzeitigen Ausgestaltung nicht den Anforderungen genügen, die an eine Schranke des ausschließlichen urheberrechtlichen Verwertungsrechtes zu stellen sind. Sie bieten einerseits den Rechtsinhabern nur ungenügende Kontrolle und vergüten sie nur äußerst unzureichend. Andererseits lassen sie den Musikkonsumenten im Unklaren darüber, in welcher Form, von welchen Tonträgern und zu welchen Konsequenzen eine private Vervielfältigung gesetzlich erlaubt ist. Die gesetzlich eingeräumte Schrankenbegünstigung wird durch technische Schutzmaßnahmen umgangen, deren Umgehung wiederum rechtlich verfolgt wird. Diese Regelung soll auch im „Zweiten Korb" nicht geändert werden.[735]

Die Untersuchung hat gezeigt, daß beim Einsatz technischer Schutzmaßnahmen weder aus der grundrechtlich garantierten Informationsfreiheit noch aus dem Recht auf freie Entfaltung der Persönlichkeit ein durchsetzbarer Anspruch auf die Ermöglichung der privaten Vervielfältigung von Musik-Tonträgern hergeleitet werden kann.

Allerdings hat eine ökonomische Betrachtung zu dem Ergebnis geführt, daß die Gewährleistung eines sehr eng begrenzten, gut kontrollierten und vor allem deutlich höher vergüteten Anspruches auf private Vervielfältigung im wirtschaftlichen Interesse der Urheber und Leistungsschutzberechtigten liegt. Dem Ziel, die Rahmenbedingungen für die Auswertung von Tonaufnahmen zu optimieren, wird die erforderliche gesetzliche Neuregelung am besten dadurch gerecht, daß sie so ausgestaltet wird, daß sie mit den internen Institutionen der Gesellschaft kompatibel ist.

Im privaten Bereich, der sich trotz technischer Schutzmaßnahmen nach wie vor der staatlichen Kontrolle und auch der Kontrolle der Rechtsinhaber weitgehend entzieht, ist eine gesetzliche Regelung darauf angewiesen, daß sie von den Regelungsadressaten als fair empfunden wird. Das Rechtsbewußtsein um die Schutzwürdigkeit der geistigen Schöpfungen und Leistungsschutzgegenstände kann deutlich geschärft werden, wenn der Gesetzgeber das Rechtsempfinden, das Nutzungsverhalten und die Ansprüche der Nutzer berücksichtigt. Eine ausdrückliche gesetzliche Regelung wird auch empfohlen, um allen Beteiligten Rechtssicherheit zu verschaffen und so konjunkturfördernd die Transaktionsko-

---

[735] Vgl. die Pressemitteilung des BMJ vom 9. September 2004, abrufbar unter http://www.bmj.bund.de/media/archive/749.pdf.

sten senken zu können.[736] Die Verbraucher werden unter diesen Bedingungen untereinander auf die Einhaltung der urheberrechtlichen Schutz- und Vergütungsbestimmungen achten.

Die private Vervielfältigung ist aber unbedingt auf ein geringes Ausmaß zu begrenzen und die Einhaltung dieser Grenzen ist mittels technischer Schutzmaßnahmen zu überwachen. Der absolute Schutz dieser technischen Maßnahmen steht dann nicht mehr im Wertungswiderspruch zur Zulässigeit der privaten Vervielfältigung. Für deren Vergütung ist das pauschale Vergütungssystem beizubehalten, für darüber hinausgehende Lizenzierungen ist der Einsatz von Digital Rights Management Systemen ausdrücklich zu fördern.

Die pauschale Vergütung der privaten Vervielfältigung muß auch endlich ein Niveau erreichen, das die Rechtsinhaber wirklich angemessen vergütet. Das kann nur mit einer deutlichen Erhöhung der derzeit erhobenen Vergütung erfolgen. Um das pauschalierende Element zu minimieren und eine angemessene Vergütung marktverträglich erheben zu können, sollte sie, wo dies möglich ist, auf Speichermedien beschränkt werden. Dazu ist der Einsatz spezieller Audio-Speichermedien zu bevorzugen und nach Möglichkeit auch technisch sicherzustellen.

Es ist zu erwarten, daß durch diese Maßnahmen die derzeitig spürbare Verstimmung zwischen Nutzern und Inhalteanbietern im Interesse beider Seiten und vor allem zugunsten einer positiven Marktentwicklung beseitigt werden kann. Eine Konsolidierung des Marktes für die Verwertung musikalischer Tonaufnahmen ermöglicht den Tonträgerherstellern, weiterhin unternehmerische Risiken einzugehen und in neue Talente zu investieren. So ist auch der kulturellen Vielfalt im eigenen Lande gedient.

---

[736] Keinen gesetzgeberischen Handlungsbedarf sieht Krüger, GRUR 2004, S. 204, 207. Auch das Bundesjustizministerium beabsichtigt nicht, die betreffenden Vorschriften im sogenannten „Zweiten Korb“ zu ändern, Pressemitteilung des BMJ vom 9. September 2004, abrufbar unter http://www.bmj.bund.de/media/archive/749.pdf.

BIBLIOGRAPHISCHE NACHWEISE

Abdallah, Tarek/Gercke, Björn/Reinert, Peter: *Die Reform des Urheberrechts – hat der Gesetzgeber das Strafrecht übersehen?*, ZUM 2004, S. 31-39.

Ahrens, Hans-Jürgen (Hrsg.): *Festschrift für Willi Erdmann: Zum 65. Geburtstag*, München 2002.

Al-Dairani, Diran/Ovtscharov, Ljubomir/Siefkes, Christian/Thomasius, Rolf: *Content Management Systeme*, abrufbar unter http://page.mi.fu-berlin.de/~siefkes/cms/cms.html, 11. Juli 2001.

Arlt, Christian: *Digital Rights Management-Systeme*, GRUR 2004, S. 548-554.

Baur, Jürgen F. (Hrsg.): *Festschrift für Ralf Vieregge zum 70. Geburtstag am 6. November 1995*, New York 1995.

Barlow, John Perry: *The Economy of Ideas*, abrufbar unter http://www.eff.org/~barlow/EconomyOfIdeas.html, 1992.

Barlow, John Perry: *The Next Economy Of Ideas*, Wired 8.10 2000, abrufbar unter http://www.wired.com/wired/archive/8.10/download.html.

Bayreuther, Frank: *Beschränkungen des Urheberrechts nach der neuen EU-Urheberrechtsrichtlinie*, ZUM 2001, S. 828-839.

Bechtold, Stefan: *Multimedia und Urheberrecht – Einige grundsätzliche Anmerkungen*, GRUR 1998, S. 18-27.

Bechtold, Stefan: *Vom Urheber- zum Informationsrecht: Implikationen des Digital Rights Management*, Tübingen 2001.

Bechtold, Stefan: *The Present and Future of Digital Rights Management*, in: Becker/Buhse/Günnewig/Rump (Hrsg.), Digital Rights Management: Technological, Economic, Legal and Political Aspects, Berlin 2003, S. 597-654.

Becker, Jürgen (Hrsg.): *Rechtsprobleme internationaler Datennetze*: Arbeitssitzung des Instituts für Urheber- und Medienrecht am 17. November 1995, UFITA-Schriftenreihe Band 137, Baden-Baden 1996.

Becker, Eberhard/Buhse, Willms/Günnewig, Dirk/Rump, Niels (Hrsg.): *Digital Rights Management: Technological, Economic, Legal and Political Aspects*, Berlin 2003.

Berger, Christian: *Die Neuregelung der Privatkopie in § 53 Abs. 1 UrhG im Spannungsverhältnis von geistigem Eigentum, technischen Schutzmaßnahmen und Informationsfreiheit*, ZUM 2004, S. 257-265.

Berndorff, Gunnar/Berndorff, Barbara/Eigler, Knut: *Musikrecht: die häufigsten Fragen des Musikgeschäfts*, 4. Auflage, Bergkirchen 2004.

Biermann, Holger: *Niedergang der Hörkultur*, Spiegel Online vom 2. August 2004, abrufbar unter http://www.spiegel.de/netzwelt/netzkultur/0,1518,310997,00.html.

Bing, Friederike: *Die Verwertung von Urheberrechten: Eine ökonomische Analyse unter besonderer Berücksichtigung der Lizenzvergabe durch Verwertungsgesellschaften*, Berlin 2002.

Blume, Friedrich/Finscher, Ludwig (Hrsg.): *Die Musik in Geschichte und Gegenwart: allgemeine Enzyklopädie der Musik*, Band 9, Kassel 1998.

Boor, Hans Otto de: *Anmerkungen zu BGH, Urteil vom 18.5.1955 – Magnettonband, und BGH, Urteil vom 24.6.1955 – Fotokopieurteil*, JZ 1955, S. 734-753.

Bornkamm, Joachim: *Der Dreistufentest als urheberrechtliche Schrankenbestimmung: Karriere eines Begriffs*, in: Ahrens (Hrsg.), Festschrift für Willi Erdmann, München 2002, S. 29-48.

Bornkamm, Joachim: *Erwartungen von Urhebern und Nutzers an den zweiten Korb*, ZUM Sonderheft 2003, S. 1010-1012.

Bortloff, Nils: *Tonträgersampling als Vervielfältigung*, ZUM 1993, S. 476-481.

Bortloff, Nils: *Der Tonträgerpiraterieschutz im Immaterialgüterrecht*, Baden-Baden 1995.

Bortloff, Nils: *Erfahrungen mit der Bekämpfung der elektronischen Musikpiraterie im Internet*, GRUR Int. 2000, S. 665-672.

Bortloff, Nils: *Internationale Lizenzierung von Internet-Simulcasts durch die Tonträger-Industrie*, GRUR Int. 2003, S. 669-686.

Bundesministerium der Justiz: *Urheberrecht in der Wissensgesellschaft – ein gerechter Ausgleich zwischen Kreativen, Wirtschaft und Verbrauchern*, Berlin, Pressemitteilung vom 9. September 2004, abrufbar unter http://www.bmj.bund.de/media/archive/749.pdf.

Bundesregierung: *Zweiter Bericht der Bundesregierung über die Entwicklung der urheberrechtlichen Vergütung gemäß §§ 54ff. Urheberrechtsgesetz (2. Vergütungsbericht)*, UFITA III, 2000, S. 691-742.

Clauss, Ulrich: *Die digitale Selbstenteignung*, Die Welt vom 15. Feb. 2003, S. 8.

Claussen, Carl Albrecht: *Die Vergütung für die Überspielung zum privaten Gebrauch gemäss § 54 Absatz 1 UrhG und ihre Verteilung unter die Berechtigten im Filmbereich*, Wien 1993.

contentflatrate.org: *Kompensation ohne Kontrolle – Stellungnahme zum Zweiten Korb der Novellierung des Urheberrechtsgesetzes*, Berlin, 21. Juni 2004.

Däubler-Gmelin, Hertha: *Private Vervielfältigung unter dem Vorzeichen digitaler Technik*, ZUM 1999, S. 769-775.

Davies, Gillian/Hung, Michèle E.: *Music and video private copying: an international survey of the problem and the law*, London 1993.

Davies, Gillian: *Urheberrecht in der Informationsgesellschaft: technische Mechanismen zur Kontrolle privater Vervielfältigung*, GRUR Int. 2001, S. 915-919.

Deutscher Kulturrat: *Stellungnahme des Deutschen Kulturrates zum Referentenentwurf für ein "Gesetz zur Regelung des Urheberrechts in der Informationsgesellschaft"*, abrufbar unter http://www.kulturrat.de/aktuell/Stellungnahmen/urheberrecht-infogesellschaft.htm, 19. April 2002.

Diemar, Undine von: *Die digitale Kopie zum privaten Gebrauch*, Münster 2002.

Diemar, Undine von: *Kein Recht auf Privatkopien – Zur Rechtsnatur der gesetzlichen Lizenz zu Gunsten der Privatvervielfältigung*, GRUR 2002, S. 587-593.

Dierkes, Sven: *Die Verletzung der Leistungsschutzrechte des Tonträgerherstellers*, Baden-Baden 2000.

Dieselhorst, Jochen: *Die Harmonisierung der Leerkassetten- und Geräteabgabe*, GRUR Int. 1994, S. 788-798.

Dix, Alexander: *Datenschutz und Digitale Rechteverwaltung*, Beitrag auf dem Symposium „DRM und Alternativen", Humboldt-Universität zu Berlin, 30. Januar 2004.

Dördelmann, Jörg-Eckart: *Gedanken zur Zukunft der Staatsaufsicht über Verwertungsgesellschaften*, GRUR 1999, S. 890-896.

Dreier, Thomas: *Die Umsetzung der Urheberrechtsrichtlinie 2001/29/EG in deutsches Recht*, ZUM 2002, S. 28-43.

Dreier, Thomas/Schulze, Gernot: *Urheberrechtsgesetz: Urheberrechtswahrnehmungsgesetz, Kunsturhebergesetz*, Kommentar, München 2004 (zitiert: Dreier/Schulze-*Bearbeiter*).

Dreiss, Uwe: *Die kartellrechtliche Beurteilung von Lizenzvertragssystemen im amerikanischen und deutschen Recht*, Köln u.a. 1972.

Drexl, Josef/Hilty, Reto/Kur, Anette: *Vorschlag für eine Richtlinie über die Maßnahmen und Verfahren zum Schutz der Rechte am geistigen Eigentum – eine erste Würdigung*, GRUR Int. 2003, S. 605-608.

Dreyer, Gunda/Kotthoff, Jost/Meckel, Astrid: *Heidelberger Kommentar zum Urheberrecht*, Heidelberg 2004 (zitiert: Dreyer/Kotthoff/Meckel-*Bearbeiter*).

Dünnwald, Rolf: *Zum Begriff des ausübenden Künstlers*, UFITA-Schriftenreihe Band 52, 1969, S. 49-88

Dünnwald, Rolf: *Die Neufassung des künstlerischen Leistungsschutzes*, ZUM 2004, S. 161-181.

Elster, Martin/Schüller, Dietrich: *Tonträger und Tondokumente*, in: Blume, Friedrich/Finscher, Ludwig (Hrsg.), Die Musik in Geschichte und Gegenwart, Allgemeine Enzyklopädie der Musik, Band 9, Bärenreiter: Kassel 1998, S. 646-678.

Ernst, Stefan: *Urheberrecht und Leistungsschutz im Tonstudio*, Baden Baden 1995.

Ernst, Stefan: *Kopierschutz nach neuem UrhG – Bedeutung und Tragweite des Verbots von Umgehungsmaßnahmen und Hacking-Werkzeugen für die Praxis*, CR 2004, S. 39-73.

Flechsig, Norbert P.: *Rechtmäßige private Vervielfältigung und gesetzliche Nutzungsgrenzen*, GRUR 1993, S. 532-538.

Flechsig, Norbert P.: *EU-Harmonisierung des Urheberrechts und der verwandten Schutzrechte in der Informationsgesellschaft – Der Richtlinienvorschlag der EG-Kommission zur Harmonisierung bestimmter Aspekte des Urheberrechts und verwandter Schutzrechte in der Informationsgesellschaft vom 10.12.1997*, ZUM 1998, S. 139-154.

Flechsig, Norbert P.: *CD-Brenner als urhebervergütungspflichtige Geräte*, ZUM 2001, S. 656-660.

Frank, Robert H.: *Passions within reason: the strategic role of the emotions*, New York 1988.

Freiwald, Sven: *Die private Vervielfältigung im digitalen Kontext am Beispiel des filesharing*, Baden-Baden 2004.

Frey, Dieter/Rudolph, Matthias: *EU-Richtlinie zur Durchsetzung der Rechte des geistigen Eigentums – Anmerkungen zur Harmonisierung des immaterialgüterrechtlichen Sanktionsrechts aus urheberrechtlicher Perspektive*, ZUM 2004, S. 522-529.

Freytag, Stefan: *Digital Millenium Copyright Act und europäisches Urheberrecht für die Informationsgesellschaft*, MMR 1999, S. 207-213.

Fromm, Friedrich Karl/Nordemann, Wilhelm: *Urheberrecht: Kommentar zum Urheberrechtsgesetz und zum Urheberrechtswahrnehmungsgesetz*, 9. Auflage, Köln 1998 (zitiert: Fromm/Nordemann-*Bearbeiter*).

Fürst, Walther/Herzog, Roman/Umbach, Dieter C.: *Festschrift für Wolfgang Zeidler*, Berlin 1987.

Ganea, Peter/Heath, Christopher/Schricker, Gerhardt (Hrsg.): *Festschrift für Adolf Dietz zum 65. Geburtstag – Urheberrecht Gestern – Heute – Morgen*, München 2001.

Gass, Wolfram: *Digitale Wasserzeichen als urheberrechtlicher Schutz digitaler Werke?*, ZUM 1999, S. 815-818.

Gebhardt, Gerd: *Die Erwartungen der Tonträgerwirtschaft an den zweiten Korb*, ZUM Sonderheft 2003, S. 1022-1025.

Gebhardt, Gerd: *Legale Musikangebote unterstützen – illegale Angebote bekämpfen*, MMR 2004, S. 281-282.

Geerlings, Jörg: *Das Urheberrecht in der Informationsgesellschaft und pauschale Geräteabgaben im Lichte verfassungs- und europarechtlicher Vorgaben*, GRUR 2004, S. 207-213.

Geiger, Christophe: *MRK Art. 10 Abs. 1 als Schranke des Urheberrechts*, GRUR Int. 2001, S. 253-255.

Geiger, Christophe: *Fundamental Rights, a Safeguard for the Coherence of Intellectual Property Rights?*, IIC 2004, S. 268-280.

Gerhardt, Andreas: *Die Verwertungsgesellschaften im Europäischen Binnenmarkt* – Diskussionsbericht zum gleichnamigen Symposium des Instituts für Urheber- und Medienrecht vom 18. Oktober 2002 im Rahmen der Medientage München, ZUM 2003, S. 38-40.

GfK Panel Services Consumer Research GmbH: *Jahrespräsentation Tonträger*, 12. März 2003.

GfK Panel Services Consumer Research GmbH: *Brennerstudie*, 30. März 2004.

GfK Panel Services Consumer Research GmbH: *Kopierschutzstudie 2004*.

Goldmann, Bettina/Liepe, Andreas: *Vertrieb von kopiergeschützten Audio-CDs in Deutschland*, ZUM 2002, S. 362-375.

Gottschalk, Eckart: *Digitale Musik und Urheberrecht aus US-amerikanischer Sicht*, GRUR Int. 2002, S. 95-105.

Grassmuck, Volcker: *Der zweite Korb dient der Allgemeinheit!*, ZUM Sonderheft 2003, S. 1014-1017.

Graw, Ansgar: *Urheberrecht: Digitale Kopien bleiben erlaubt*, Die Welt vom 10. September 2004, S. 12.

Grosheide, F. Willem: *Copyright Law from a User's Perspective: Access Rights for Users*, E.I.P.R. 2001, S. 321-325.

Gross, Thomas: *Der Fluch der fetten Jahre*, Die Zeit vom 14. August 2003, S. 29.

Grötker, Ralf: *Zweit-CD fürs Auto verboten*, Berliner Zeitung vom 22. Mai 2002, S. 12.

Guggemos, Werner-Christian: *Digital Rights Management im praktischen Einsatz*, ZUM 2004, S. 183-188.

Heidemann-Peuser, Helke: *Statement Verbraucherzentrale Bundesverband e.V.*, ZUM Sonderheft 2003, S. 1027-1028.

Hilty, Reto, *Urheberrecht in der Informationsgesellschaft: „Wer will was von wem woraus?" – Ein Auftakt zum „zweiten Korb"*, ZUM Sonderheft 2003, S. 983-1005.

Hirsch, Ernst E.: *Die Werkherrschaft. Ein Beitrag zur Lehre von der Natur der Rechte an Geisteswerken*, Baden-Baden 1962.

Hoeren, Thomas: *Urheberrecht in der Informationsgesellschaft – Überlegungen zu einem Rechtsgutachten von Gerhard Schricker et al.*, GRUR 1997, S. 866-875.

Hoeren, Thomas: *Anmerkung zum Urteil des BGH vom 25. Februar 1999 – I ZR 118/96 – Kopienversanddienst*, MMR 1999, S. 665, 672-673.

Hoeren, Thomas: *Entwurf einer EU-Richtlinie zum Urheberrecht in der Informationsgesellschaft*, MMR 2000, S. 515-521.

Hoeren, Thomas/Becker, Jürgen: *Handbuch Multimedia-Recht: Rechtsfragen des elektronischen Geschäftsverkehrs*, München 2000.

Hoeren, Thomas: *Urheberrecht 2000 – Thesen für eine Reform des Urheberrechts*, MMR 2000, S. 3-7.

Hoeren, Thomas: *Dem Brenner ist nichts zu heiß*, FAZ vom 25. April 2002, S. 49.

Hoeren, Thomas: *Kohlberg und Piaget: Was Erziehungspsychologen zur geplanten Verschärfung der Strafen im Immaterialgüterrecht sagen würden*, MMR 2003, S. 217-218.

Hoeren, Thomas: *Der Korb hinter dem Korb – Überlegungen zur Reform des Urheberrechts*, MMR 2004, S. 429-431.

Hoeren, Thomas: *Internetrecht*, Stand Juli 2004, abrufbar unter http://www.uni-muenster.de/Jura.itm/hoeren/.

Holznagel, Bernd/Brüggemann, Sandra: *Das Digital Rights Management nach dem ersten Korb der Urheberrechtsnovelle – Eine verfassungsrechtliche Beurteilung der neuen Kopierschutzregelungen*, MMR 2003, S. 767-773.

Hubmann, Heinrich: *Die Entscheidungen des Bundesverfassungsgerichts zum Schutze des geistigen Eigentums*, GRUR Int. 1973, S. 270-274.

Hubmann, Heinrich: *Die Idee vom geistigen Eigentum, die Rechtsprechung des Bundesverfassungsgerichts und die Urheerrechtsnovelle von 1985*, ZUM 1988, S. 4-13.

Hubmann, Heinrich: *Urheber- und Verlagsrecht: ein Studienbuch*, 7. Auflage, München 1991.

Hugenholtz, Bernt: *Why the Copyright Directive is unimportant, and possibly invalid*, E.I.P.R. 2000, S. 501-502.

Hugenholtz, Bernt/Guibault, Lucie/Geffen, Sjoerd van: *The Future of Levies in a Digital Environment*, Amsterdam, März 2003.

IFPI: *2001 erstmals mehr kopierte als verkaufte Musik – 10,2% Umsatzrückgang*, Pressemitteilung vom 21. März 2002, abrufbar unter http://www.ifpi.de/news/news-194.htm.

IFPI: *The Recording Industry World Sales 2003*, 7. April 2004.

Jaeger, Andrea: *Neue Entwicklungen im Kommunikationsrecht – Juristische Probleme der Datenautobahn*, NJW 1995, S. 3273-3278.

Jaeger, Till/Kreutzer, Till: *Stellungnahme der ifrOSS zum Referentenentwurf für ein „Gesetz zur Regelung des Urheberrechts in der Informationsgesellschaft'*, 11. Dezember 2002.

Jani, Ole: *Was sind offensichtlich rechtswidrig hergestellte Vorlagen? – Erste Überlegungen zur Neufassung von § 53 Abs. 1 Satz 1 UrhG*, ZUM 2003, S. 842-854.

Jarass, Hans D./Pieroth, Bodo: *Grundgesetz für die Bundesrepublik Deutschland: Kommentar*, München 2004.

Kindermann, Manfred: *Technik und Urheberrecht – Wechselwirkungen und gegenseitige Abhängigkeiten*, ZUM 1987, S. 219-228.

Kirchhof, Paul: *Der verfassungsrechtliche Gehalt des geistigen Eigentums*, in: Fürst/Herzog/Umbach (Hrsg.), Festschrift für Zeidler, Band 2, Berlin 1987, S. 1639-1661.

Kirchner, Christian: *Innovationsschutz und Investitionsschutz für immaterielle Güter*, GRUR Int. 2004, S. 603-607.

Kirchner, Christian: *Kartellrecht und neue Institutionenökonomik: Interdisziplinäre Überlegungen*, in: Kruse/Stockmann/Vollmer (Hrsg.), Festschrift für Ingo Schmidt, 1997, S. 33-49.

Klein, Martin: *Marktpotential der Musik-DVD*, in: Moser/Scheuermann (Hrsg.), Handbuch der Musikwirtschaft, München 2003,.

Kniebe, Tobias: *Die Drumrum-Industrie*, Süddeutsche Zeitung vom 1. März 2003, S. 13.

Knies, Bernhard: *Kopierschutz für Audio-CDs*, ZUM 2002, S. 793-797.

Knies, Bernhard: *DeCSS – oder: Spiel mir das Lied vom Code*, ZUM 2003, S. 286-292.

Krause, Wolfgang: *Das neue Kopierrecht – eine Reform im Wirtschaftsinteresse der Verlage?*, GRUR 1986, S. 789-794.

Kreile, Reinhold: *Die deutsche Urheberrechtsnovelle 1985*, ZUM 1985, S. 609-613.

Kreile, Reinhold: *Die rechtliche Situation der privaten Vervielfältigung in der Europäischen Union*, Festschrift für Ralf Vieregge zum 70. Geburtstag, 1995, S. 459-479.

Kreile, Reinhold: *Die Zusammenarbeit der Verwertungsgesellschaften unter der Aufsicht des Deutschen Patent- und Markenamtes*, in: GEMA (Hrsg.), GEMA-Jahrbuch 1999/2000, Baden-Baden 1999, S. 83ff., abrufbar unter http://www.gema.de/kommunikation/jahrbuch/jahr_99_00/themadesjahres.shtml.

Kreile, Reinhold: *Einnahme und Verteilung der gesetzlichen Geräte- und Leerkassettenvergütung für private Vervielfältigung in Deutschland – Ein System hat sich bewährt*, GEMA Jahrbuch 2000/2001, 2000, abrufbar unter http://www.gema.de/kommunikation/jahrbuch/jahr_01_02/themadesjahres.shtml.

Kreile, Reinhold, *Thesen zur Weiterentwicklung des Urheberrechts in der Informationsgesellschaft (sogenannter Korb 2)*, ZUM Sonderheft 2003, S. 1018-1019.

Krempl, Stefan: *Bundesregierung stellt Eckpunkte des neuen Urheberrechts vor*, c't aktuell vom 9. September 2004, abrufbar unter http://www.heise.de/ct/aktuell/meldung/50805.

Krempl, Stefan: *Informationsfreiheit hat Priorität vor dem Urheberrecht*, heise online vom 29. Januar 2002, abrufbar unter http://www.heise.de/newsticker/meldung/24399.

Krempl, Stefan: *Politiker und Plattenhändler fordern Preissenkungen für CDs*, heise online vom 24. Januar 2003, abrufbar unter http://www.heise.de/newsticker/meldung/33934.

Krempl, Stefan: *Versiegelt in Krypto-Flaschen – John Perry Barlow über Urheberrecht, die Zukunft des Wissens und Zensur*, c't 2003, S. 90-91.

Kreutzer, Till: *Herausforderungen an das System der Pauschalvergütungen nach den §§ 54, 54a UrhG durch die Umsetzung der Richtlinie 2001/20/EG*, ZUM Sonderheft 2003, S. 1041-1045.

Kröber, Christian: *Vergütungspflicht für digitales Kopieren bestätigt – Anmerkungen zur Entscheidung der Schiedsstelle beim Deutschen Patent- und Markenamt zur Geräteabgabe auf CD-Brenner vom 4. Mai 2000 – Sch-Urh 12/99*, ZUM 2000, S. 545-551.

Kröger, Detlef: *Die Urheberrechtsrichtlinie für die Informationsgesellschaft – Bestandsaufnahme und kritische Bewertung*, CR 2001, S. 316-324.

Kröger, Detlef: *Wer bestimmt die Reichweite der Urheberrechte?*, DuD 2001, S. 723-725.

Kröger, Detlef: *Informationsfreiheit und Urheberrecht*, München 2002.

Krüger, Christof: *Die digitale Privatkopie im 'zweiten Korb'*, GRUR 2004, S. 204-207.

Lehmkuhl, Frank: *Jagen und Verklagen*, Focus vom 7. Oktober 2002, S. 149.

Leinemann, Felix: *Die Sozialbindung des 'Geistigen Eigentums': Zu den Grundlagen der Schranken des Urheberrechts zugunsten der Allgemeinheit*, Baden-Baden 1998.

Lessig, Lawrence: *Free Culture*, New York 2004.

Leupold, Andreas/Demisch, Dominik: *Bereithalten von Musikwerken zum Abruf in digitalen Netzen*, ZUM 2000, S. 379-390.

Lewinski, Silke von: *Das europäische Grünbuch über das Urheberrecht und neue Technologien*, GRUR Int. 1995, S. 831-837.

Lewinski, Silke von: *Die diplomatische Konferenz der WIPO 1996 zum Urheberrecht und zu verwandten Schutzrechten*, GRUR Int. 1997, S. 667-681.

Lewinski, Silke von/Gaster, J.: *Die diplomatische Konferenz der WIPO 1996 zum Urheberrecht und zu verwandten Schutzrechten*, ZUM 1997, S. 607-625.

Lewinski, Silke von: *Der EG-Richtlinienvorschlag zum Urheberrecht und zu verwandten Schutzrechten in der Informationsgesellschaft*, GRUR Int. 1998, S. 637-642.

Lewinski, Silke von: *Die Multimedia-Richtlinie. Der EG-Richtlinienvorschlag zum Urheberrecht in der Informationsgesellschaft*, MMR 1998, S. 115-119.

Lewinski, Silke von: *Leerkassettenvergütung für Festplatten – zur Situation in Österreich*, ZUM 2003, S. 933-942.

Linnenborn, Oliver: *Update – Europäisches Urheberrecht in der Informationsgesellschaft*, K&R 2001, S. 394-402.

Lippitz, Ulf: *Pop und Piepen*, Spiegel Online vom 12. August 2004, abrufbar unter http://www.spiegel.de/kultur/musik/0,1518,312936,00.html.

Lischka, Konrad: *Wissen ist Geld*, die tageszeitung vom 10. Oktober 2002, S. 14.

Lischka, Konrad: *Zurück aus der Zukunft*, Frankfurter Rundschau vom 4. Januar 2003, S. 17.

Locke, John: *Two Treatises Of Government*, 1690, 2. Auflage, Cambridge 1970.

Loewenheim, Ulrich: *Herstellerbegriff und Geräteabgabe bei Audio- und Videogeräten: Zum Problem der Geräteabgabe (§ 53 Abs. 5 UrhG) beim Import von Audio- u. Videogeräten*, Freiburg im Breisgau 1984 (zitiert: Loewenheim, Herstellerbegriff).

Loewenheim, Ulrich: *Vervielfältigung zum eigenen Gebrauch von urheberrechtswidrig hergestellten Werkstücken*, in: Ganea/Heath/Schricker (Hrsg.), Urheberrecht gestern – heute – morgen: Festschrift für Adolf Dietz zum 65. Geburtstag, München 2001, S. 415-422.

Loewenheim, Ulrich (Hrsg.): *Handbuch des Urheberrechts*, München 2003 (zitiert: Loewenheim-*Bearbeiter*).

Maracke, Catharina: *Die Entstehung des Urheberrechtsgesetzes von 1965*, Berlin 2003.

Mayer, Christoph: *Die Privatkopie nach Umsetzung des Regierungsentwurfs zur Regelung des Urheberrechts in der Informationsgesellschaft – Verkommt der Begriff 'Recht zur Privatkopie' zum bloßen Euphemismus?*, CR 2003, S. 274-281.

Melichar, Ferdinand: *Neue Techniken und ihre Auswirkungen auf urheberrechtliche Vergütungen*, ZUM Sonderheft 2003, S. 1046-1047.

Melichar, Ferdinand: *Zwangslizenz zur Herstellung von Tonträgern*, abrufbar unter http://www.kulturrat.de/themen/melichar.htm.

Melichar, Ferdinand: *Auswirkungen der Urheberrechtsnovelle*, ZUM 1987, S. 51-56.

Metzger, Axel/Kreutzer, Till: *Privatkopie trotz technischer Schutzmaßnahmen?*, MMR 2002, S. 139-142.

Metzger, Axel/Wurmnest, Wolfgang: *Auf dem Weg zu einem Europäischen Sanktionenrecht des geistigen Eigentums?*, ZUM 2003, S. 922-941.

Meyer, Katrin: *Verwertungsgesellschaften und ihre Kontrolle nach dem Urheberrechtswahrnehmungsgesetz: unter besonderer Berücksichtigung der Anforderungen und Möglichkeiten des digitalen Zeitalters*, Baden-Baden 2001.

Mogel, Volker: *Europäisches Urheberrecht*, Wien 2001.

Möhring, Philipp/Nicolini, Käte: *Urheberrechtsgesetz: Kommentar*, 2. Auflage, München 2000.

Möschel, Wernhard/Bechtold, Stefan: *Copyright-Management im Netz*, MMR 1998, S. 571-576.

Moser, Rolf/Scheuermann, Andreas (Hrsg.): *Handbuch der Musikwirtschaft*, 6. Auflage, München 2003.

Müller, Dietmar: *Test: CD-Kopierschutz verringert Klangqualität*, ZDNET vom 18. Januar 2002, abrufbar unter http://www.zdnet.de/news/software/0,39023144,2102814,00.htm.

Neubauer, Christian/Herre, Jürgen/Brandenburg, Karlheinz: *Sicherheitstechnologien für den elektronischen Musikvertrieb*, in: Moser/Scheuermann (Hrsg.), Handbuch der Musikwirtschaft, München 2003, S. 144-154.

Nordemann, Wilhelm: *Die urheberrechtliche Leerkassettenvergütung – Anmerkungen zu Sack*, Beilage 15/84 zum „Betriebs-Berater', ZUM 1985, S. 57-66.

Nordemann, Wilhelm: *Die Urheberrechtsreform 1985*, GRUR 1985, S. 837-843.

Paul, Jörg-Alexander/Naskret, Stefanie: *Die Zukunft der Geräteabgabe – Der Formulierungsvorschlag des Bundesrats zur Neuregelung von §§ 54, 54a UrhG und die Scanner-Entscheidung des BGH: Sind PC und Drucker vergütungspflichtig?*, CR 2003, S. 473-479.

Peukert, Alexander: *Digital Rights Management und Urheberrecht*, UFITA III/2002, S. 689-713.

Peukert, Alexander: *Neue Techniken und ihre Auswirkungen auf die Erhebung und Verteilung gesetzlicher Vergütungsansprüche*, ZUM Sonderheft 2003, S. 1050-1061.

Pfennig, Gerhard: *Digital Rights Management Systeme aus der Sicht von Verwertungsgesellschaften*, ZUM 2004, S. 198-203.

Pickrahn, Günter: *Verwertungsgesellschaften nach deutschem und europäischem Kartellrecht*, Frankfurt am Main 1996.

Pietzcker, Rolf: *Digitales Zeitalter – Ein beliebtes Fehlurteil*, GRUR 2000, S. 212.

Pleister, Christian C.-W./Ruttig, Markus: *Neues Urheberrecht – neuer Kopierschutz – Anwendungsbereich und Durchsetzbarkeit des § 95a UrhG*, MMR 2003, S. 763-767.

Pohlmann, Hansjörg: *Zur Überwindung der „Eigentums"-Vorstellungen im Urheberrecht*, UFITA Band 36, 1962, S. 61-100.

Poll, Günter/Braun, Thorsten: *Privatkopien ohne Ende oder Ende der Privatkopie? – § 53 Abs. 1 UrhG im Lichte des „Dreistufentests'*, ZUM 2004, S. 266-279.

Poll, Günter: *Urheberrechtliche Beurteilung der Lizenzierungspraxis von Klingeltönen*, MMR 2004, S. 67-75.

Popp, Alexander: *Verwertungsgesellschaften – Ihre Stellung im Spannungsfeld zwischen Urheberrecht und Kartellrecht*, Wien 2001.

PriceWaterhouseCoopers: *A New Era For Content – Protection, Potential, and Profit in the Digital World*, 2003, abrufbar unter www.pwc.com/de.

Rath, Christian: *Ein bisschen Downloaden ist Jugendlichen erlaubt*, Badische Zeitung vom 10. September 2004, S. 2.

Rehbinder, Manfred: *Urheberrecht*, 13. Auflage, München 2004.

Reinbothe, Jörg: *Die EG-Richtlinie zum Urheberrecht in der Informationsgesellschaft*, GRUR Int. 2001, S. 733-745.

Reinbothe, Jörg: *Die Umsetzung der EU-Urheberrechtsrichtlinie in deutsches Recht*, ZUM 2002, S. 43-51.

Reinbothe, Jörg: *Rechtliche Perspektiven für Verwertungsgesellschaften im Europäischen Binnenmarkt*, ZUM 2003, S. 27-33.

Retzer, Karin: *On the Technical Protection of Copyright*, CRi 2002, S. 134-138.

Richter, Rudolf/Furubotn, Eirik Grundtvig: *Neue Institutionenökonomik: eine Einführung und kritische Würdigung*, 3. Auflage, Tübingen 2003.

Rosén, Jan: *Urheberrecht und verwandte Schutzrechte in der Informationsgesellschaft*, GRUR Int. 2002, S. 195-206.

Roth, Wolf-Dieter: *Jetzt geht es rund im Web!*, telepolis vom 1. September 2004, abrufbar unter http://www.telepolis.de/deutsch/inhalt/musik/18242/1.html.

Rotsch, Thomas: *Das neue Urheberrecht – Generalprävention durch Konfusion*, NJW 2003, S. III, Editorial.

Röttgers, Janko: *Mix, Burn & R.I.P.: das Ende der Musikindustrie*, Hannover 2003.

Röttgers, Janko: *Noch'n Geburtstag für die Audio-CD*, heise online vom 1. Oktober 2002, abrufbar unter http://www.heise.de/newsticker/meldung/31123.

Rötzer, Florian: *Nutzung von Tauschbörsen ging in den USA zurück*, telepolis vom 5. Januar 2004, abrufbar unter http://www.telepolis.de/deutsch/inhalt/musik/16453/1.html.

Rudorf, Reginald: *Geschichte des Tonträgers*, in: Moser, Rolf/Scheuermann, Andreas (Hrsg.), Handbuch der Musikwirtschaft, München 2003, S. 167-177.

Sack, Rolf: *Die urheberrechtliche Leerkassettenvergütung – Zur Problematik der in dcn Regierungsentwürfen einer Urheberrechtsnovelle von 1982 und 1983 vorgesehenen Leerkassettenvergütung (Gutachten für die Leerkassettenindustrie)*, BB 1984, Beilage 15/1984 zu Heft 26/1984.

Samson, Benvenuto: *Urheberrecht: ein kommentierendes Lehrbuch*, Pullach 1973.

Samson, Benvenuto: *Das Deutsche Urheberrecht*, JA 1982, S. 529-531.

Schack, Haimo: *Neue Techniken und Geistiges Eigentum*, JZ 1998, S. 753-763.

Schack, Haimo: *Urheber- und Urhebervertragsrecht*, 2. Auflage, Tübingen 2001.

Schack, Haimo: *Schutz digitaler Werke vor privater Vervielfältigung – zu den Auswirkungen der Digitalisierung auf § 53 UrhG*, ZUM 2002, S. 497-511.

Schack, Haimo: *Dürfen öffentliche Einrichtungen elektronische Archive anlegen?*, AfP 2003, S. 1-8.

Schippan, Martin: *Urheberrecht goes digital – Das Gesetz zur Regelung des Urheberrechts in der Informationsgesellschaft*, ZUM 2003, S. 378-389.

Schippan, Martin: *Rechtsfragen bei der Implementierung von Digital Rights Management-Systemen*, ZUM 2004, S. 188-198.

Schmidt, Holger: *Der legale Musikdownload kommt in Schwung*, FAZ vom 9. August 2004, S. 15.

Schricker, Gerhard (Hrsg.): *Urheberrecht auf dem Weg zur Informationsgesellschaft*, Baden-Baden 1997.

Schricker, Gerhard: *Urheberrecht, Kommentar*, 2. Auflage, München 1999 (zitiert: Schrikker-*Bearbeiter*).

Schulze, Marcel: *Materialien zum Urheberrechtsgesetz: Texte – Begriffe – Begründungen*, Weinheim 1993 (zitiert: Schulze, Materialien).

Schwarz, Mathias, *Urheberrecht im Internet*, in: Becker (Hrsg.), Rechtsprobleme internationaler Datennetze, UFITA-Schriftenreihe Band 137, Baden-Baden 1996, S. 13-34.

Schwenzer, Oliver: *Werden Träume wahr in der CD-Kopier-Bar?*: Grenzen der Privatkopie nach § 53 Abs. 1 UrhG, ZUM 1997, S. 478-482.

Schwintowski, Hans-Peter: *Ökonomische Theorie des Rechts*, JZ 1998, S. 581-588.

Senftleben, Martin: *Privates digitales Kopieren im Spiegel des Dreistufentests – Genügt die deutsche Regelung zur Privatkopie den Vorgaben des internationalen Rechts?*, CR 2003, S. 914-919.

Senftleben, Martin: *Grundprobleme des urheberrechtlichen Dreistufentests*, GRUR Int. 2004, S. 200-211.

Sietmann, Richard: *'Das Urheberrecht kennt kein Recht auf Privatkopie' – Interview mit Bundesjustizministerin Brigitte Zypries und Ministerialdirektor Elmar Hucko*, c't 2004, Heft 16, S. 158-163.

Soto, Hernando de: *The Other Path: The Invisible Revolution In The Third World*, New York 1990.

Spieker, Oliver: *Bestehen zivilrechtliche Ansprüche bei Umgehung von Kopierschutz und beim Anbieten von Erzeugnissen zu dessen Umgehung?*, GRUR 2004, S. 475-482.

Spindler, Gerald: *Europäisches Urheberrecht in der Informationsgesellschaft*, GRUR 2002, S. 105-120.

Stein, Thomas: *Musikmarkt in Europa*, in: Moser/Scheuermann (Hrsg.), Handbuch der Musiwirtschaft, München 2003, S. 17-26.

Steinbeis, Maximilian: *Zypries kommt Musikindustrie entgegen*, Handelsblatt vom 10. September 2004, S. 17.

Stock, Ulrich: *CDLPMCDVDTBMP3*, Die Zeit vom 13. März 2003, S. 63.

Tunze, Wolfgang: *Immer mehr Ärger über Kopierschutz*, FAZ vom 14. Mai 2002, S. T6.

Tunze, Wolfgang: *Die Politik beugt sich den Interessen der Musikindustrie*, FAZ vom 17. Juni 2003, S. T1.

Ulbricht, Johannes: *Digital Rights Management*, in: Moser/Scheuermann (Hrsg.), Handbuch der Musikwirtschaft, München 2003, S. 130-143.

Ulmer, Eugen: *Urheber- und Verlagsrecht*, 3. Auflage, New York 1980.

Ulmer, Eugen: *Anmerkung zu BGH Urteil vom 27. Februar 1981*, GRUR Int. 1981, S. 562-567.

Viana, Michael: *Die Rechte der Tonträgerhersteller im schweizerischen, amerikanischen und internationalen Urheberrecht: Unter besonderer Berücksichtigung des WIPO Performances and Phonographs Treaty (WPPT)*, München 1999.

Voigt, Stefan: *Institutionenökonomik*, München 2002.

Wand, Peter: *Dreifach genäht hält besser! – Technische Identifizierungs- und Schutzsysteme*, GRUR Int. 1996, S. 897-905.

Wand, Peter: *Technische Schutzmaßnahmen und Urheberrecht: Vergleich des internationalen, europäischen, deutschen und US-amerikanischen Rechts*, München 2001.

Wandtke, Artur/Schäfer, Oliver: *Music-On-Demand – Neue Nutzungsart im Internet?*, GRUR Int. 2000, S. 187-192 = Music-On-Demand – A New Type of Use on the Internet?, IIC 2001, S. 285-297.

Wandtke, Artur-Axel/Bullinger, Winfried: *Praxiskommentar zum Urheberrecht*, München 2002 (zitiert: Wandtke/Bullinger-*Bearbeiter*, HauptBd.).

Wandtke, Artur-Axel/Bullinger, Winfried: *Praxiskommentar zum Urheberrecht – Ergänzungsband*, München 2003 (zitiert: Wandtke/Bullinger-*Bearbeiter*, ErgBd.).

Weingast, Barry: *The Economic Role of Political Institutions: Market-Preserving Federalism and Economic Development*, Journal of Law, Economics & Organisation 1995, S. 1-31.

Wiechmann, Peter: *Urheber- und gewährleistungsrechtliche Probleme der Kopiersperre bei digitalen Audio-Kassetten-Rekordern*, ZUM 1989, S. 111-122.

Wiegand, Nicolai: *Technische Kopierschutzmaßnahmen in Musik-CDs*, MMR 2002, S. 722-730.

Wiegand, Nicolai: *Die Geräteabgabe als Lösungsmodell im Bereich der privaten Vervielfältigung von digitalen Musik- und Filmwerken aus US-amerikanischer und deutscher Sicht: eine rechtsvergleichende Studie*, Wien 2003.

Winghardt, Stefan: *Kopiervergütung für den PC*, ZUM 2002, S. 349-362.

Zecher, Jan: *Die Umsetzung der EU-Urheberrechtsrichtlinie in deutsches Recht II*, ZUM 2002, S. 451-457.

Zypries, Brigitte: *Das Urheberrecht in der Informationsgesellschaft: Bestandsaufnahme und Überlegungen zum weiteren Regelungsbedarf – Rede der Bundesministerin* *der Justiz Brigitte Zypries beim Symposium in München am 16. September 2003*, München, 16. September 2003.

Beiträge ohne Nennung des Verfassers:

heise online vom 14. Mai 2002: *Celine Dion legt iMacs lahm*, abrufbar unter http://www.heise.de/newsticker/meldung/27381.

heise online vom 25. Mai 2002: *Musikindustrie reagiert auf Filzstift-Hack gegen Audio-Kopierschutz*, abrufbar unter http://www.heise.de/newsticker/meldung/27659.

heise online vom 27. Mai 2002: *US-Filmindustrie will das "analoge Loch stopfen"*, abrufbar unter http://www.heise.de/newsticker/meldung/27700.

heise online vom 21. September 2002: *Neues Logo für kopiergeschützte Audio-CDs*, abrufbar unter http://www.heise.de/newsticker/meldung/30903.

heise online vom 28. September 2002: *Bundesrat will Urheberrechtsnovelle ändern*, abrufbar unter http://www.heise.de/newsticker/meldung/31072.

heise online vom 25. Februar 2003: *Neue Gruppe tritt zum Stopfen des "analogen Lochs" an*, abrufbar unter http://www.heise.de/newsticker/meldung/34803.

heise online vom 3. April 2003: *Audio-CDs in den USA bisher ohne Kopierschutz*, abrufbar unter http://www.heise.de/newsticker/meldung/35856.

heise online vom 10. April 2003: *Phonoverband: "Die Spezifikation der Audio-CD ist relativ egal"*, abrufbar unter http://www.heise.de/newsticker/meldung/36043.

heise online vom 27. Mai 2003: *Philips besorgt über Kopierschutz für Audio-CDs*, abrufbar unter http://www.heise.de/newsticker/meldung/37154.

heise online vom 1. Oktober 2003: *"Oscar"-Juroren bekommen keine DVDs mehr*, abrufbar unter http://www.heise.de/newsticker/meldung/40755.

heise online vom 3. Mai 2004: *Kopierschutz führt zu Raubkopien*, abrufbar unter http://www.heise.de/newsticker/meldung/47088.

heise online vom 14. März 2003: *Bitkom: Urheber-Pauschale auf digitale Geräte verzerrt Wettbewerb*, abrufbar unter http://www.heise.de/newsticker/meldung/35358.

heise online vom 18. August 2004: *Deutscher Online-Musikmarkt wächst*, abrufbar unter http://www.heise.de/newsticker/meldung/50150.

heise online vom 22. August 2004: *Billig-CDs als Waffe gegen Musik-Downloads*, abrufbar unter http://www.heise.de/newsticker/meldung/50252.

heise online vom 25. August 2004: *DualDisc: Hybrid aus CD und DVD*, abrufbar unter http://www.heise.de/newsticker/meldung/50356.

heise online vom 26. August 2004: *Französische Behörde klagt wegen Verkaufs von Un-CDs*, abrufbar unter http://www.heise.de/newsticker/meldung/50396.

heise online vom 31. August 2004: *Apple sieht sich mit seinem Online-Musikshop in Europa erfolgreich*, abrufbar unter http://www.heise.de/newsticker/meldung/50549.

Financial Times Deutschland vom 9. Januar 2002: *CD-Erfinder Philips sieht keine Zukunft für Kopierschutz*, abrufbar unter http://www.ftd.de/tm/hs/8935468.html.

Financial Times Deutschland vom 14. Januar 2004: *Studie: Breitband beeinflusst Kaufverhalten im Internet*, abrufbar unter http://www.ftd.de/tm/it/1073815412317.html.

Musikwoche Online vom 4. Juni 2004: *Majors testen neue Kopierschutzsysteme*, abrufbar unter http://www.musikmarkt.de.

ANHANG

UrhG in der Fassung seit dem 13. September 2003

§ 53 Vervielfältigungen zum privaten und sonstigen eigenen Gebrauch

(1) Zulässig sind einzelne Vervielfältigungen eines Werkes durch eine natürliche Person zum privaten Gebrauch auf beliebigen Trägern, sofern sie weder unmittelbar noch mittelbar Erwerbszwecken dienen, soweit nicht zur Vervielfältigung eine offensichtlich rechtswidrig hergestellte Vorlage verwendet wird. Der zur Vervielfältigung Befugte darf die Vervielfältigungsstücke auch durch einen anderen herstellen lassen, sofern dies unentgeltlich geschieht oder es sich um Vervielfältigungen auf Papier oder einem ähnlichen Träger mittels beliebiger photomechanischer Verfahren oder anderer Verfahren mit ähnlicher Wirkung handelt.

(2) Zulässig ist, einzelne Vervielfältigungsstücke eines Werkes herzustellen oder herstellen zu lassen

1. zum eigenen wissenschaftlichen Gebrauch, wenn und soweit die Vervielfältigung zu diesem Zweck geboten ist,
2. zur Aufnahme in ein eigenes Archiv, wenn und soweit die Vervielfältigung zu diesem Zweck geboten ist und als Vorlage für die Vervielfältigung ein eigenes Werkstück benutzt wird,
3. zur eigenen Unterrichtung über Tagesfragen, wenn es sich um ein durch Funk gesendetes Werk handelt,
4. zum sonstigen eigenen Gebrauch,
   a) wenn es sich um kleine Teile eines erschienenen Werkes oder um einzelne Beiträge handelt, die in Zeitungen oder Zeitschriften erschienen sind,
   b) wenn es sich um ein seit mindestens zwei Jahren vergriffenes Werk handelt.

Dies gilt im Fall des Satzes 1 Nr. 2 nur, wenn zusätzlich

1. die Vervielfältigung auf Papier oder einem ähnlichen Träger mittels beliebiger photomechanischer Verfahren oder anderer Verfahren mit ähnlicher Wirkung vorgenommen wird oder
2. eine ausschließlich analoge Nutzung stattfindet oder
3. das Archiv keinen unmittelbar oder mittelbar wirtschaftlichen oder Erwerbszweck verfolgt.

Dies gilt in den Fällen des Satzes 1 Nr. 3 und 4 nur, wenn zusätzlich eine der Voraussetzungen des Satzes 2 Nr. 1 oder 2 vorliegt.

(3) Zulässig ist, Vervielfältigungsstücke von kleinen Teilen eines Werkes, von Werken von geringem Umfang oder von einzelnen Beiträgen, die in Zeitun-

gen oder Zeitschriften erschienen oder öffentlich zugänglich gemacht worden sind, zum eigenen Gebrauch
1. im Schulunterricht, in nichtgewerblichen Einrichtungen der Aus- und Weiterbildung sowie in Einrichtungen der Berufsbildung in der für eine Schulklasse erforderlichen Anzahl oder
2. für staatliche Prüfungen und Prüfungen in Schulen, Hochschulen, in nichtgewerblichen Einrichtungen der Aus- und Weiterbildung sowie in der Berufsbildung in der erforderlichen Anzahl

herzustellen oder herstellen zu lassen, wenn und soweit die Vervielfältigung zu diesem Zweck geboten ist.

(4) Die Vervielfältigung
a) graphischer Aufzeichnungen von Werken der Musik,
b) eines Buches oder einer Zeitschrift, wenn es sich um eine im wesentlichen vollständige Vervielfältigung handelt, ist, soweit sie nicht durch Abschreiben vorgenommen wird, stets nur mit Einwilligung des Berechtigten zulässig oder unter den Voraussetzungen des Absatzes 2 Nr. 2 oder zum eigenen Gebrauch, wenn es sich um ein seit mindestens zwei Jahren vergriffenes Werk handelt.

(5) Absatz 1, Absatz 2 Nr. 2 bis 4 sowie Absatz 3 Nr. 2 finden keine Anwendung auf Datenbankwerke, deren Elemente einzeln mit Hilfe elektronischer Mittel zugänglich sind. Absatz 2 Nr. 1 sowie Absatz 3 Nr. 1 finden auf solche Datenbankwerke mit der Maßgabe Anwendung, dass der wissenschaftliche Gebrauch sowie der Gebrauch im Unterricht nicht zu gewerblichen Zwecken erfolgen.

(6) Die Vervielfältigungsstücke dürfen weder verbreitet noch zu öffentlichen Wiedergaben benutzt werden. Zulässig ist jedoch, rechtmäßig hergestellte Vervielfältigungsstücke von Zeitungen und vergriffenen Werken sowie solche Werkstücke zu verleihen, bei denen kleine beschädigte oder abhanden gekommene Teile durch Vervielfältigungsstücke ersetzt worden sind.

(7) Die Aufnahme öffentlicher Vorträge, Aufführungen oder Vorführungen eines Werkes auf Bild- oder Tonträger, die Ausführung von Plänen und Entwürfen zu Werken der bildenden Künste und der Nachbau eines Werkes der Baukunst sind stets nur mit Einwilligung des Berechtigten zulässig.

UrhG in der Fassung vor dem 13. September 2003

§ 53 Vervielfältigungen zum privaten und sonstigen eigenen Gebrauch

(1) Zulässig ist, einzelne Vervielfältigungsstücke eines Werkes zum privaten Gebrauch herzustellen. Der zur Vervielfältigung Befugte darf die Vervielfältigungsstücke auch durch einen anderen herstellen lassen; doch gilt dies für die Übertragung von Werken auf Bild- oder Tonträger und die Vervielfälti-

gung von Werken der bildenden Künste nur, wenn es unentgeltlich geschieht.

(2) Zulässig ist, einzelne Vervielfältigungsstücke eines Werkes herzustellen oder herstellen zu lassen

1. zum eigenen wissenschaftlichen Gebrauch, wenn und soweit die Vervielfältigung zu diesem Zweck geboten ist,
2. zur Aufnahme in ein eigenes Archiv, wenn und soweit die Vervielfältigung zu diesem Zweck geboten ist und als Vorlage für die Vervielfältigung ein eigenes Werkstück benutzt wird,
3. zur eigenen Unterrichtung über Tagesfragen, wenn es sich um ein durch Funk gesendetes Werk handelt,
4. zum sonstigen eigenen Gebrauch,
   a) wenn es sich um kleine Teile eines erschienenen Werkes oder um einzelne Beiträge handelt, die in Zeitungen oder Zeitschriften erschienen sind,
   b) wenn es sich um ein seit mindestens zwei Jahren vergriffenes Werk handelt.

(3) Zulässig ist, Vervielfältigungsstücke von kleinen Teilen eines Druckwerks oder von einzelnen Beiträgen, die in Zeitungen oder Zeitschriften erschienen sind, zum eigenen Gebrauch

1. im Schulunterricht, in nichtgewerblichen Einrichtungen der Aus- und Weiterbildung sowie in Einrichtungen der Berufsbildung in der für eine Schulklasse erforderlichen Anzahl oder
2. für staatliche Prüfungen und Prüfungen in Schulen, Hochschulen, in nichtgewerblichen Einrichtungen der Aus- und Weiterbildung sowie in der Berufsbildung in der erforderlichen Anzahl herzustellen oder herstellen zu lassen, wenn und soweit die Vervielfältigung zu diesem Zweck geboten ist.

(4) bis (7) wie oben

§ 54 Vergütungspflicht für Vervielfältigung im Wege der Bild- und Tonaufzeichnung

(1) Ist nach der Art eines Werkes zu erwarten, daß es durch Aufnahme von Funksendungen auf Bild- oder Tonträger oder durch Übertragungen von einem Bild- oder Tonträger auf einen anderen nach § 53 Abs. 1 oder 2 vervielfältigt wird, so hat der Urheber des Werkes gegen den Hersteller

1. von Geräten und
2. von Bild- oder Tonträgern,
3. die erkennbar zur Vornahme solcher Vervielfältigungen bestimmt sind, Anspruch auf Zahlung einer angemessenen Vergütung für die durch die Veräußerung der Geräte sowie der Bild- oder Tonträger geschaffene Möglichkeit, solche Vervielfältigungen vorzunehmen. Neben dem Her-

steller haftet als Gesamtschuldner, wer die Geräte oder die Bild- oder Tonträger in den Geltungsbereich dieses Gesetzes gewerblich einführt oder wiedereinführt oder wer mit ihnen handelt. Der Händler haftet nicht, wenn er im Kalenderhalbjahr Bild- oder Tonträger von weniger als 6.000 Stunden Spieldauer und weniger als 100 Geräte bezieht.

(2) Einführer ist, wer die Geräte oder Bild- oder Tonträger in den Geltungsbereich dieses Gesetzes verbringt oder verbringen läßt. Liegt der Einfuhr ein Vertrag mit einem Gebietsfremden zugrunde, so ist Einführer nur der im Geltungsbereich dieses Gesetzes ansässige Vertragspartner, soweit er gewerblich tätig wird. Wer lediglich als Spediteur oder Frachtführer oder in einer ähnlichen Stellung bei dem Verbringen der Waren tätig wird, ist nicht Einführer. Wer die Gegenstände aus Drittländern in eine Freizone oder in ein Freilager nach Artikel 166 der Verordnung (EWG) Nr. 2913/92 des Rates vom 12. Oktober 1992 zur Festlegung des Zollkodex der Gemeinschaften (ABl. EG Nr. L 302 S. 1) verbringt oder verbringen läßt, ist als Einführer nur anzusehen, wenn die Gegenstände in diesem Bereich gebraucht oder wenn sie in den zollrechtlich freien Verkehr übergeführt werden.

FSC
www.fsc.org
MIX
Papier | Fördert gute Waldnutzung
FSC® C083411

Kolibri 360 GmbH
Ferdinand-Jühlke-Straße 7
99095 Erfurt, Deutschland
produktsicherheit@kolibri360.de

Druck:
CPI Druckdienstleistungen GmbH
im Auftrag der
Kolibri 360 GmbH
Ferdinand-Jühlke-Str. 7
99095 Erfurt